DESIGN

PRÉFACE DE ETTORE SOTTSASS

ALBRECHT BANGERT · KARL MICHAEL ARMER
TRADUIT DE L'ANGLAIS PAR SOLANGE SCHNALL

Les années 80

CHÊNE

GAETANO PESCE
Chaise, *Greenstreet*
métal et plastique.
Prototype.
Fabricant : Vitra, Allemagne (1987).

34/0854/9
ISBN : 2.85108.691.X.
Dépôt légal : 8156. Janvier 1991.
Imprimé à Hong Kong.

★ SOMMAIRE

REMERCIEMENTS

Remerciements
L'Éditeur souhaite remercier les photographes suivants qui ont autorisé la reproduction de leur matériel :

Albrecht Bangert *72/83/84/86/114/115* Santi Calecca *195* Mario Carrieri *66* Cassina *38/39* Draenert Studios *32* Yves Gastou *46* Uli Klaas *94* Memphis *17/23/30/33/85/114/122/123/133/156/157* Pentagon *78/79* Gaetano Pesce/Idea Books *125* Romeis and Rühlecke *19/76/77* Thomas Ruff *71* Frank Schreiner *70* Siemens *203* Axel Stumpf *73* Tecno *51* Vitra GmbH *87/89* Atelier Vorsprung *80*

* LETTRE AUX DESIGNERS

Chers designers,

A la vérité, je ne sais si c'est à vous que j'adresse cette lettre, ou bien si c'est au design, ce fantôme qui nous poursuit, ou encore à moi-même, dans l'espoir d'y voir plus clair. Peut-être est-il vrai que si toutes les lettres ont un destinataire, connu ou inconnu, c'est aussi à soi-même qu'on les adresse.
Je vous demande pardon.

Cette lettre ne prétend pas avoir le poids des lettres des philosophes de l'Antiquité ou celui des Épîtres : lettres provoquées par des événements catastrophiques, annonciateurs de renouveau pour l'histoire des tribus, des nations, de la terre entière. Cette lettre est une lettre banale, une sorte de lettre boomerang qui devrait, une fois parvenue à destination, c'est-à-dire à vous, me revenir, et m'apporter, qui sait, plus de sérénité.
Cette lettre concerne les années quatre-vingt, les signes, les paroles, les phrases que nous avons choisis pour exister au cours de cette décennie ; concerne les signes, les paroles, les phrases que nous avons utilisés pour créer le théâtre où il nous semblait possible de jouer notre existence ; les signes, les paroles et les phrases avec lesquels enfin nous avons essayé, et essayons encore, de franchir la barrière du temps.
Il est incontestable que le design, son utilisation et sa consommation, ont explosé comme une nova au cours des années quatre-vingt.
La logique industrielle, dans sa course vers un destin hypothétique, a trouvé dans le design un argument de poids, un argument cinq étoiles, pour soutenir à l'échelle mondiale la diffusion de millions de produits,

pour communiquer avec les populations, à travers des zones toujours plus vastes de populations ; communiquer non seulement les biens de consommation ; mais communiquer aussi des idées au plus profond des personnes ; communiquer et conditionner les espoirs secrètement caressés, les ambitions les plus effrénées, les désirs les plus inexprimables.
Je pense que le désir le plus urgent pour tout un chacun, au fur et à mesure que les peuples acquièrent une conscience plus aigüe d'eux-mêmes, est celui d'affirmer son identité, son désir d'« être », d'exister, d'assumer une forme réelle ou simulée. Ceci vaut pour des groupes ethniques comme pour des populations entières, pour les petits clans, pour les petits groupes familiaux, pour les personnes seules, pour les individus en général.
Désormais, disais-je, le design est devenu un argument de poids, un argument cinq étoiles, parce que le design n'est que métaphore de l'existence, métaphore des décors, des sols, des chambres, des instruments, des vêtements, des gestes et puis des rêves, des aspirations, des connaissances et des ignorances que nous cherchons à définir, par nous-mêmes et avec les autres.
N'en est-il pas réellement ainsi ?
Le problème contemporain est qu'une fois le contact établi, une fois expliqué aux groupes ethniques, aux peuples, aux clans, aux familles, aux hommes et aux femmes seuls ce que tous peuvent créer, concevoir, rêver, désirer et posséder, l'esprit de chacun n'arrête plus de rêver, de désirer, de créer ; des réactions en chaîne s'amorcent. La grand nova explose.
Pour autant que je sache, la réaction en chaîne s'est amorcée dès les années soixante, mais c'est dans les années quatre-vingt à peine achevées que l'on entrevoit avec clarté les lueurs, les fumées, les vapeurs de l'explosion.
Chers amis designers, je crois pouvoir dire que nous commençons seulement maintenant à sentir que nous sommes entraînés par les vents impétueux du cataclysme, que nous sommes sur le point d'être purifiés ou brûlés par la foudre, que nous sommes sur le point d'être suffoqués ou grisés par les gaz qui se déploient sur la terre.
Tout cela, il vaut mieux le savoir, il vaut mieux que nous nous le disions.
Il vaut mieux savoir que l'on peut, d'une part, se faire happer et broyer par la grande machine de l'industrie, dont on réussit mal à connaître et moins encore à contrôler la logique,

les engrenages, les défaillances et les succès et que l'on peut, d'autre part, être happé et broyé par les mécanismes de séduction que crée la culture industrielle pour atteindre l'âme de chacun sans exception.
Notre seule issue de secours est de bien savoir où nous en sommes et de ne pas entretenir l'illusion que nous pouvons agirs « à l'extérieur » du grand projet mis en œuvre par la « culture » industrielle. Toutes les tentatives pour rester à l'« extérieur », toutes les tentatives pour projeter les cultures à l'extérieur ou à côté de la culture industrielle, ont pour l'instant plus ou moins échoué, ont été absorbées, phagocytées, par l'impétuosité, par la puissance barbare des séductions permanentes de la culture industrielle.
Je ne pense pas qu'il existe, pour le moment, de destinées possibles en dehors de l'irrésistible parcours que propose la logique industrielle et technologique, qui n'est pas destin particulier, fortuit, aventure fragmentaire, mais destin global, planétaire, d'une importance historique immense. Et je ne sens pas les impulsions d'une autre culture, culture qui serait assez puissante pour se substituer à la culture industrielle.
Cela, il me semble pouvoir le dire avec calme car le ou les terrains sur lesquels nous évoluons ne sont autres que les terrains sur lesquels l'existence est confrontée à l'industrie ; en d'autres termes, la question du design se situe à l'intérieur de ces frontières précises, dans ce paysage tourmenté, dramatique, compliqué, inévitable.
Je crois pouvoir dire avec calme que l'objectif du design est plus que jamais de proposer les figures, voire des configurations de figures plus ou moins vastes d'une rhétorique que l'on pourrait utiliser pour donner à l'existence une dignité, une transparence et une sérénité nouvelles, au milieu de cet envahissement barbare de la culture industrielle et technologique.
Les fuites vers le sud ou le nord, vers l'est ou l'ouest, à l'intérieur des solipsismes particuliers, les fuites dans l'agression isolée, les fuites dans les maniérismes d'une mémoire romantique plus ou moins consolante, ou dans une rhétorique technologique plus ou moins obsessionnelle, ne laissent pas de trace, et je dirais même qu'elles contribuent à lubrifier les engrenages sophistiqués des logiques mises en œuvre.
Je crois véritablement qu'il est temps pour nous, designers, d'opposer au primitivisme barbare de la culture industrielle une dignité nouvelle, une connaissance plus profonde de la valeur de l'existence, une vision éclairée de la sérénité, du bonheur, des jeux et du plaisir auxquels aspirent les peuples de notre délicieuse planète.
Voilà !
Telle est la lettre que j'ai osé envoyer aux amis qui, comme moi, s'appellent designers.
C'est une lettre de vœux et rien d'autre, un message d'espoir qui, j'espère, atteindra son but, et tel un boomerang reviendra en arrière, pour me porter, à moi aussi, chance et espoir.

Ettore SOTTSASS

* INTRODUCTION

Quiconque rechercherait, pour résumer la scène du design des années quatre-vingt, une expression unique, n'aurait pas à chercher bien loin. La *Critique de la raison pure* d'Emmanuel Kant est un titre programme idéal.

Si nous devions passer en revue les multiples tendances qui ont influencé les styles et les obédiences dans les années quatre-vingt : *punk, high-tech, low-tech,* post-modernisme, minimalisme, déconstructivisme et leurs diverses variantes historisques — pour n'en nommer que quelques-unes —, le dénominateur commun que l'on pourrait en dégager serait leur degré élevé d'irrationalité, à la limite de l'incongruité.

Du point de vue psychologique, le design des années quatre-vingt manifeste tous les symptômes de la rébellion juvénile. Tous ses traits distinctifs sont là : rejet des structures sclérosées, vitalité musclée, balancement entre les pôles extrêmes de l'humeur (cyclothymie), plaisir de choquer, rêves de succès miraculeux, suffisance complaisante et incapacité presque totale d'envisager des objectifs à long terme ou même un avenir utopique. Le design est toujours le miroir d'un style de vie particulier : les années quatre-vingt sont marquées par l'intensité particulière avec laquelle les gens ont vécu à la surface des choses, « ici et maintenant ». L'hédonisme était mieux coté que la moralité : le principe de plaisir était roi. En conséquence de quoi, le design n'avait pas besoin d'un style particulier comme cela avait été le cas au cours des décennies précédentes : tous les styles étaient désormais acceptables, à condition bien entendu d'être psychologiquement satisfaisants. Ou, pour dire les choses plus explicitement encore, la qualité de la vie l'emportait sur la qualité de la forme. Et il semblerait que les principes du design, qui s'était jusque-là montré moralement soucieux d'améliorer le monde, s'en voient trouvés bouleversés. Le Bauhaus cédait la place au cinéma, Dieter Rams cédait la sienne à Vidal Sassoon, et Braun cédait la sienne à Bunt.

Mais ce discours est moins critique qu'il ne paraît. La chose la plus importante qui soit survenue au cours de cette décennie n'est pas tant ce qui affecta le design que le changement lui-même. Le style international synonyme de «forme optimale», que le Bauhaus avait contribué à créer, était désormais devenu un langage moribond comme le latin ou le grec ancien: toujours utile, certes, mais quelque peu éloigné de la vie réelle. Pire encore, il était à présent devenu une sorte de dictateur poursuivant férocement les dogmes qui lui étaient étrangers avec un zèle de Grand Inquisiteur. Les solutions rationnelles apportées par le fonctionnalisme reposaient sur un type de pensée standardisée apparentée à celle que génèrent les ordinateurs et qui est par conséquent inévitablement indifférenciée: compacte, «optimisée», bien énoncée, mais inexorablement ennuyeuse et totalement exempte de sentiments. (Pensez aux voitures qui sortent des chaînes de montage!).

La réaction contre la tyrannie bienveillante de la Raison devait nécessairement être d'autant plus violente que les années de répression avaient été nombreuses, et c'est ce qu'elle fut, avec Memphis et le Baroque Punk. S'il existait un sismographe permettant de mesurer «l'esprit du temps» (le *Zeitgeist*), tel qu'il est exprimé par les objets du design au cours des trente dernières années, il se révélerait d'une façon générale conforme à la ligne étroite et droite de la Raison pure au cours des années soixante et soixante-dix, amorçant un virage spectaculaire dans les années quatre-vingt où il balança entre les pôles les plus violemment extrêmes.

Hauts et bas, thèses et antithèses, mouvements et contre-mouvements: ce dualisme est caractéristique de la décennie. C'est en fait ce dualisme qui a rendu la décennie aussi passionnante et, simultanément, si difficile à résumer. Le design dans les années quatre-vingt fut sans cesse déchiré entre des pôles opposés. Comme toute révolte juvénile, il vacilla, hésita entre la protestation et le conformisme passif, ou pour employer un vocabulaire spécifique du design, entre la provocation et la décoration. L'instabilité fut suivie par la stabilisation, les défis lancés par le Punk et Memphis cédèrent le pas à la sécurité reconquise d'une esthétique néo-conservatrice, post-moderniste dont la modestie ornementale se trouva à son tour défiée par la maigreur du menu minimaliste. Il y avait donc ainsi un nombre infini de contraires, dont chacun, à un moment ou à un autre, laissa son empreinte sur le design au cours de la décennie: *high-tech* et traditionalisme, élégance cultivée et brutalité barbare, art et artisanat, froideur et passion, logique et émotion, abstraction et figuration, extraversion surexcitée et discrétion, désastres imaginaires et monde idéaliste.

Seul un aperçu rapide peut être donné ici de ces manœuvres, qui, semblables à des slaloms, viraient à une vitesse effrénée tantôt d'un côté, tantôt de l'autre, entre la multiplicité des options. Les différentes tendances et modes se sont, dans la décennie passée, succédé à un rythme si rapide, qu'il a parfois semblé que la réponse était donnée avant même que n'eût été posée la question. Les consommateurs et les designers ayant perdu la boussole, commencèrent à tourner dans toutes les directions.

L'avant-garde n'existait plus. Elle avait tout simplement été balayée, éliminée. La leçon fut claire très rapidement. L'art d'avant-garde avait été remplacé par le spectacle: le succès se mesurait désormais en nombre de copies produites et en minutes de couverture médiatique.

Une tendance actuelle veut que l'on décrive le phénomène par le terme de pluralisme. Son aspect positif est qu'au cours des années quatre-vingt, on produisit beaucoup de choses très belles, nouvelles, et authentiquement remarquables. La décennie était, fut, en termes de design, multicolore, créative, riche en productions multiples. Certains de ses plus beaux spécimens seront présentés dans les pages qui suivent et (lorsqu'il y aura lieu de le faire) analysés avec l'enthousiasme mérité. Mais la tâche qui incombe à l'auteur qui entreprend ce type de synthèse rétrospective, est de regarder au-delà des images vivement colorées et de ne plus penser en fonction de seules catégories esthétiques. Un certain nombre d'ombres très noires apparaîtront, projetées sur le joyeux puzzle du design de la décennie qui vient juste de s'achever.

L'une d'entre elles est la superficialité déjà mentionnée. Libérés des contraintes du fonctionnalisme et du rationalisme, les designers se sentirent bientôt encouragés à perdre tout sentiment de retenue. Des objets furent créés dont la franche imbécillité fut sauvée du ridicule par leur prétention : être traités comme des objets d'art. D'autres designers ont découvert dans l'histoire de l'art une sorte de magasin self-service : la citation stylistique leur permettait de camoufler derrière un écran de fumée l'indigence de leurs idées. Le désir de plaire, caressé par de nombreux objets post-modernistes et les prétendues provocations de nombreux prétendus artistes ont inspiré un style de design d'une trivialité flamboyante. Non seulement cette tendance se perpétue-t-elle encore, mais elle remet inévitablement en question toutes les tentatives sérieuses du design.

La rapidité hallucinante avec laquelle ces changements ont pris place a conduit à une profonde inquiétude du grand public. Comme c'est toujours le cas dans de telles situations, le public se tourne vers les autorités qui donnent le ton, qui font la pluie et le beau temps, qu'il s'agisse de noms éminents, de la fausse sécurité offerte par le design historique, ou de ces règles de conduite dont on entend parler dans les magazines. Les styles de vie, non les styles de design, sont désormais les valeurs dont nous attendons le plus et, même ces styles de vie, pour citer le designer italien Andrea Branzi, « sont comme des chaînes de télévision, on en change à sa guise ». Les hommes sont devenus des « zappeurs » de la vie quotidienne, ils changent de station par le contrôle à distance, suivant non pas leurs idées, mais des schémas de comportement et le rituel des achats dictés par les autres : ils se courbent comme des roseaux au vent de la mode. Le résultat, en deux mots, est un état d'extrême aliénation et de déracinement. En dépit de toutes les créations du design qui nous ont été offertes au cours de la décennie, nous ne sommes pas plus riches, mais singulièrement appauvris.

La participation non négligeable des médias dans les questions de design a contribué à intensifier les modes de comportement de type rituel et transformé les objets du design en fétiches. Indépendamment de sa valeur utilitaire, le design est devenu une forme codifiée de la communication non verbale : il nous permet de juger nos frères humains au premier coup d'œil et de les situer dans leur groupe social. C'est pourquoi le mobilier n'est plus acheté en fonction de nos souhaits ou désirs personnels mais en fonction de l'impact qu'il exercera sur les autres. Jusqu'à un certain point, il est vrai, il en a toujours été ainsi, mais le phénomène s'est particulièrement accentué dans une période où le design était une façon de signaler notre style de vie aux autres. Dans les cas extrêmes, nous nous entourons d'un mobilier qui nous est étranger en esprit et nous vivons dans une simulation de réalité. Nous connaissons tous ces intérieurs décorés comme des scènes de théâtre, dans lesquels chaque meuble et chaque accessoire a fait l'objet de savants calculs pour être « intégré » : nous sommes en pleine individualité standardisée.

Un autre élément problématique est le culte du designer « star » (culte pour lequel ce ne sont pas les designers eux-mêmes qu'il faut blâmer) et qui a commencé à se manifester au cours des années 1980. Le résultat est une surestimation des capacités du designer et la contrainte qui lui est faite de produire. Mais tout designer pour qui les seules choses qui comptent dans la vie sont le succès commercial et le degré de notoriété, perdra rapidement son intégrité et deviendra une sorte de ferrailleur du design, ne produisant plus qu'un design de bric-à-brac, de pacotille. Ce qu'il nous faut, c'est de toute urgence de bons designers, et non des clowns médiatiques. Le culte des stars du design et des stratégies du marketing organisées par les producteurs menacent notre civilisation du design en introduisant trop d'éléments étrangers au design, qui diluent le processus créateur du design pour le réduire finalement à un art du conditionnement, à un art de l'emballage. Mais, quoi qu'il en soit, il a déjà fait l'objet d'une évolution malsaine. Alors que le design des années cinquante, soixante et soixante-dix visait essentiellement à la démocratisation, dans les années quatre-vingt, le design a de toute évidence pris le chemin de l'aristocratisation. C'est là une démarche qui devrait être inversée aussi rapidement que possible. La qualité d'un objet design ne doit pas être directement proportionnelle au prix demandé pour son acquisition.

L'aristocratisation est la seule démarche vraiment douteuse du design dans les années quatre-vingt. Toutes les autres démarches sont le résultat du chaos et de la révolution à bord du bateau Design, ce bon vieux bateau qui entrera, cela ne fait aucun doute, dans des eaux plus calmes au cours de la décennie nouvelle. L'exubérance formelle des années quatre-vingt mérite un accueil chaleureux. L'irrationalité choquante de Memphis et du déconstructivisme, celle des textiles d'une beauté fantastique mais difficiles d'entretien, des produits technologiques qui ne sont exempts ni d'esprit ni de spontanéité, est une démarche qui peut paraître curieuse dans des cas individuels, mais qui, dans l'ensemble, a un effet positif ; elle réintroduit en effet une certaine poésie dans nos existences devenues progressivement plus abstraites, plus rigoureusement organisées, et nous offre des occasions de nous réjouir ou simplement de nous étonner. Car c'est cela qui importe, à présent, et non un fonctionnalisme pur et stérile qui, dans son état absolu, est inhumain, précisément parce qu'il tente d'atteindre la perfection des machines.

Mais, assez parlé des années quatre-vingt. Tournons-nous plutôt vers l'avenir. Comment les choses vont-elles évoluer ? Les années quatre-vingt-dix promettent d'ores et déjà une grande variété de tendances que nous attendons en retenant notre souffle.

Tout d'abord, nous pouvons nous attendre à voir émerger un style unifié de design. Les dernières décennies étaient monolithiques ; le design des années soixante et des années soixante-dix était dans une large mesure le produit de l'hémisphère gauche du cerveau, celui qui est le berceau de la pensée rationnelle et analytique. Aux antipodes, le design des années quatre-vingt était le produit de l'hémisphère droit, cette moitié du cerveau qui est le siège de l'imagination et des émotions. Certaines indications précoces donnent à penser que les années quatre-vingt-dix verront l'association de ces facultés. La raison et l'émotion, la précision analytique et la sensibilité artistique ne seront plus ennemies ; elles se compléteront, s'équilibreront, en une sage harmonie. Peut-être assisterons-nous à une étroite collaboration entre Ettore Sottsas, le chef spirituel, le mentor de Memphis et Dieter Rams, dont le talent lumineux est responsable du style associé au nom de Braun. Des rencontres surprenantes de ce type sont assurément dans l'air.

Ensuite, les tendances des années quatre-vingt ne cesseront pas d'exister du jour au lendemain. Elles vont survivre à leur décennie pendant deux ou trois ans, dans une forme extrême peut-être. Les designers déterminés à faire un spectacle d'eux-mêmes, dans les médias ou dans les salons commerciaux internationaux auront besoin de ces extrémités (être extrêmement bruyant ou extrêmement discret), pour le moins jusqu'au moment où quelque chose de nouveau les remplacera. Il leur faudra choquer ou offenser, ou bien encore être d'un bon goût si discret ou présenter un intérêt si ténu, qu'on les remarquera. Ainsi le minimalisme ne nous quittera jamais, tout comme le bon artisanat de nos ancêtres. Simultanément, le Baroque Punk trouvera chaque jour de nouveaux adeptes, et le mauvais goût sera encore cultivé, aidé du kitsch, de la parodie et d'un style dérivé des bandes dessinées pour enfants.

En troisième lieu, l'état actuel d'incertitude qui affecte la grande majorité de ceux qui achètent des produits design se maintiendra. Pour insuffler son contraire les fabricants devront accepter l'escalade qui conduit des simples mesures de relations publiques aux campagnes publicitaires d'envergure aux budgets énormes, pour assurer la promotion d'éditions limitées et renforcer l'image des « classiques » de l'année précédente.

Quatrième point : l'avant-garde des consommateurs de design va résolument prendre ses distances à l'égard des objets design. C'est une émancipation naturelle et normale. Dans les années quatre-vingt, les consommateurs étaient soumis au culte des objets ; dans les années quatre-vingt-dix, en revanche, ils choisiront d'être les maîtres et non plus les esclaves du design. Nous verrons des intérieurs dans lesquels des meubles design coûteux sont présentés avec une simplicité « très recherchée », voire de façon irrespectueuse : les tables de Memphis seront cachées par des nappes à fleurs, le tourne-disque de béton de Ron Arad sera exposé aux insolences d'une musique *country-and-western*, et ainsi de suite. Le meilleur des styles est l'absence de style. (Ces avant-gardistes ultra qui le proclament depuis des années, meubleront naturellement leurs intérieurs en style singulièrement « petit-bourgeois » et se complairont dans les joies subtiles des petits coussins dispersés).

Par ailleurs, les problèmes écologiques vont se multiplier de façon spectaculaire. Jusqu'à présent, le design n'a guère prêté attention à l'environnement, mais la situation devient si préoccupante que les designers ne peuvent tout simplement pas reculer devant la nécessité de réfléchir en termes de ressources moindres (pénurie de matériaux), de recyclage/réhabilitation d'objets, de produits de remplacement économiques, d'obsolescence, et ainsi de suite.

D'autre part, les années quatre-vingt-dix verront la diffusion d'idées non seulement venues de l'Est, et notamment des pays qui se sont récemment libéralisés, mais aussi des pays du Tiers Monde. Le Brésil et l'Argentine, dotés de racines multiculturelles, ont des villes comme São Paulo et Buenos Aires, d'une vitalité et d'une créativité extraordinaires, dont on peut aisément imaginer qu'elles pourraient seconder Milan. L'Espagne, en revanche, semble stagner dans une complaisance béate après avoir amorcé un démarrage éclair qui pourrait bien avoir été surestimé. Et, parmi ces pays qui attendent dans les coulisses, citons l'Australie, le Canada, Singapour, dont on se demande bien sûr de quelle nature sera leur contribution.

Mais aussi, les pays les plus importants en termes de design, dans les années quatre-vingt-dix, seront encore l'Italie et le Japon, et peut-être également l'Allemagne. L'Italie apportera les idées neuves ; tant d'aspects positifs sont concentrés dans la péninsule, qu'il va de soi que c'est là que seront créés les meilleurs designs. Parmi ces aspects positifs, citons le plaisir d'improviser assorti d'une innocence ludique, d'un plaisir d'expérimenter, d'innover et d'un besoin fondamental de remettre les choses en question et ainsi de créer du nouveau ; sans oublier un nihilisme constructif qui met tout en pièces pour mieux reconstruire. Si le Japon, par son influence, réussit à donner le ton, c'est en raison des frictions entre l'Est et l'Ouest, qui ne cessent de changer le décor dans lequel émerge et s'épanouit le design. Il y a au Japon de nombreux designers qui sont des visionnaires, perfectionnistes rigoureux et sensibles : des samouraïs de l'esthétique. L'Allemagne pourrait, quant à elle, devenir importante sur cette scène, étant proche par le tempérament de la dualité rationalisme — sensibilité, qui sera celle du style de la décennie commençante. L'industrie allemande sera également orientée vers le design (la tendance sera plus accentuée outre-Rhin qu'en France ou même en Grande-Bretagne), sans compter que l'Allemagne n'hésite pas, au besoin, à faire appel aux premiers designers mondiaux. On pense à Richard Sapper, Dieter Rams, Frogdesign et Ingo Maurer.

Des impulsions importantes viendront également de la micro-électronique et de la mise au point de nouveaux matériaux. Les objets tridimensionnels pourront être traduits en surfaces planes grâce à des puces électroniques. Ces plans pourront à leur tour être conçus dans l'espace. Les alliages de mémoires, les nouveaux matériaux synthétiques et la micro-électronique permettent d'envisager un avenir où les objets seront en mesure de changer de forme et de couleur. Peut-être notre époque, celle des « variateurs » d'intensité lumineuse (sur lampes halogènes), n'est-elle pas si éloignée de cette autre époque où l'on pourra dégrader à loisir la couleur d'un placard. Ou, en utilisant un contrôle à distance, obtenir que des rayonnages adoptent des configurations particulières prédéterminées. Dix ans, c'est beaucoup ; au train où vont les choses, il peut se produire bien des miracles.

Il existe aujourd'hui une tendance très nette à s'exprimer en termes d'émotions fortes. On peut, en conséquence, attendre du design qu'il communique des images bien définies, des associations psychologiques et des valeurs sentimentales. Les styles et influences prédominants seront : *a)* archaïques et primitifs ; *b)* ethnologiques et exotiques ; *c)* coloniaux et pionniers ; *d)* de salon ; *e)* « rétro » urbain ; *f)* provocants par l'absence de style ; *g)* la méditation (pièces presque vides). Parallèlement, les designers essayeront de donner à leurs objets une « profondeur » plus grande, leur donneront une aura qui transcendera leur simple « objectivité ». Pour parvenir à ce but, il suffira d'associer des contraires jugés autrefois irréconciliables comme les matériaux naturels et synthétiques, l'artisanat et la cybernétique, le luxe et le minimalisme et, surtout, le *high-tech* et le mysticisme. Un nouveau romanisme inspiré de la technologie verra le jour ; il n'est pas science-fiction mais science-imagination, science-fantaisie ; c'est un style hallucinant qui se propose de communiquer chaleur et poésie en appliquant les dernières découvertes de la technologie.

Le statut social du design et, avant tout de la décoration d'intérieur ne va cesser de s'améliorer. Mais il y a ici un grand danger à éviter, à savoir la retraite dans le monde privé et clos de la maison, magnifique et climatisée. Le monde extérieur sera perçu comme une chose hostile, comme quelque chose d'irréversiblement perdu. Un trou dans la couche d'ozone ? Une pluie acide ? Une catastrophe naturelle ? Mais pourquoi en ferions-nous un problème ? Notre intérieur est chaud et confortable. Ce que des visionnaires comme Gaetano Pesce et Shiro Kuramata ont prédit il y a des années (Pesce en 1972 avec *Habitat for Two People in a Age of Great Contaminations* (Habitat pour deux à l'ère des grandes contaminations) et Kuramata en 1979 avec *House to Be Built in a Defunct Urban Environment* (Projet pour la construction d'une maison dans un environnement urbain d'autrefois) —, se réalise finalement : les designers doivent à présent créer un espace dans lequel les survivants peuvent vivre leur vie luxueuse comme des troglodytes du XXe siècle. Au monde des centres commerciaux piétonniers, des arcades et de ces sanctuaires où nous adorions les dieux des loisirs, s'est finalement substituée la sphère privée. Cette fuite vers l'intérieur est particulièrement sensible au Japon, dans les intérieurs spectaculaires et ingénieux de Tokyo et d'Osaka, ainsi qu'aux États-Unis où les immenses maisons avec leur cocon confortable et leur *couch potatoes* (ces purées que l'on mange affalé sur une banquette hyper-confortable, le cas échéant devant la télévision) signalent sans ambiguïté que nous nous sommes détournés du monde extérieur. Si la beauté et le plaisir dans la vie ne peuvent être expérimentés qu'à la maison sous un éclairage artificiel, le monde extérieur et la nature devraient en pâtir. Peut-être devrions-nous, de temps à autre, contempler la corolle d'un iris, les mouvements de l'albatros dans son vol ou le plumage d'un toucan pour nous rappeler que cette forme de design est infiniment supérieure à tout ce qui est issu de la main de l'homme. Par l'éclat des formes, des couleurs et des idées, tous les zoos et tous les jardins botaniques dépassent de loin ce que le monde du design a de meilleur à offrir.

C'est là une chose que nous tous — designers et adeptes du design — devons nous rappeler en toute humilité, au moins une fois par jour. Quel est l'intérêt des vases, même les plus beaux, s'il n'y a plus de fleurs pour les orner ?

ALBRECHT BANGERT

1 * MOBILIER

Le boom des années quatre-vingt prend, dans le mobilier plus que nulle part ailleurs, des proportions extrêmes. Le mobilier sort de l'ombre pour venir dominer la scène avec des pièces individuelles présentées comme des œuvres d'art hors de prix. Les rayonnages *Carlton* d'Ettore Sottsass, le fauteuil *Wink* de Toshiyuki Kita, la chaise *Pratfall* de Philippe Starck et le sofa *Marylin* de Hans Hollein sont devenus les icônes du style de vie des années quatre-vingt, style qui cherchait à fuir la banalité quotidienne par la médiation de ces objets vénérés, trouvant en eux des symboles aristocratiques visibles et reconnaissables pour le monde extérieur, puisque identifiés aux symboles du statut social.

Il faut admettre, en conséquence, que le design de mobilier dans les années quatre-vingt est donc avant tout élitiste. Quiconque connaît les prix demandés pour les pièces créées par des designers célèbres (nous parlons des prix de vente courants, non du prix des pièces uniques ou pièces de collection) sait que dix mille francs pour un sofa ou une bibliothèque peut difficilement être considéré comme un prix démocratique. Le bon design donne un monopole au producteur, le lui apporte même sur un plateau : le meuble, dans cette forme spécifique, ne peut être acheté ailleurs. Mais ce monopole du designer est souvent surexploité pour stimuler la demande, en particulier par le jeu d'éditions limitées. Le mobilier meilleur marché devient, par ailleurs, imitation de troisième classe de ce qui, à l'origine, était l'idée brillante du concepteur. Il existe très peu de meubles produits en série qui soient dessinés par des designers de premier plan et ceux-là font une impression pâle et maladive, donnant le sentiment que le designer garde ses idées réellement bonnes pour les clients qui payent le mieux. Cette évolution n'est pas positive. Le bon design ne doit pas se vendre à des prix prohibitifs et rester la chasse gardée des classes aisées. Le bon design doit être accessible à tous, à des prix raisonnables. C'est la raison pour laquelle nous n'avons pas un besoin exclusif d'éditions « originales, reliées » — pour emprunter une image au monde des livres — mais également d'éditions de poche, économiques, contenant exactement le même texte. Il y a dans ce sens beaucoup à faire et les années quatre-vingt se sont engagées dans la mauvaise direction. Il faut modifier cette situation, et pour cela qu'apparaisse un grand nombre de Don Quichotte naïfs.

C'est là un défi que doit relever la décennie quatre-vingt dix, actuellement amorphe et sans boussole, ce qui étonne peu, du reste, après l'agitation des années quatre-vingt. Au début de cette dernière, le design et la fonction avaient beaucoup de choses en commun (mais sait-on seulement encore ce qu'était la fonction ?) ; puis le design est progressivement devenu le lieu de la décoration avec, dans le cas de Memphis, une naïveté

1

1 **Ettore SOTTSASS**
Paravent, *Carlton*
Plastique
H 196 cm ; L 190 cm ; P 40 cm
Fabricant : Memphis, Italie (1981)

2 **Bohuslav HORAK**
Chaise longue
Fer et cuir
H 96 cm ; L 130 cm ; P 70 cm
Pièce unique
Fabriquant : Atika, Tchécoslovaquie
(1989)

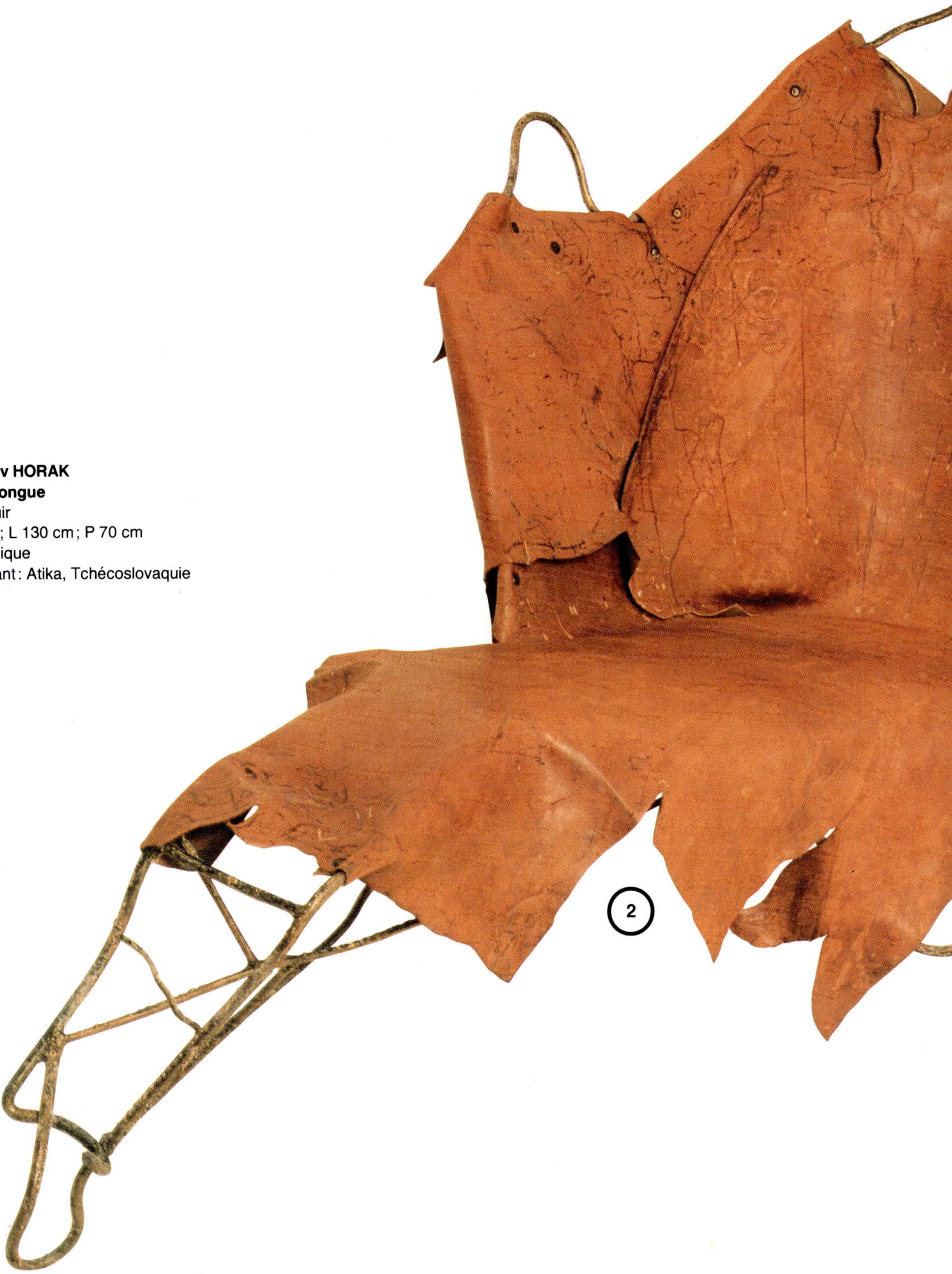

libératrice et un clin d'œil ironique, assortis – chez ces « grands couturiers » du meuble post-moderne –, d'une spéculation mercantile évidente. Devant l'interaction de jour en jour plus libre des couleurs et des formes, il était inévitable qu'un domaine du design fût amené à évoluer pour devenir une sous-catégorie hautement stylisée de l'art. Les pièces de mobilier individuelles n'étaient plus satisfaites de leur rôle traditionnel (utile) de table ou de chaise, elles revendiquaient le statut de sculptures, d'objets d'art uniques, de pièces de collection tirées en séries limitées, prétendant même, dans certains cas, jouer le rôle de « manifestes », de déclarations de principe.
Mais, dites-moi, qui donc souhaite s'asseoir sur une déclaration de principe ? Aussi, chers designers, si vous voulez faire une déclaration de ce genre, exprimez-la avec des mots, écrivez-la, mais ne l'habillez pas en chaise ou en œuvre d'art.

Parmi les designers qui ont choisi de ne pas créer d'œuvres d'art, beaucoup ont tenté une percée dans la direction du « petit frère » très populaire de l'art : l'objet de culte. Ils ne se proposaient pas d'aboutir dans des musées ou dans les galeries, mais simplement dans les pages de *Paris Match,* du *Sunday Times* ou de *Stern.* Images, codes d'un style de vie et déclarations philosophico-culturelles devinrent de plus en plus importantes dans le design, si bien qu'il n'y avait qu'un pas à faire pour souffler la dernière étincelle de rationalité, ne laissant ni la fonctionnalité, ni la décoration, ni l'art jouer le premier rôle, assigné désormais aux paysages labyrinthiques de la psyché. Le design fut dissocié de l'objet réel, tangible, pour devenir une branche de la psychothérapie. On ne concevait plus des chaises et des tables, mais des *egos,* des mondes fantasmatiques de l'imagination. Les trônes et les lits d'un luxe doré, les fétiches barbares et les totems sont moins des éléments de mobilier que la description extérieure d'états intérieurs matérialisés, de rêves éveillés et d'illusions réifiées et, le plus souvent, le soutien affectif, l'élément valorisant du *moi* pour ceux qui présentent une insécurité cliniquement pathologique. Ainsi cette évolution aboutit-elle à une impasse : l'objet, de fonctionnel qu'il était devint décoratif puis, objet d'art ou objet de rituel et de culte, le mobilier pour finir s'assimila au *software,* à la programmation mentale, psychologique.

A la fin des années quatre-vingt, tout était possible dans le domaine du design, mais dans ce contexte, toute innovation pouvait en un clin d'œil devenir obsolète. Les stars du design tentèrent avec succès un saut périlleux, se propulsant de l'avant-garde à l'arrière-garde et, des premières lignes de la provocation où ils œuvraient, ils atterrirent dans les vertes prairies des valeurs conservatrices comme l'« artisanat » et le « fonctionnalisme ». Parmi les œuvres produites au nom de cette régression/transgression du progrès apparurent des meubles traditionnels soigneusement ouvragés, discrets au point d'être invisibles : des pièces uniques de Ron Arad, Philippe Starck, Oscar Tusquets Blanca ou Jasper Morrison. Après une décennie aussi agitée, il est temps, finalement, de faire une pause. Armistice enfin sur le front du mobilier !

Le cerveau. *Depuis toujours, il a une chance folle et vise juste. En 1958, il conçut le premier ordinateur italien de grandes dimensions qui ressemblait à un container déposé sur notre planète, en provenance d'une autre galaxie. Les boutons de contrôle de cette boîte noire étaient comme ceux d'un jouet fascinant. Aujourd'hui encore, trente ans plus tard,* Elea 9003, *d'Ettore Sottsass, dont la face «utilisateur» est brillamment conçue, est encore considéré comme un coup de génie par les autres designers d'ordinateurs. En 1968, Sottsass mit une nouvelle fois dans le mille avec* sa machine *à* écrire Valentine, *entièrement rouge, cet objet qui fut identifié au pop'art et au design de toute une époque. Guidé par son inconscience, mais doué d'un instinct infaillible pour sentir l'air, l'esprit du temps, et d'une perspicacité rare, Sottsas est devenu le chef de file du design radical des années soixante-dix en Italie, et ainsi l'une des figures clé du Nouveau design de la décennie quatre-vingt. Les idées extrêmes que Sottsas avait déjà formulées des décennies plus tôt furent mises en œuvre sans difficultés dans les années quatre-vingt — la fiction étant devenue science — et, en collaboration avec un groupe de jeunes talents du design il fonda le groupe Memphis. Avec eux, il renversa les principes traditionnels du design et transforma une discipline jusque-là orientée vers la production et la fonctionnalité, vers la communication visuelle spectaculaire. Comme Sottsas lui-même, le design est devenu un phénomène médiatique, une sensation-impression visuelle, voire un sujet de distraction légère.*

A la suite des sensations créées par Memphis, le maestro *est aujourd'hui à la recherche de nouvelles aventures, appliquant à l'architecture les expériences faites dans le monde du design; il réalise de la sorte l'ambition de sa vie: il construit les maisons «Sottsass».*

3

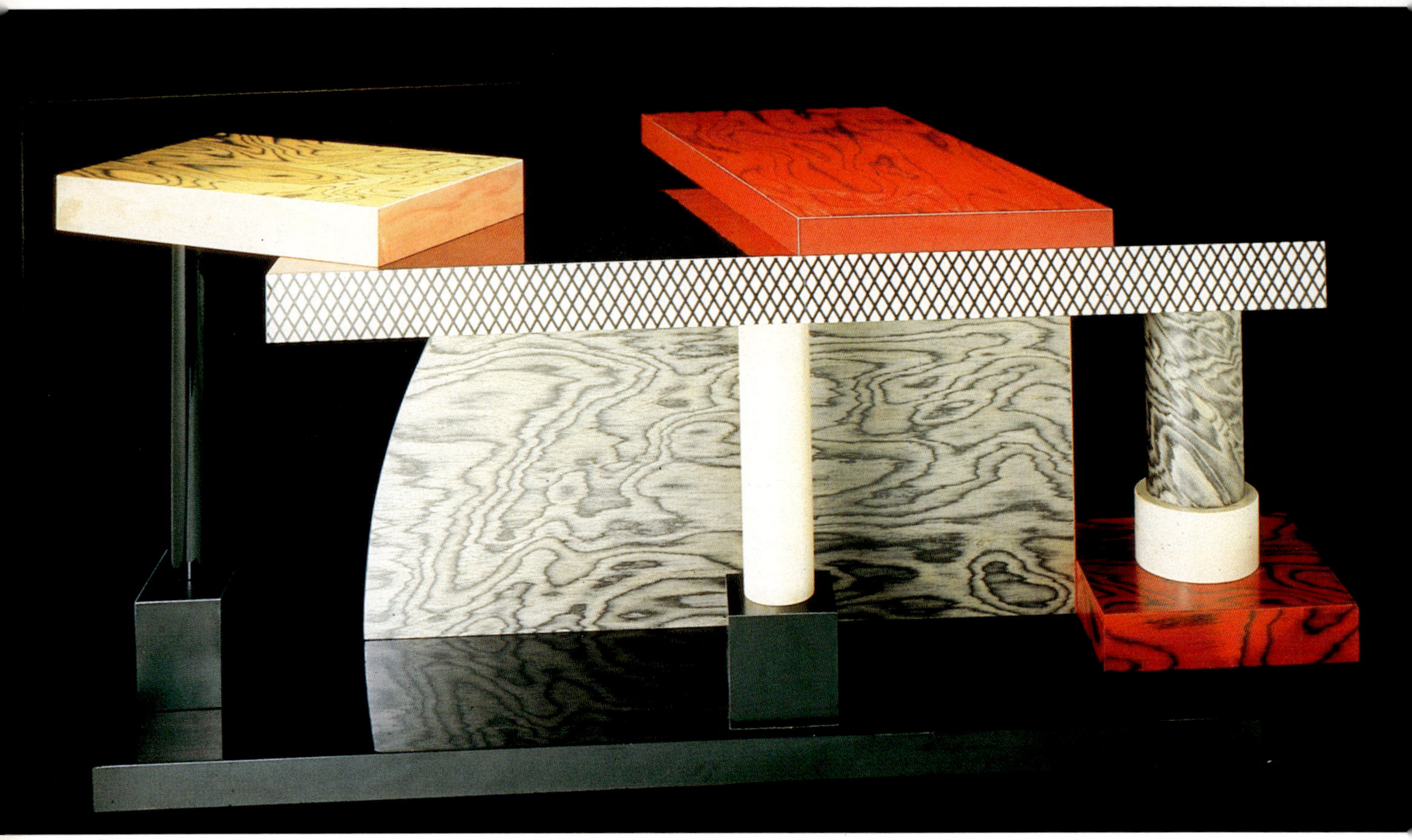

3 **Ettore SOTTSASS**
Console, *Tartar*
Placage reconstitué et plastique stratifié
H 78 cm; l 195 cm; P 85 cm
Fabricant: Memphis, Italie
(1985-1986)

5 **Ettore SOTTSASS**
Table de salle à manger,
4 Gopuram
Poirier, bois laqué
Production limitée à quelques exemplaires
H 74 cm ; l 124 cm ; L 228 cm
Fabricant : Design Gallery, Italie
(1988-1989)

6 **Ettore SOTTSASS**
Meuble de rangement,
Mobile Giallo
Bois, bruyère, boutons en bois doré
H 146 cm ; l 46 cm ; L 132 cm
Fabricant : Design Gallery, Italie
(1988-1989)

4 **Ettore SOTTSASS**
Buffet, *Freemont*
Placage reconstitué, plastique stratifié, aluminium et bois doré
H 183 cm ; l 190 cm ; P 60 cm
Fabricant : Memphis, Italie
(1985-1986)

7

7 **Michele De LUCCHI**
Table, *Cairo*
Métal, bois laqué
H 72 cm ; P 55 cm
Fabricant : Memphis, Italie
(1986-1987)

Le plus beau des mots en « isme » est « optimisme ». *Les créations de Michele De Lucchi présentées ici sont non seulement représentatives des premiers balbutiements de Memphis, mais elles caractérisent également — en partie du moins —, la totalité du design italien qu'Ettore Sottsas a décrit un jour comme étant « plus coloré, plus joyeux, plus optimiste, plus humoristique » que les autres. Dans ses premiers jours, Memphis était comme un adolescent, indifférent à tous les « ismes » de ses parents, mais faisant totalement confiance à sa propre vitalité et à sa spontanéité. Aujourd'hui encore, cette force incontrôlée et joyeuse continue de nous toucher, même si elle a pour aura une certaine mélancolie « rétro ». Ah, c'était les beaux jours !*

8

9

9 **Michele De LUCCHI**
Table, *Burgundy*
Plastique stratifié et métal pe
H 72 cm ; l 155 cm ; P 105 cm
Fabricant : Memphis, Italie
(1985-1986)

8 **Michele De LUCCHI**
Table basse, *Continental*
Plastique stratifié et bois massif
H 60 cm ; l 60 cm ; L 90 cm
Fabricant : Memphis, italie
(1984-1985)

10 **Michele De LUCCHI**
Chaise, *First*
Métal et bois
H 90 cm ; l 159 cm ; P 50 cm
Fabricant : Memphis, Italie (1983)

Mutations stylistiques.
Les meubles et les objets ménagers perdent leur statut d'intemporelle validité. Les tables basses, les chaises et les buffets ne sont désormais plus ennuyeux mais soumis à des fluctuations permanentes, se colorant d'influences exotiques (l'art des Caraïbes, l'art africain) ou traduisant des tendances artistiques comme le cubisme et De Stijl. On peut dire que « ça fonctionne » dans la mesure où la composition est puissante et, simultanément, « fait bien rire » : la décoration d'intérieur est programmée par des logiciels, interchangeables comme le conditionnement des objets : la police de l'imprimante — pour garder notre image software *— sera au choix « op'art », « Afrique » et « Suburbia », quand elle ne sera pas « au petit bonheur la chance », c'est-à-dire résolument non discriminatoire. L'une des idées fondamentales, à la base du manifeste de Memphis, consiste à soumettre les meubles,*

12

11

individuellement, à ces mêmes principes qui régissent l'industrie de la mode, où les collections changent d'une année sur l'autre. Le graphisme et la tri-dimensionnalité, la forme et la couleur — morphologie et chromatisme — se mélangent et se confondent comme une série de séquences brèves dans un film vidéo abstrait.

11 **Marco ZANINI**
Meuble de rangement, *Amazon*
Placage reconstitué et bois laqué
H 205 cm ; l 80 cm ; P 51 cm
Fabricant : Memphis, Italie
(1985-1986)

14 **Nathalie du PASQUIER**
Chaise, *Pilar*
Bois et plastique stratifié. Le dossier et le siège sont recouverts de coussins, eux-mêmes revêtus de tissu.
H 98 cm ; l 54 cm ; P 53 cm
Fabricant : Nathalie du Pasquier et Pier-Luigi Ghianda, Italie
(1985-1986)

12 **Michele De LUCCHI**
Paravent, *Scarlet*
Plastique stratifié et métal
H 243 cm ; l 180 cm ; P 85 cm
Fabricant : Memphis, Italie
(1985-1986)

13 **Nathalie du PASQUIER**
Buffet, *Emerald*
Bois et plastique stratifié,
miroir courbe
H 190 cm ; l 100 cm ; P 40 cm
Fabricant : Memphis, Italie
(1985-1986)

13

15 **Nathalie du PASQUIER**
Chaise, *Mercedes*
Bois laqué, siège recouvert
d'un coussin en tissu
H 98 cm ; l 55 cm ; P 50 cm
Fabricant : Pier-Luigi Ghianda,
Italie,
pour Nathalie du Pasquier
(1985-1986)

14

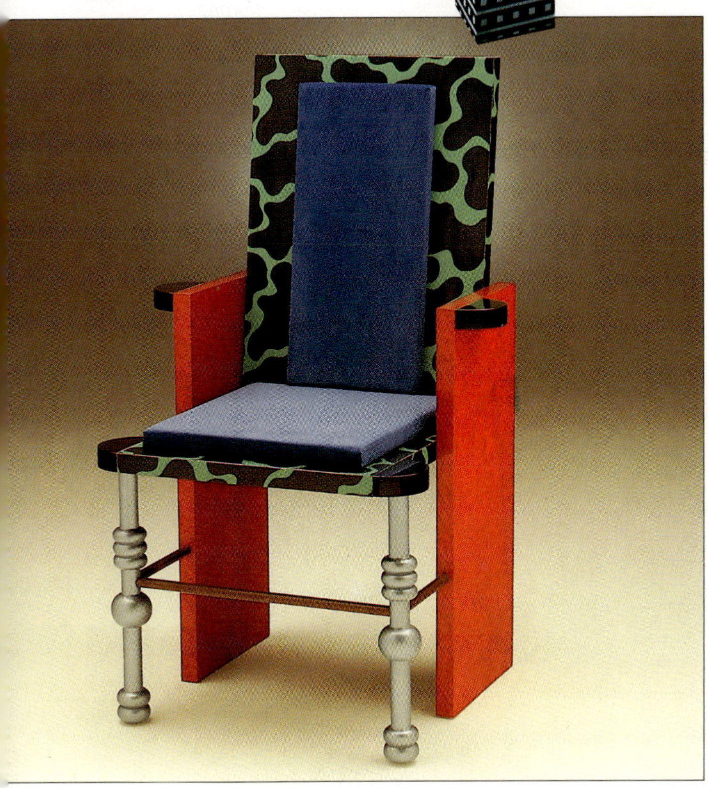

15

16 LEWIS AND CLARK
Chaise, *Temple*
Conçue pour le concours « Surface and Ornament Competition ». Proposée comme une « chaise d'invention », cette chaise a remporté le premier prix. Elle était « destinée à une divinité assise sur un trône, tandis que de petits adorateurs exécutent des rituels exotiques. »
H 150 cm ; l 120 cm ; P 120 cm
Fabricant : Formica Corporation, USA

16

Plus, c'est plus. *« Moins, c'est plus » : le défi de cette maxime du gourou du Bauhaus, Mies van der Rohe, n'a pendant des décennies pas été relevé ; il est devenu cette loi non écrite, confirmée par l'usage, qui définit ce que nous appelons « la bonne forme ». Mais, au cours des années quatre-vingt, l'architecture d'abord, le design ensuite, ont en quelque sorte commencé « à se maquiller » et le style qui en résulta s'appela « post-moderniste ». Le luxe n'était plus proscrit : il était de nouveau à la mode, exigeant un nouvel art déco. Pourquoi rester dans le simple quand on peut s'entourer d'opulence ? Tout fut en conséquence embelli, rendu somptueux, tandis que les immeubles étaient ornés, comme des sapins de Noël, de décorations évoquant tous les styles existants. Principe à l'œuvre : « le bonheur est dans la prolifération ». Le plus souvent, l'effet était simplement*

17

17 **Massimo MOROZZI**
Table (sept éléments)
Bois de différentes couleurs
Fabricant : Cassina, Italie (1983)

*curieux, indiscutablement ostentatoire : le but était atteint. Les deux meubles reproduits ici sont caractéristiques de l'esprit post-moderne : d'une finition architectonique, ils jouent avec des citations classiques, gigantomanie discrète, ce sont les « commodités de la conversation » — le mot est de Molière *—, ils permettent à l'acquéreur de devenir le designer de son* self, *de son ego, de son moi. Le trône en forme de temple de Jim Lewis et Clark Ellefson raconte à tous ceux qui voudraient le savoir que son propriétaire se considère digne d'être adoré comme un dieu, tandis que* Tangram, *la table de Massimo Morozzi, permet de montrer que l'on sait utiliser l'espace de la salle de séjour avec une sensibilité artistique. Dans les deux cas, le living-room devient la vitrine de la psyché individuelle.*

**Les Femmes savantes.*

18

« I wanna be loved by you ».
Ces mots que murmure Marylin Monroe avec toute la sensualité voulue dans l'une de ses chansons pourraient également résumer un aspect majeur du design post-moderne. C'est bien là en effet une tendance stylistique du design dont la raison d'être *consiste à plaire, à rehausser l'image de son acquéreur. Le Sofa de Hans Hollein,* Marylin, *fait allusion à tous ces aspects de la séduction. C'est un meuble de salle de séjour « érotisé » qui hurle le mot HÉDONISME en capitales d'imprimerie ; il a, pour cette raison, été souvent utilisé dans la publicité des produits de luxe comme le symbole d'un style de vie spécifique. De même que certains autres meubles reproduits dans les pages suivantes,* Marylin *est l'illustration par excellence de ce besoin avide d'admiration caractéristique du design post-moderne, et ce jusque dans le choix des matériaux. Une prédilection pour les textures blondes de l'or et de l'érable est frappante, comme si elle suggérait encore et toujours que « les hommes préfèrent les blondes ».*
Au cours des années soixante, avant même d'être réputé pour ses créations pour les célébrités et les grandes fortunes, Hans Hollein était l'un des jeunes architectes les plus révolutionnaires et les plus visionnaires de sa génération. Ceci

19

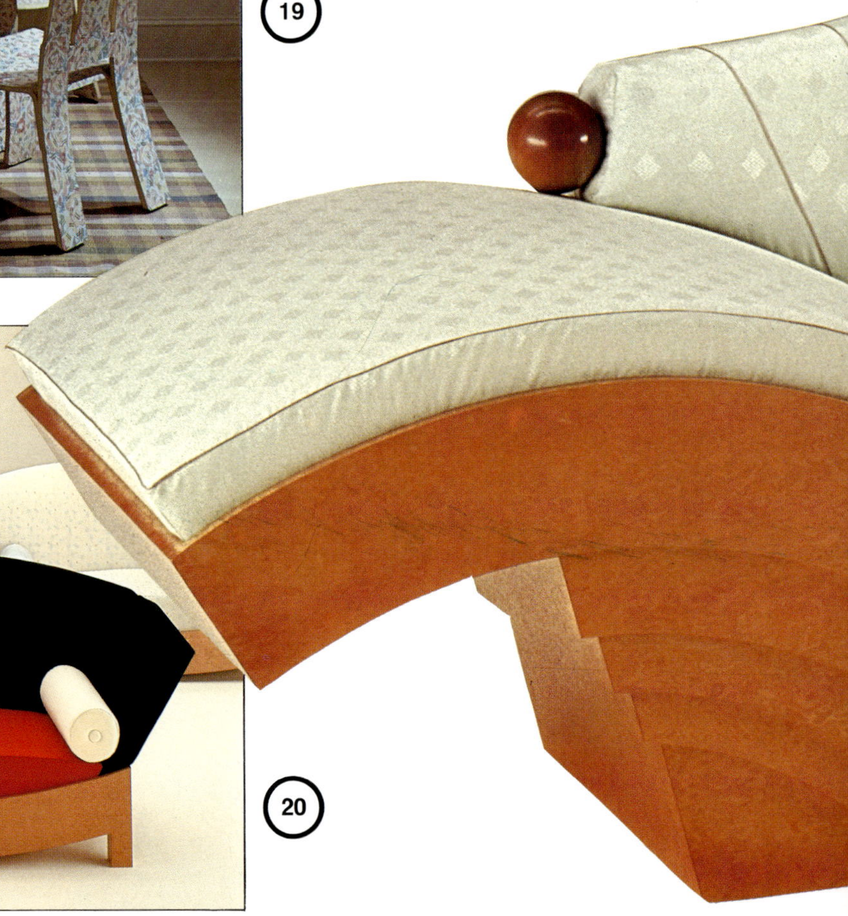

20

est également vrai pour Robert Venturi. Mais Venturi, est resté un diamant brut. Sa collection de tables et de chaises pour Knoll est la version Disneyland de l'histoire du mobilier; sont accentués chez lui le charme de la parodie, un humour subtilement subversif, et cette « vitalité désordonnée » qu'il admire tant chez les autres. Ces qualités apparaissent rarement dans le design post-moderne, dont le désir d'être aimé est si nourri d'angoisse et d'inquiétude qu'il en devient rigide.

18 **Charles A. JENCKS**
Sun Table et Chairs
Médium peint et vernis
Table, H 77 cm, repliée 132 cm, dépliée 183 cm.
Chaises, H 97 cm; L 44 cm; l 61 cm
Modèles créés spécialement pour le designer, disponibles à la galerie Max Protech, New York.

19 **Robert VENTURI**
Tables et chaises de la collection *Venturi*, les chaises *Venturi* sont disponibles en trois styles — Queen Anne, Chippendale et Empire.
Armature en lamellé cintré; revêtement plaqué bois ou stratifié; en option, coussins fixes des sièges en mousse et polyester.
Revêtements: placage érable naturel ou érable madré teinté gris foncé; stratifié blanc cassé, noir, jaune, bordeaux ou à motif de fleurs rétro.
Le dessus de table carré existe également en granit massif. Pied et placages comme mentionné plus haut. Le stratifié peut être en blanc cassé, noir, jaune, bordeaux ou à fleurs.
H 62 cm; L 122 cm; 138 ou 152 cm
Fabricant: Knoll International

20 **Hans HOLLEIN**
Sofa, *Mitzi*
Cadre en bois massif, dossier et côté en contreplaqué.
Rembourrage en mousse de polyuréthane de différentes densités; revêtement en tissu.
H 97 cm; P 87 cm; L 210 cm
Fabricant: Poltronova, Italie
(1984-1985)

21 **Hans HOLLEIN**
Sofa, *Marilyn*
Cadre en bois massif, rembourrage en mousse de polyuréthane de différentes densités.
H 93 cm; P 75 cm; L 238
Fabricant: Poltronova, Italie
(1984-1985)

L'art de la fugue. *A l'évidence, la vie de l'homme moderne manque de fantaisie, d'amour et de chaleur. Au fond d'eux-mêmes, les directeurs commerciaux, les directeurs de production, les agents de change et les directeurs artistiques entendent une voix qui hurle leur besoin de fuite dans un autre monde. S'échapper dans la version d'un âge d'or — paradis perdu depuis longtemps, où régnaient la puissance, le luxe et l'amour —, projeté sur écran géant, est un fantasme qu'incarne à la perfection un certain type de design spectaculaire post-moderne. Des exploits stylistiques entrés dans l'histoire de l'art, des noms commercialisés comme* Sun Chair, Serenissimo *et* Stanhope *évoquent des réminiscences de l'Égypte, de Venise, de l'art déco, du style Regency, du style Empire et un amour de la vie d'un hédonisme aristocratique. Des meubles comme ceux-ci permettent à toutes les femmes de s'identifier à Cléopâtre, à tous les hommes de s'identifier au dieu-soleil. Voilà un « monde selon Hollywood », un monde qui permet toujours aux acheteurs de jouer le rôle de leurs rêves. Bien sûr, ces plaisirs-là ne sont pas économiques, mais ils sont thérapeutiques : c'est autant que l'on ne donnera pas à son psychiatre.*

22 Lella et Massimo VIGNELLI, et David LAW
Table, *Serenissimo*
Les pieds sont formés de quatre colonnes de grand diamètre traitées de manière à évoquer les stucs vénitiens. Elles sont reliées entre elles par un cadre métallique finition naturel. Le plateau est un panneau de verre traité pour produire un effet de semi-opalescence
H 70-72 cm ; L 160 cm l 145 cm
Fabricant : Acerbis International, Italie (1985-1986)

22

23 Michael GRAVES
Lit, *Stanhope*
Loupe d'érable (placage),
décorations en bois laqué, miroir et
lampes miniaturisées
L 230 cm ; l 105 cm ; H 90 cm
Fabricant : Memphis, Italie (1982)

23

24

24 Charles JENCKS
Chaise, *Sun Chair*
H 97 cm ; l 61 cm ; L 44 cm
Fabricant : Sawaya & Moroni, Italie
(1985)

25 **Norbert BERGHOF, Michael A. LANDES, Wolfgang RANG**
Secrétaire, *F1, Frankfurter Schrank*
Loupe d'érable, ébène, érable massif, ivoire, corne, laiton, moulures à l'or fin, granit.
H 230 cm ; l 75 cm ; P 40 cm
Fabricant : Draenert Studio, République fédérale d'Allemagne
(1985-1986)

Nouveau modèle : un Biedermeier moderne. *« Biedermeier », en Allemagne, résume une époque de sommeil et de rêve où l'on avait le temps de s'écrire des lettres d'amour, et où l'on faisait de grands voyages en diligence. Les pièces étaient bien éclairées et un mobilier modeste, raisonnablement solide et construit en bois de couleur claire, était orné de marqueterie aux motifs géométriques, puis teinté de noir.*

Le fait que le post-modernisme des années quatre-vingt soit retourné à ces idéaux et que des révolutionnaires comme l'architecte italien Adolfo Natalini, du Superstudio, naguère à l'avant-scène des changements stylistiques, rendent aujourd'hui hommage au secrétaire Biedermeier surprend peut-être, mais est totalement compréhensible si l'on tient compte de l'inversion des valeurs survenue au cours de la décennie. Au lendemain de l'iconoclasme révolutionnaire de 1968, on a découvert à la salle de séjour de Goethe un attrait irrésistible. La vie est histoires d'amour, à l'image sans doute des Affinités électives, *car des meubles massifs, soigneusement dessinés, sont aujourd'hui de nouveau construits et vendus à une clientèle qui les attend. Le secrétaire aux tours dorées de Berghof, Landes et Rang, le bureau de Natalini aux colonnes monumentales qui pivotent et se ferment, et l'élégant buffet noir, à dorures, en érable, de Hollein méritent de figurer tout aussi éminemment dans un catalogue consacré au style des années quatre-vingt que les motifs graphiques hurlants produits par Memphis. Quiconque a opté pour ces meubles a fait preuve de bon sens car ils sont en bois massif et n'ont nullement la prétention de changer la face du monde.*

26

26 Adolfo NATALINI et Guglielmo RENZI
Meuble de rangement, *Volumina*
Bois
Meuble de rangement pour bureau conçu pour lire, écrire, disposer et ranger. Deux hautes colonnes de cyprès, noyer ou cerisier contiennent un secrétaire à abattant. L'intérieur des casiers de rangement est un érable du Japon. Le bois utilisé a séché pendant au moins quarante ans.
Série limitée
H 179 cm ; l 123 cm ; P 79 cm (ouvert) ; P 40 cm (fermé)
Fabricant : Sawaya & Moroni, Italie (1987-1988)

27

27 Norbert BERGHOF, Michael LANDES et Wolfgang RANG
Fauteuil, *Frankfurter Stuhl FIII* (Chaise de Francfort FIII)
Érable, laiton, dorure et marqueterie.
Production en nombre limité (100 exemplaires).
H 83 cm ; l 83 cm ; P 54 cm
Fabricant : Draenert Studio, République fédérale d'Allemagne (1986-1987)

28

28 Hans HOLLEIN
Table basse, *Schwarzenberg*
Bruyère teintée à l'aniline, bois massif et bois doré
H 82 cm ; L 160 cm ; P 47 cm
Fabricant : Memphis, Italie (1981)

29

30

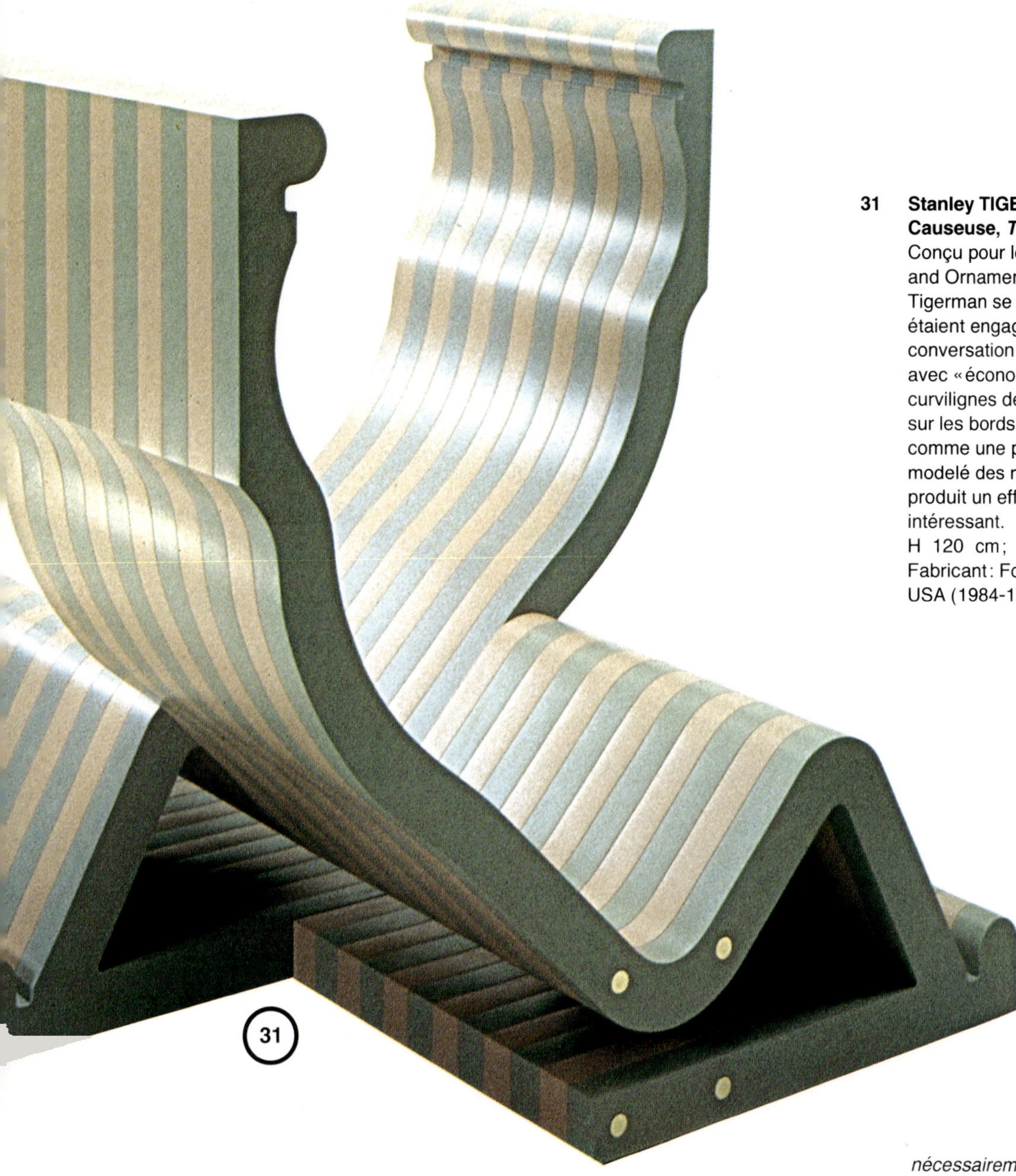

31

31 Stanley TIGERMAN
Causeuse, *Tête-à-tête*
Conçu pour le concours « Surface and Ornament ». Les deux sièges de Tigerman se font face comme s'ils étaient engagés dans une conversation ; l'espace est occupé avec « économie ». Des rayures curvilignes de Colorcore incurvées sur les bords ont été appliquées comme une peau décorative ; le modelé des rayures de couleur produit un effet de texture intéressant.
H 120 cm; P 120 cm; L 120 cm
Fabricant : Formica Corporation, USA (1984-1985)

Tigerman, Tigre de papier universitaire. *Cette création était destinée à un couple ayant une relation assez intime pour pouvoir lire à deux simultanément le recto et le verso des pages de l'édition dominicale du* New York Times. *C'est en ces termes que Stanley Tigerman, architecte né à Chicago, élève de Mies van der Rohe, a décrit sa causeuse, siège pour deux, aux rayures couleur de sucre d'orge. Dans un fauteuil de conception semblable, on ne lit pas nécessairement le journal, on peut très bien s'entretenir à deux de questions d'architecture. Constitué de deux « moulages classiques » anthropomorphes, bien adaptés à la rhétorique la plus spirituelle, ce double siège intitulé* Tête-à-Tête *représentait Tigerman à l'exposition de 1983, « Formica ColorCore & Surface & Ornament ».*
Cette manifestation fut au demeurant marquée par la présentation d'un placard d'angle décoré par une maquette micro-architecturale de ville-sanctuaire de style néo-gothique de Charles Moore, le collège post-moderne de Tigerman. Le concours ColorCore montre à l'évidence les différentes manières dont on peut utiliser le plastique dans le Nouveau design, des deux côtés de l'Atlantique, tout en soulignant la différence fondamentale qui existe entre la manière de voir américaine et les pratiques italiennes à la Memphis.

29-30 Charles MOORE
Placard d'angle
Colorcore. Créé pour le concours « Surface and Ornament Competition ». Moore a utilisé ce matériau pour exprimer son intérêt pour les motifs ornementaux classiques.
H 183 cm environ
Fabricant : Formica Corporation, USA (1984-1985)

32 **Derek FROST**
Meuble stéréo
Un meuble de rangement pour la stéréo à trois couvercles contenant dans la partie haute deux platines et une table de mixage. Trois portes coulissantes intérieures dissimulent une télévision sur un bras mobile, des enceintes, des espaces rangement pour compact-disques et cassettes. La partie basse contient trois tiroirs. Finition en cellulose bleu mat et dorures à l'or blanc. Les portes argentées sont décorées par Yumi Katayama.
Pièce unique
H 98 cm ; l 127 cm ; P 55
Fabricant : Derek Frost Associates, Grande-Bretagne

32

33 **John HUTTON: DONGHIA DESIGN STUDIO**
Fauteuil club, *Luciano*
Cadre en bois massif, pieds en bois travaillé, tapisserie
H 92 cm; l 92 cm; P 92 cm
Fabricant: Donghia Furniture and Textiles, USA (1988-1989)

33

34 **John HUTTON**
Sofa, *San Marco*
Cadre en bois massif, accoudoir réglable, tapisserie
H 96,5 cm; P 44 cm; L 102 cm
Fabricant: Donghia, Furniture and Textiles, USA (1988-1989)

Ces chères années cinquante.
Ah, les années cinquante, quand le monde tournait encore rond! Quels souvenirs émus ne sont-ils pas attachés à ces années! Jupons gonflants de B.B., brillantine d'Elvis Presley, rock'n roll, guerre froide et répression sexuelle. Mais peut-être cette décennie de notre imagination n'est-elle qu'un pays de cocagne transfiguré par les filtres et le flou artistique de notre mémoire. Une chose est vraie cependant: les canapés de cette période présentaient des zones rembourrées comme l'étaient ces inoubliables déesses de l'écran: Marilyn Monroe, Gina Lollobrigida, Sophia Loren et Anita Ekberg. Les canapés de John Hutton rappellent ces formes voluptueuses, tandis que le combiné radio pick-up de Derek Frost est une machine à remonter le temps déguisée en meuble.

34

Un petit animal domestique aux oreilles de Nounours. *S'il existe un élément de mobilier qui mérite le qualificatif de « classique des années quatre-vingt » et celui de « création majeure de la décennie », c'est bien* Wink, *le fauteuil du designer industriel japonais Toshiyuki Kita. Des articulations réglables à l'intérieur du cadre permettent de transformer le fauteuil en chaise longue et de l'adapter aux besoins du corps humain ; il a en outre des oreilles mobiles. Lorsqu'il créa ce modèle génial, réalisé par le fabriquant italien de Cassina, non seulement le Japonais acquit une notoriété mondiale — entrant dans le saint des saints qu'est le Musée d'art moderne de New York —, mais encore il réussit une percée fabuleuse dans le monde des produits design. Le parent de* Wink, *le système* Veranda, *plus bourgeois, plus élégant, a lui aussi été réalisé par Cassina. Il est également réglable au moyen d'articulations internes mais, comme le canapé* Arflex, *il est hélas dépourvu de cette charmante et amusante originalité que sont les oreilles du fauteuil de Kita. Ce qui vaut pour* Wink *vaut aussi pour toutes les inventions en*

35

35 Fabrizio BALLARDINI et Fulvio FORBICINI
Sofa, *Ribalta*
Cadre métallique, pied en fonte, tapisserie en mousse de polyuréthane.
Chacun des angles peut adopter six positions différentes.
H 80 cm ; l 118 cm ; L 162 cm ; hauteur du siège : 41 cm
Fabricant : Arflex, Italie (1988-1989)

36

matière de création de mobilier : les premières solutions (en supposant, bien sûr, que l'idée soit neuve et inspirée) sont généralement les meilleures, les plus radicales, les plus pures. Un fauteuil tel que Wink, *tout comme les fauteuils de Thonet ou Freischwinger, ne peut que se prêter à des variations ; jamais il ne peut être amélioré.*

37

38

37, 39 **Vico MAGISTRETTI**
Sofa deux places, *Veranda*
Cadre en éléments d'acier pliants, mousse de polyuréthane et garniture de polyester
H 75-110 cm ; l 180 cm ; P 155 cm
Fabricant : Cassina, Italie (1983)

39

36 **Toshiyuki KITA**
Fauteuil *Wink*
ABS noir, cadre métallique réglage, rembourrage polyuréthane et dacron.
H 38/95 cm ; L 90/200 cm ; l 78 cm
Fabricant : Cassina, Italie (1981)

40 Javier MARISCAL
Chaise roulante, *Biscuter*
Métal, fibre de verre, tapisserie
H 31 cm ; l 56,5 cm ; P 77 cm
Fabricant : Akaba, Espagne
(1986-1987)

40

41

41 Pepe CORTES et Javier MARISCAL
Siège, *Trampolin*
Acier, bois
H 67 cm ; l 55 cm ; P 55 cm
Fabricant : Akaba, Espagne
(1986-1987)

42 Paolo DEGANELLO
Fauteuil, *Torso*
Cadre d'acier et revêtement élastique rembourré de mousse de polyuréthane et de polyester. Pieds avec pointes ABS. Revêtement de tissu ou de cuir ; le siège et le dossier peuvent être exécutés dans des matériaux différents. Un sofa et un lit sont disponibles dans le même style.
H 82 cm ; P 88 cm
Fabricant : Cassina, Italie
(1984-1985)

42

43

44

43, 44 Borge LINDAU & Bo LINDERKRANTZ
Chaise, *Planka*
Bois laqué, cuir, assise de métal ou de tissu. La base est en acier émaillé et l'encadrement en acier chromé.
H 110 cm ; l 42 cm ; P 68 cm
Fabricant : Lammhults, Suède
(1985-1986)

46 Jochen HOFFMANN
Sofa, *Trio*
Sofa polyvalent que l'on peut utiliser comme causeuse avec deux repose-pieds, comme canapé trois personnes (avec un repose-pieds) ou comme canapé quatre personnes. Le support du cadre de hêtre est en métal laqué ; différents tissus disponibles pour la garniture.
Fabricant : Firma Franz Fertig, République fédérale d'Allemagne
(1985-1986)

45 **Peter MALY**
Fauteuil, *Zyklus*
Tubulure d'acier, la partie supérieure est en laque colorée. La garniture et le cuir peuvent être coordonnés de façons multiples.
H 72 cm ; l 75 cm ; L 85 cm
Fabricant : Cor-Sitzkomfort, République fédérale d'Allemagne (1985-1986)

45

46

47

47 **Danilo SILVESTRIN**
Bureau, *Hommage à Mondrian*
Bois laqué
H 80 cm ; l 90 cm ; L 190 cm
Fabricant : Rosenthal Einrichtung, République fédérale d'Allemagne (1984-1985)

48 **Burkkhard VOGTHERR**
Chaise, *T-Line*
Métal, mousse de polyuréthane, garniture de différentes couleurs
H 100 cm ; l 75/76 cm ; P 68/75 cm
Fabricant : Arflex, Italie (1984-1985)

48

49 **Danilo SILVESTRIN**
Table, *Hommage à Rietveld*
Bois laqué. La couleur souligne la réduction formelle aux trois surfaces.
H 60 cm; l 46 cm; L 69 cm
Fabricant: Rosenthal Einrichtung, République fédérale d'Allemagne
(1984-1985)

***Le grand Mendini.** Il suffit, pour situer Alessandro Mendini à la place qui lui revient, c'est-à-dire au centre du design italien, de citer quelques-uns de ses projets majeurs. Il est l'un des cervaux de phénomènes design comme Global Tools ou Alchimia ; il est rédacteur en chef de* Domus *et de* Modo, *en partie responsable du succès d'Alessi et, à part entière, infatigable sourcier d'initiatives, remettant toujours tout en question, stimulant l'émergence d'idées nouvelles. Il est tout à la fois gourou, éminence grise et directeur artistique. Il a contribué de façon non équivoque à miner le régime dictatorial de la « bonne forme » en entretenant une guerre de harcèlement et d'usure, créant pour ce faire des œuvres volontairement banales, triviales, kitsch, efficaces par l'ostentation. Aux yeux de Mendini, le design ne peut être évalué en termes d'objectif à atteindre, de critères universellement reconnus comme la valeur utilitaire ou la fonctionnalité, mais uniquement en fonction de la valeur empirique subjective que l'objet ou le meuble design représente pour son utilisateur. Chaque individu est son propre critique du design, avec sa compétence à lui, différente, personnelle, unique. Lorsqu'il*

50 Alessandro MENDINI, Bruno GREGORI
***Turnmöbel* (meuble tour)**
Bois, tissus, miroir, métal
H 450 cm ; l 180 cm ; P 180 cm
Fabricant : Alchima, Italie (1984)

51

51 Alessandro MENDINI
Armoire, *Modulando 1-4*
Contreplaqué imprimé, miroir, verre, métal peint et décoration mobile en huit couleurs différentes.
H 115/145 cm ; l 80 cm
× P 45/60 cm
Fabricant : Alchima, Italie (1981)

formule ce point de vue, Mendini rejoint le cénacle des pères spirituels de ce pluralisme du design qui fait aujourd'hui l'objet de citations si nombreuses. Penseur original de premier plan, ses créations laissent une impression mitigée. Elles sont certes novatrices et spirituelles, mais nullement le nec plus ultra *de l'originalité. Sa manière de procéder ne le conduit pas à créer véritablement « de toutes pièces » mais à revenir à des schémas existants, à les citer, à les modifier, à les « arranger » autrement. Mendini est le fondateur et le maître incontesté de la re-création parodique de ce que l'on pourrait appeler le « style cocktail ». L'imagination de Mendini fait subir d'étranges permutations aux meubles caractérisés par la dignité et la banalité ; ses agressions les transforment en oiseaux de paradis iridescents. Il ne fait aucun doute que le « Laboratoire génétique de surprises visuelles » de Mendini nous assure encore bien des émois.*

52

52 Alessandro MENDINI
Sofa et fauteuil, *Maracatu*
Bois, garniture
H 94 cm ; l 166 cm et 94 cm ; P 80 cm
Fabricant : Vitra International, Suisse (1988-1989)

53

53 Masaki MORITA
Table, *Stream*
Acier, revêtement de polyuréthane, finition peinture mate. Pièce unique.
H 70 cm ; l 300 cm ; P 60 cm
Réalisation : Kikuchihara, Japon (1986-1987)

54

54 Maurizio PEREGALLI
Fauteuil, *Poltrocino Cromo*
Chaise en tube (de section carrée) d'acier chromé avec siège en polyuréthane noir. Élément de la *Zeus Collection*.
H 68 cm ; l 53 cm ; P 42 cm
Fabricant : Noto, Italie (1986-1987)

55 Pascal MOURGUE
Table
Table à café sur trois pieds à roulettes. Les pieds sont en métal laqué noir. Deux versions : l'une, à deux étages, présente un plateau supérieur percé au centre, l'autre un plateau en miroir dépoli.
H 72 cm ; diam. 75 cm
Fabricant : Artelano, France (1986-1987)

55

56 **Mario BOTTA**
Fauteuil, *Sesta*
Cadre peint en acier laminé et perforé, avec siège et coussins en cuir ou tissu.
H 95 cm ; l 100 cm ; P 100 cm
Fabricant : Alias, Italie (1985-1986)

Sofa, *Sesta*
Canapé deux places à cadre en acier laminé et perforé. Siège et coussins en cuir ou tissu.
H 95 cm ; L 155 cm ; P 100 cm
Fabricant : Alias, Italie (1985-1986)

57

57 **FOSTER ASSOCIATES**
Plans de travail, *Nomos*
Aluminium, tubes d'acier.
Système de tables et plans de travail
(hauteur réglable, plan inclinable).
Fabricant : Tecno, Italie (1986-1987)

De l'ingénierie et du mobilier. *Contrairement aux architectes post-modernes, les architectes* high-tech *ont montré, dans le domaine du design, une réserve marquée. Nous n'avons vu aucune création de Richard Rogers ; pour leur part, Renzo Piano et Jean Nouvel n'ont rien produit, sinon de rares tables ou commodes. En revanche, Norman Foster a conçu ou plutôt construit, un système de plan de travail pour bureau d'études d'un non-conformisme radical, caractérisé par le même soin qu'il a apporté à la création de la Banque de Hong-Kong et de Shangai. Il s'agit, pour emprunter un terme aux constructivistes russes, de l'œuvre d'un « artiste ingénieur ». Le système modulaire en acier tubulaire, aluminium et plastique permet à l'observateur de voir les principes sur lesquels repose le design. Si Gustave Eiffel était vivant, il assumerait volontiers la paternité de ce meuble. Le détail le plus fascinant du système* Nomos *est l'utilisation superbe des fils, du point de vue structurel comme du point de vue fonctionnel : tous les câbles de tension et de raccordement sont maintenus par des bagues de plastique qui en font une sorte de cordage souple, évoquant d'une certaine manière les fibres nerveuses de l'épine dorsale. Quel nom donner à cette incursion anatomique dans le monde de l'ingénierie :* high-tech ? Bio-tech ?

Il y a ici des parallèles intéressants à faire avec le « design organique » de Turin des années quarante et cinquante, à l'époque où Carlo Mollino et d'autres procédaient à des croisements, greffant sur la technologie moderne des fragments de côtes et de vertèbres de sauriens, dans un style de mobilier alors nouveau.

58 **Norman FOSTER**
Système de plans de travail pour bureau, *Nomos* (détail)
Organisation « vertébrée » des câbles.
Fabricant : Tecno, Italie (1986-1987)

58

Des tigres apprivoisés. Combien de jeunes talents impétueux, de têtes brûlées, ont été si chaleureusement accueillis par l'industrie et si fort serrés dans ses bras métalliques, que leurs poumons gonflés d'un souffle révolutionnaire en ont été écrasés ! Cela donne à penser que deux designers de premier plan comme Philippe Starck et Alessandro Mendini, dont les séries limitées frappent par l'audace des idées, rentrent les griffes dès qu'ils se consacrent à des objets destinés à la production en série. Dr Glob *de Starck et* San Leonardo *de Mendini* *sont des fauteuils discrets au point d'être anonymes. On se demande si le fauteuil de Mendini est même capable d'attirer l'attention dans les pages d'un catalogue de vente par correspondance, alors que les chaises de Starck sont une compilation de créations plus anciennes empruntées à une galerie de portraits ancestraux ; elles évoquent des associations qui vont d'Eileen Gray et du Bauhaus aux meubles ultra-légers conçus par Fritz August Breuhaus pour les zeppelins de tourisme construits dans les années trente, et de Carlo Mollino et Gio Ponti aux chaises empilables de Vico Magistretti, pour ne citer que quelques-unes des influences décelées. Le fauteuil dont nous parlons est comme une projection sur un écran : la surimpression d'un trop grand nombre d'images produit une non-image. Les griffes des tigres apprivoisés s'émoussent.*

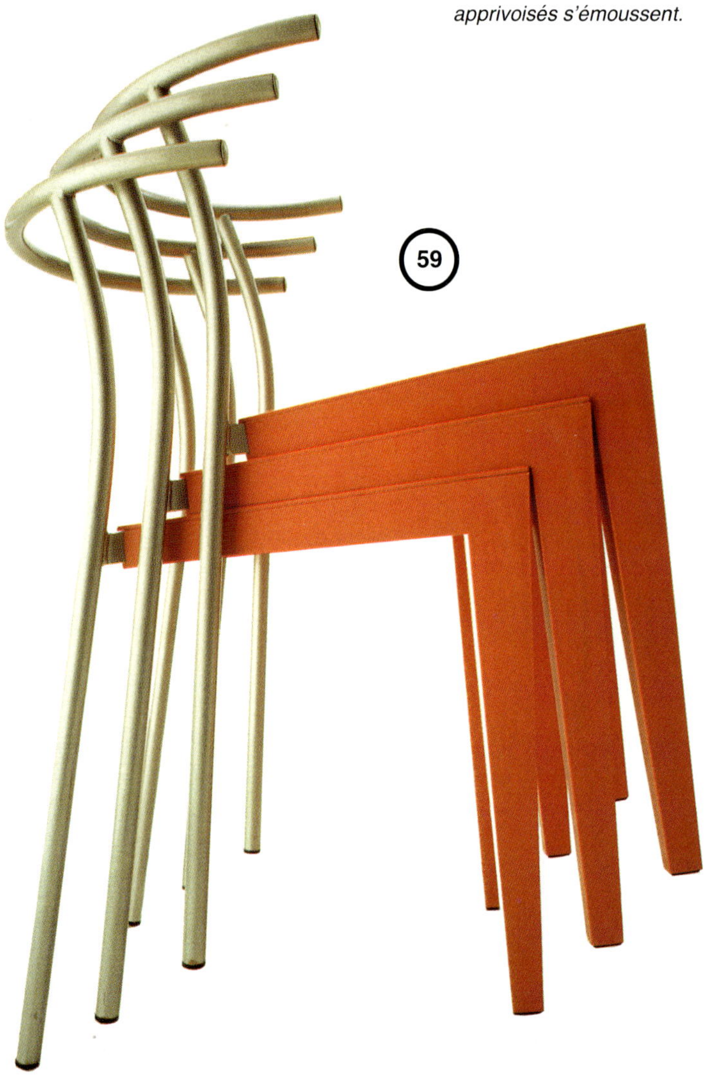

59

59 **Philippe STARCK**
Chaises empilables (gigognes),
Dr Glob
Polypropylène, tubes d'acier.
H 46 cm ; L 47,5 cm ; P 48 cm
Fabricant : Kartell, Italie (1988-1989)

62 **Alessandro MENDINI**
Fauteuil, *San Leonardo Collection*
Fauteuil club en cuir, de conception traditionnelle.
H 100 cm ; l 102 cm ; P 85 cm
Fabricant : Matteo Grassi, Italie (1985-1986)

60

Philippe STARCK
Chaise, ***Von Vogelsang***
Cadre en tube d'acier avec siège métallique perforé et incurvé. Laqué gris métallique clair.
H 71,5 cm ; l 54 cm ; P 51 cm
Fabricant : Aleph, Italie (1985-1986)

61

62

61 **Philippe STARCK**
Table, ***Mickville***
Structure escamotable à trois pieds ; structure en tubes d'acier, plateau en feuille d'acier. Laquée bleu métallique et noir semi-mat.
H totale 80,5 cm ; H plateau 48 cm ; diam. 38 cm
Fabricant : Aleph, Italie (1985-1986)

63

63 Philippe STARCK
Chaise, *Pratfall*
Cadre en tube d'acier laqué noir avec dossier incurvé en contre-plaqué laqué noir semi-mat. Siège recouvert de cuir noir.
H 86 cm ; l 61,5 cm ; P 78 cm
Fabricant : Aleph, Italie (1985-1986)

64 Philippe STARCK
Table, *Titos Apostos*
Table pliante à trois pieds ; structure en acier tubulaire, plateau en acier. Vernis métallique or et argent.
H 71 cm ; diam. 85 cm
Fabricant : Aleph, Italie (1985-1986)

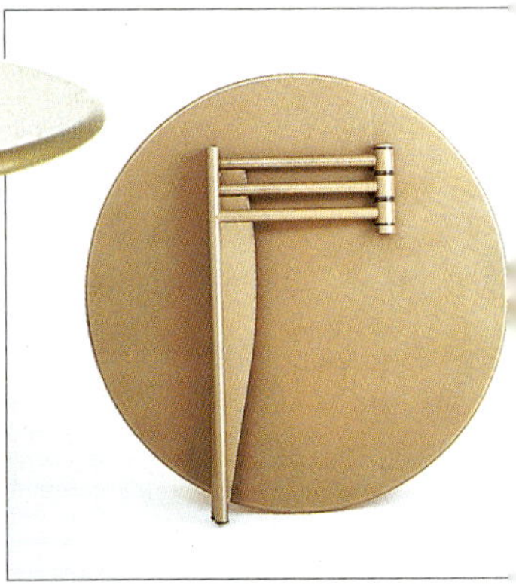

64

Ce Monsieur Starck doué d'ubiquité. Ubik *est le nom de l'une des chaises les plus célèbres de Philippe Starck. C'est également le nom d'une créature mystérieuse du roman de science-fiction éponyme de Philip K. Dick. Dans cette odyssée cauchemardesque, le cerveau d'un homme qui agonise ne cesse de créer des visions où apparaît sans cesse* Ubik *(dont l'étymologie latine, «partout», explique la prolifération). Philippe Starck est fanatique des romans de Dick et aimerait être comme* Ubik, *omniprésent, concerné par mille projets différents à la fois, travaillant plus vite que la lumière et circulant autour du monde dans un jet plus rapide que le son. Et, lorsqu'on ouvre des magazines de design, qu'y voit-on ?* Ubik *en personne, les cafés Costes* Ubik, *le Concorde* Ubik, *le tabouret à trois pieds* Ubik, *la barbe de plusieurs jours du designer* Ubik, *l'Andy Warhol du design* Ubik. *Mais peu importe : les amis de nos amis sont nos amis et tous les amis de Philip K. Dick sont nos amis. Car Dick n'a pas seulement écrit* Blade Runner, *il avait encore pour ce roman un titre infiniment meilleur :* Les Androïdes rêvent-ils de moutons électriques ?

65 Philippe STARCK
Fauteuil, *Serie Lang*
Acier, aluminium, mousse de polyuréthane. Fauteuil à trois pieds avec garniture en cuir noir et, à l'arrière, un pied unique en métal. Le cadre en aluminium moulé repose sur une structure en acier tubulaire.
H 86 cm ; l 66 cm ; P 60 cm
Fabricant : Driade, Italie (1986-1987)

65

Un minimalisme maximum. *Il ne fait aucun doute que Shiro Kuramata est l'un des très rares, très grands designers de la fin du XX*[e] *siècle. Ses conceptions design spectaculaires pour le* Lucchino Bar *et le* Caffe Oxy *de Tokyo, ainsi que ses boutiques Issey Miyake du monde entier ont influencé des régiments entiers de décorateurs d'intérieur, alors que ses critères exigeants, impossibles à réaliser, les laissaient tous profondément frustrés. En mobilier design, il est également le maître incontesté du vide créatif. Ses objets ont souvent l'air de planer dans un état de suspension à la limite de la désintégration. Un sentiment d'immatérialité, l'impression que quelque chose d'invisible est là, donne à ses meubles une forme de transcendance, une aura d'intemporalité et de silence, celle du mobilier au regard de l'éternité. Mais quel que soit le degré de méditation auquel ils incitent, quel que soit leur degré de parenté avec des reliques sacrées, ils sont solidement ancrés dans le présent d'« ici et maintenant », sur lequel ils laissent une empreinte. L'impression faite par les créations minimalistes de Kuramata n'est ni médiocre ni pauvre, mais sensuelle, évocatrice et riche d'associations multiples. Ses meubles à tiroirs ressemblent à des navettes spatiales, ses placards dansent, ses fauteuils planent dans l'air, ses tables étincellent de lumière. L'exemple le plus extrême du romantisme esthétique* high-tech *de Kuramata est son* Blues in the Night, *table équipée de plusieurs douzaines de tubes diodes rouges qui luisent mystérieusement sous la surface acrylique transparente.*

66 **Shiro KURAMATA**
Tabouret de bar, *BK 86000*
Acier tubulaire chromé, contre-plaqué.
Série limitée.
H 90 cm ; l 36 cm ; P 15 cm ; diam. du siège 33 cm
Fabricant : Pastoe, Pays-Bas (1988-1989)

66

67

67 **Shiro KURAMATA**
Fauteuil, *Sing Sing Sing*
Acier tubulaire ; dossier et siège en grillage métallique, base en plastique moulé ; existe en argent, chrome ou nickel poli.
H 89 cm ; l 54 cm ; P 59 cm
Fabricant : XO, France (1986-1987)

68

68 **Shiro KURAMATA**
Chaise, *How High the Moon*
Grillage métallique, tubulure d'acier.
H 69,5 cm ; l 95,5 cm ; P 82,5 cm
Fabricant : Kurosaki, Japon
(1986-1987)

69

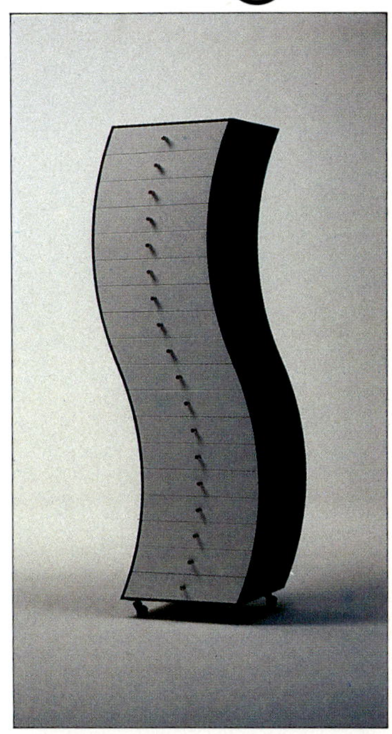

69 **Shiro KURAMATA**
Commode, *Side 1, Side 2*
Commode ou meuble à tiroirs en frêne laqué, disponible en deux tailles différentes ; également, versions montées sur roulettes.
Série limitée.
H 170 cm ; l 63 cm ou 45 cm
× P 50 cm ou 60 cm
Fabricant : Cappellini International Interiors, Italie (1986-1987)

70

70 **Shiro KURAMATA**
Meuble à tiroirs, *Solaris*
Cerisier ou frêne. Les tiroirs s'ouvrent des deux côtés.
H 155 cm ; l 140 cm ; P 80 cm
Fabricant : Cappellini International Interiors, Italie (1986-1987)

71 **Sergi DEVESA BAJET**
Table basse, *Chincheta*
Aluminium peint à la résine époxy.
H 31 cm; diam. 100 cm
Fabricant: Disform, Espagne
(1988-1989)

71

72

73 **Anna CASTELLI-FERRIERI**
Fauteuil, *4814*
Résine de polymérisation, acier. Le nouveau procédé de moulage à injection utilisé permet d'obtenir des irrégularités de surface qui font de chaque fauteuil une pièce unique.
H 73 cm ; l 65 cm ; P 97 cm
Fabricant : Kartell, Italie (1988-1989)

73

72 **Perry A. KING et Santiago MIRANDA**
Système d'étagère *Bloom*
Acier
P 33 cm ; L 100 cm ou 150 cm.
Montants, H de 200 à 303 cm
Fabricant : Tisettanta, Italie (1988/89).

__Le retour à la nature.__ Des retours nostalgiques dans le passé ont également laissé leurs marques sur un certain design que nous avons vu apparaître à la fin de la décennie. Le mobilier ne trahissait plus rien de sa parenté avec le design industriel dont il était issu, avant de devenir forme d'art à part entière.
Jaime Tresserra Clappés est un ancien orfèvre qui appartient aujourd'hui à la nouvelle génération des designers de Barcelone. Son secrétaire, richement ouvragé et ailé comme un insecte exotique, ressemble à un coffret à bijoux géant.
Matthew Hilton, créateur de design installé à Londres, utilise des objets en forme de nageoires, en aluminium moulé, comme pieds de table basse à plateau de verre; et des pattes d'antilope en argent fixées à un cône de bois supportent un plateau de table circulaire. Ces emprunts à la nature, coulés dans du métal comme des reliques saintes, constituent l'aura magique de ces créations qui préfigurent l'avènement d'un nouvel «Art nouveau».

75 Matthew HILTON
Table, *Flipper*
Verre, aluminium moulé
H 38 cm; l 95 cm; L 95 cm
Fabricant: SCP, Grande-Bretagne (1988-1989)

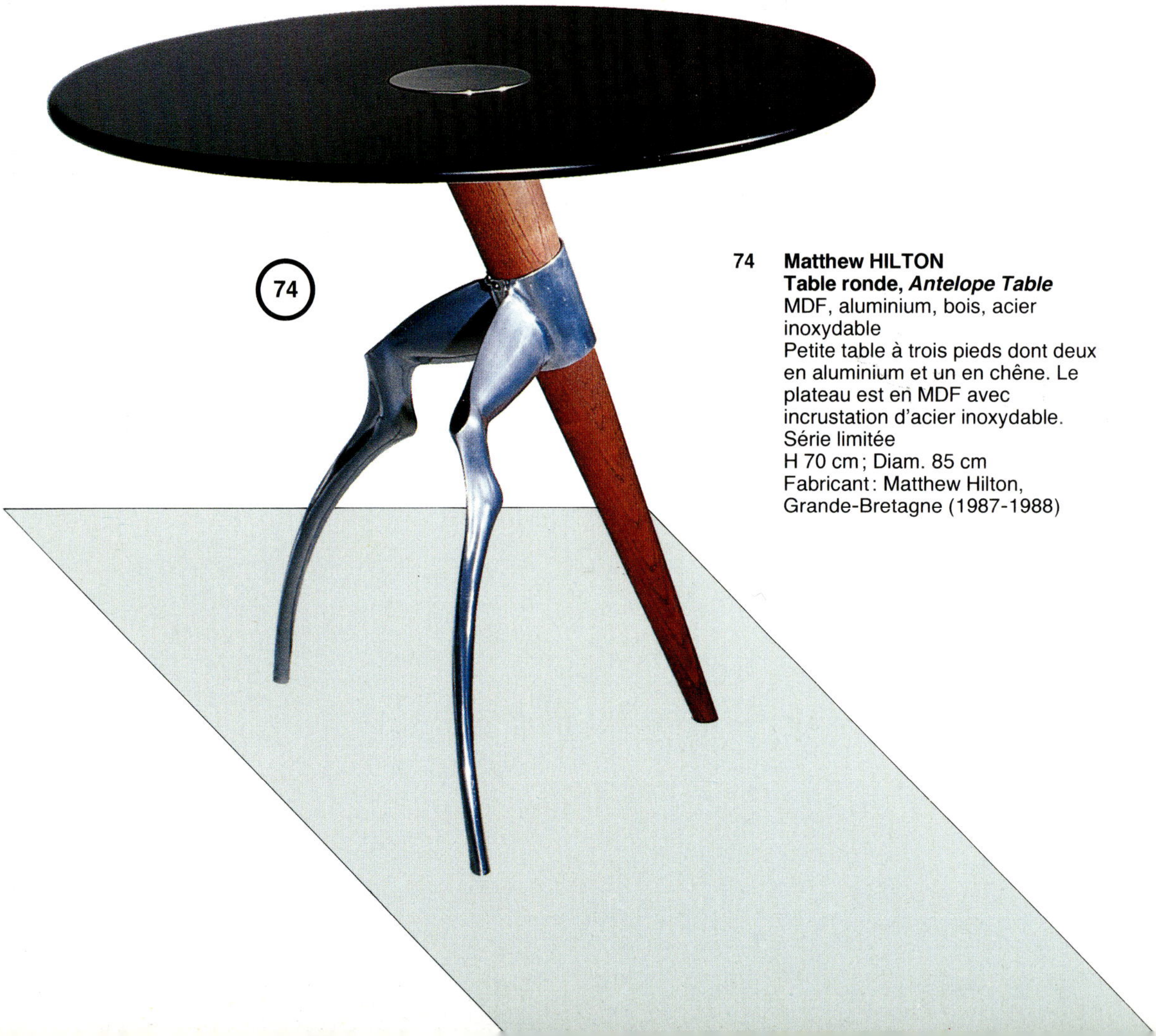

74

74 Matthew HILTON
Table ronde, *Antelope Table*
MDF, aluminium, bois, acier inoxydable
Petite table à trois pieds dont deux en aluminium et un en chêne. Le plateau est en MDF avec incrustation d'acier inoxydable. Série limitée
H 70 cm; Diam. 85 cm
Fabricant: Matthew Hilton, Grande-Bretagne (1987-1988)

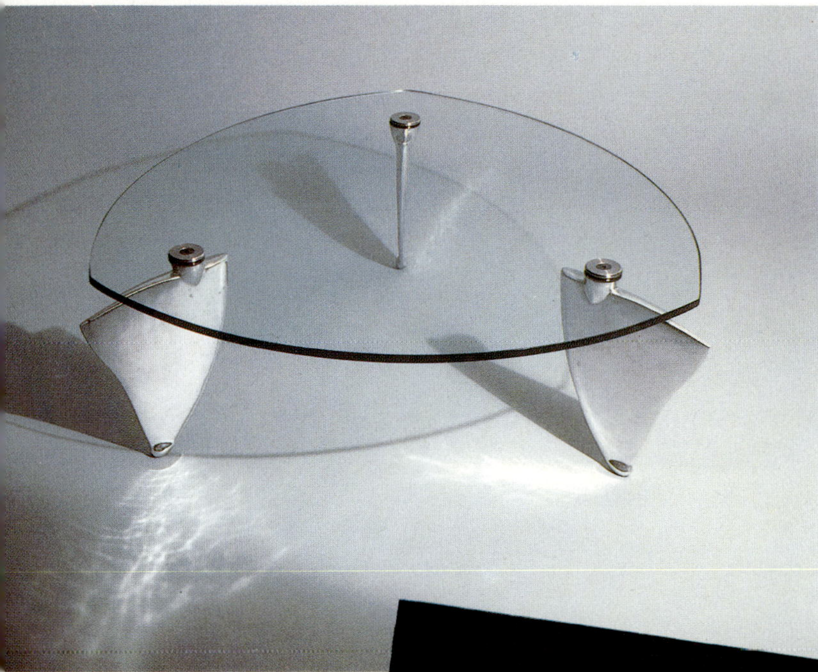

75

76 **Jaime TRESSERRA CLAPES**
Secrétaire, *Carlton House Butterfly*
Noyer, sycomore, métaux nickelés,
petits éléments en cuir.
Série limitée
H 84 cm ; l 144 cm ; P 45 cm
Fabricant : J. Tresserra Design,
Espagne (1988-1989)

76

78

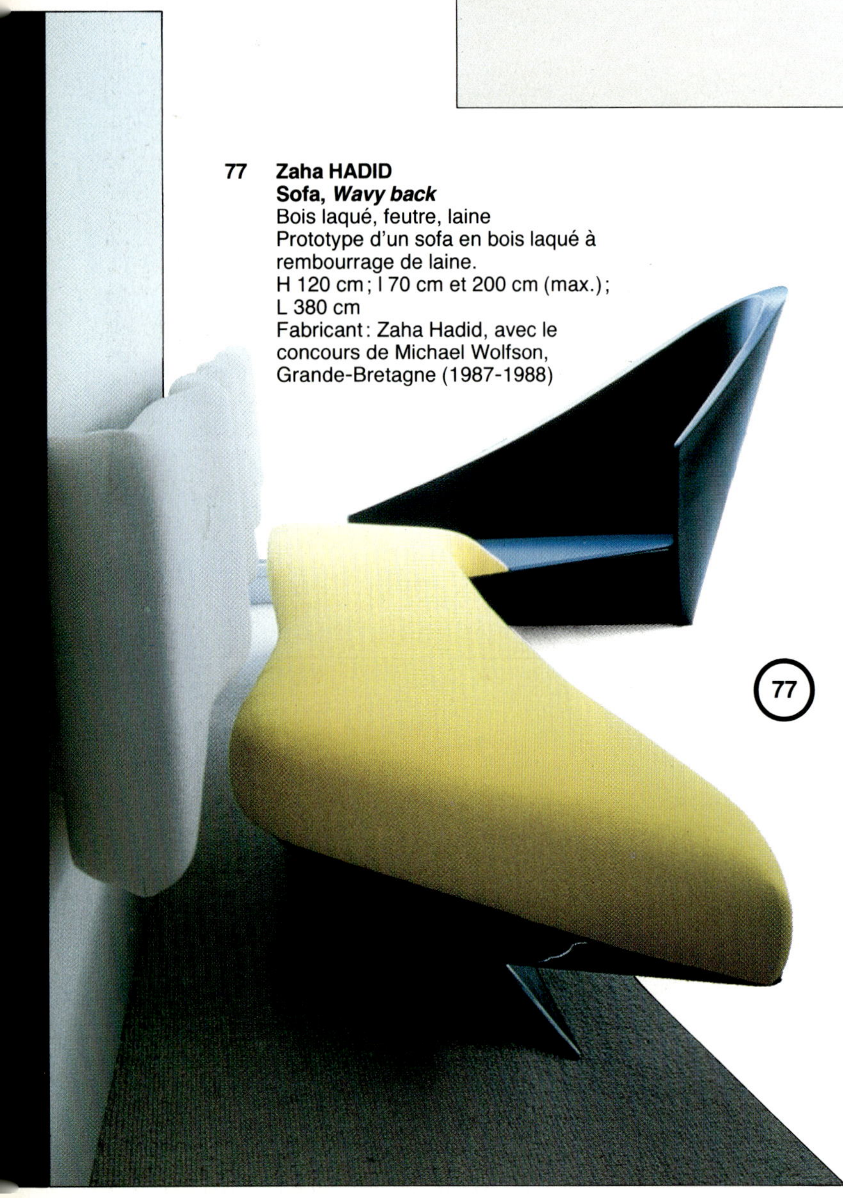

77

77 Zaha HADID
Sofa, *Wavy back*
Bois laqué, feutre, laine
Prototype d'un sofa en bois laqué à rembourrage de laine.
H 120 cm ; l 70 cm et 200 cm (max.) ;
L 380 cm
Fabricant : Zaha Hadid, avec le concours de Michael Wolfson, Grande-Bretagne (1987-1988)

Profils aérodynamiques post-modernes. *Le spectre stylistique des années quatre-vingt s'est enrichi de façon spectaculaire à la fin de la décennie. Citons, pour mémoire, les illustrations de science-fiction suggérant l'idée de vitesse de Massimo Iosa Ghini, ancien dessinateur de bandes dessinées pour enfants, aujourd'hui designer de premier plan ; les* einstürzende Neubauten *(nouvelles constructions en ruine) de Zaha Hadid, peintre-architecte qui vit à Londres, et le mobilier aux constructions filigranées de « l'artiste ingénieur » Santiago Calavatra.*
Le designer italien Iosa Ghini semble avoir le pied résolument appuyé sur l'accélérateur, si l'on en juge par les ailes et les formes au profil aérodynamique qu'il utilise pour donner à ses objets le sentiment de la rapidité optique. Ingénieur, Calavatra construit des pièces détachées d'ailes d'avion qu'il assemble ensuite, produisant des meubles qui deviennent à leur tour des modèles d'ingénierie structurelle. Avec l'architecte Zaha Hadid, le monde dynamique des artistes constructivistes russes révolutionnaires (monde qui en son temps resta sur le papier), vit et se perpétue aujourd'hui à Londres, mais sous forme de réinterprétation « dé-constructiviste ».

78 **Santiago CALATRAVA**
Chaise longue, *Espada DS-150*
Cuir, bois, acier chromé
H 42 cm ; l 65 cm ; L 200 cm
Fabricant : de Sede, Suisse
(1986-1987)

79 **Massimo IOSA-GHINI**
Fauteuil
Bois, cuir, chrome
H 75 cm ; l 55 cm ; P 75 cm
Fabricant : Memphis, Italie
(1986-1987)

79

80

81

80 **Borek SIPEK**
Chaise longue, *Sni*
Acier, mousse de polyuréthane, bois
Cette chaise longue appartient à la gamme *Prosim* du mobilier pour salles de séjour à cadre d'acier et rembourrage de mousse de polyuréthane travaillée à froid. La partie visible du cadre est en cerisier poli et mat ; le revêtement du siège et du bras est en cuir noir.
H 100 cm ; l 166 cm ; P 84 cm
Fabricant : Driade, Italie (1987-1988)

82

82 **Allen JONES**
Causeuse, *Love Seat*
Bois
Réalisé en contre-plaqué de bouleau finlandais de 25 mm, naturel et teinté foncé ; finition : laque de polyuréthane transparente.
H 111 cm ; l 120 cm ; P 100,5 cm
Fabricant : Aram Designs, Grande-Bretagne (1987-1988)

83

83 **Borek SIPEK**
Chaise, *Ernst und Geduld*
Ébène, padouk et érable
Série limitée
H 70 cm ; l 60 cm ; P 45 cm
Fabricant : Neotù, France (1988-1989)

81 **Christopher ROBERTSON**
Chaise
Chêne, acier, laminé
Pièce unique
H 70 cm ; l 80 cm ; L 120 cm
Réalisateur : RCA Furniture Workshops, Grande-Bretagne (1986-1987)

(87)

86 **Setsuo KITAOKA**
Paravent, *Byobu*
Paravent pliant en Colorcore
Chaque panneau mesure 24 cm
× 24 cm ; 14 cm
Maquette (1985-1986)

(86)

87 **Kazuko FUJIE**
Paravent, *Coquille*
Contre-plaqué, placage de tilleul
japonais
Finition grain naturel
H 180 cm ; l 400 cm ; P 150 cm
Pièce unique (1985-1986)

Un fauteuil de salon en carton.
Little Beaver *est le nom donné au confortable fauteuil et repose-pieds de Frank Gehry. Celui-ci est aussi volumineux qu'un fauteuil de salon, mais son matériau n'est pas du jacaranda prohibitif. Il n'est pas rembourré de duvet ; ses pieds ne sont pas en aluminium. Il est entièrement conçu et réalisé en carton ondulé ordinaire, découpé en bandelettes collées les unes aux autres.*

La plaisanterie malicieuse qu'incarne ce fauteuil réalisé par un créateur lauréat du « Pritzger Prize », équivalent du Nobel pour l'architecture, repose sur le paradoxe entre notre attente du confort suggéré par les lignes — celles du prototype du fauteuil de salon — et la surprise éprouvée à la découverte du matériau qui le constitue. Notre sentiment d'insécurité augmente à la vue des bords du Little Beaver, *qui semblent grignotés par les dents d'un rongeur. Ce traitement inhabituel mais délibéré du matériau transforme l'objet ordinaire en objet extraordinaire. Les expérimentations faites sur la tension entre matériaux et forme font depuis toujours partie de la tradition japonaise ; elles ont trouvé une utilisation expressive dans les œuvres d'architectes comme Kazuko Fujie et Setsuo Kitaoka, pour qui elles sont exercices de rhétorique.*

88 Frank O. GEHRY
Fauteuil et repose-pieds, *Little Beaver*
Carton
Un fauteuil et un repose-pieds qui utilisent un matériau pauvre pour créer un objet luxueux.
Série limitée
Fauteuil H 87 cm ; l 81 cm ; P 86 cm
Repose-pieds H 41 cm ; l 44,5 cm × P 56 cm
Fabricant : Vitra International, Suisse (1987-1988)

88

89

89 **Frank SCHREINER / STILETTO**
Fauteuil de salon, *Consumer's Rest*
Caddie de supermarché converti, laqué rouge et noir.
H 74 cm ; L 80 cm ; l 55 cm
Prototype
Fabricant : Stiletto Studios, Allemagne (1983)

André DUBREUIL
Fauteuil
Fer
Série limitée
H 90 cm ; l 53 cm ; P 67 cm
Fabricant : Personalities, Japon (1987-1988)

90 Siegfried Michail SYNIUGA
Chaise, *Hôtel Ukrainia*
Cuir, acier, impression
H 110 cm ; l 58 cm ; P 58 cm
Fabricant : Siegfried M. Syniuga
(1985)

91 Tom DIXON
Fauteuil
Fonte, objets trouvés
Pièce unique
Fabricant : Tom Dixon,
Grande-Bretagne (1986-1987)

Les prédateurs du mauvais goût II.
De façon croissante, les créateurs représentants de l'« action » et les artistes conceptuels produisent des meubles design provocants, réalisés à partir d'« objets trouvés » ; il s'agit d'éditions limitées à cent exemplaires, destinées à des collectionneurs d'art blasés, qui ont déjà tout par ailleurs. Ces artistes sont des cannibales qui ingèrent des fragments de vie quotidienne ramassés dans les décharges ; ils les rafistolent, en font des ready-mades *soignés et de mauvais goût. La provocation doit naturellement être extrême, car plus hideux sont les objets, plus exquis sont les plaisirs de cette clientèle intellectuelle, capable de réagir aux seules overdoses de la stimulation visuelle. Voici quelques exemples à l'attention de tous ceux qui frémissent à la lecture de* Attack of the Killer Tomatoes, *aux films en odorama de John Waters et à la voix de Gloria Spencer, « la plus vaste chanteuse de* gospels *du monde » (trois cent douze kilos).*

Les prédateurs du mauvais goût II.
Tout peut prêter à pornographie. Le design aussi. Les meubles que l'on voit sur ces deux pages ne feraient pas mauvaise figure dans un club pour sado-masochistes des quartiers chics. Les références sexuelles, les suggestions de rituels fétichistes sont ici comme « incrustées à la truelle ». Un trône de caoutchouc pour « Vénus à la fourrure » et fouet ? Pourquoi pas ! Bienvenue au monde merveilleux du « sex designer ».

92

92 Anonyme
Chaise, *Schlauchsessel*
Métal et pneus de caoutchouc
H 120 cm ; l 70 cm ; L 150 cm
Pièce unique

93 **Axel STUMPF**
Table, Kumpel 1
Spitzhacken et verre
H 50 cm ; diam. 60 cm
Fabricant : Axel Stumpf, Allemagne
(1986)

93

94

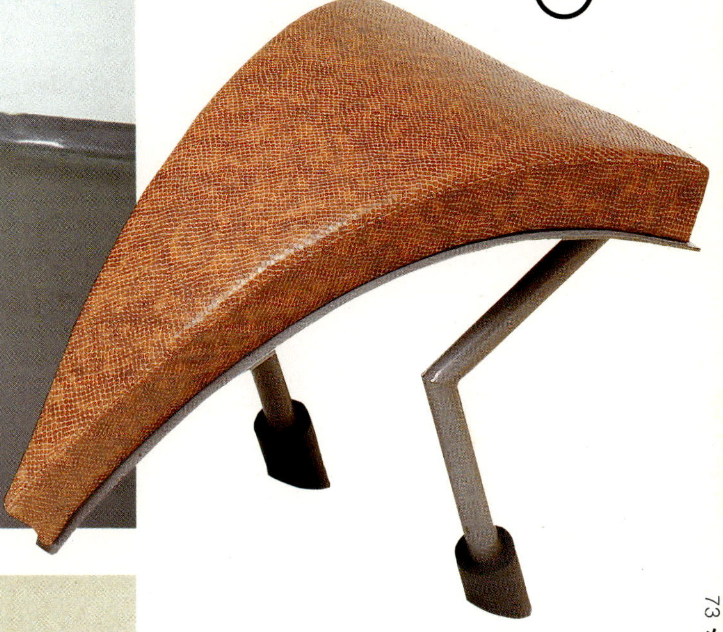

94 **Susanne NEUBOHN**
Tabouret, *Floh*
Plastique, acier laqué, caoutchouc
Série limitée
H 46 cm ; l 50 cm ; P 40 cm

95

95 **Sue GOLDEN**
Miroir
Pièce unique
H 46 cm ; l 25,4 cm
Réalisation : Sue Golden,
Grande-Bretagne (1986-1987)

96

96 **Danny LANE**
Chaise, *Stacked chair*
Verre, acier
Pièce unique
H 100 cm ; l 50 cm ; P 60 cm
Réalisation : Glassworks,
Grande-Bretagne (1986-1987)

Ruines artificielles. *Lorsque Danny Lane, peintre qui vit à Londres, soulève son marteau pour briser des plaques de verre armé, de son geste d'agression brutale, il engendre des pierres de construction aux formes curieuses, qu'il utilise ensuite pour construire un monde d'objets poétiques. Des démarches sophistiquées comme celle-ci rappellent que dans les années quatre-vingt, des objets utilitaires étaient chaque jour engloutis dans le maelstrom de l'art et des séries limitées destinées à l'élite. Dans sa verrerie, la Metropolitan Glassworks de Hackney, autrefois quartier londonien d'ouvriers et d'artisans, Danny Lane ne se contente pas d'écraser le verre pour le reconstituer ensuite, il associe également une vision sociale utopique à l'exercice de son art : avec ses artisans et ses verriers, il dirige dans la convivialité une coopérative de travailleurs dans un établissement médiéval.*

99

97 **Danny LANE**
Table
Verre, acier
Pièce unique
H 37 cm ; l 60 cm ; L 120 cm
Réalisation : Glassworks,
Grande-Bretagne

99 **Danny LANE**
Table basse, *Shell*
Table en verre, découpée manuellement
Le piètement se compose de cinq pieds en forme de L disposés en éventail et réunis à une extrémité par un pivot.
H 40 cm ; l 125 cm ; L 125 cm
Fabricant : Fiam, Italie (1988-1989)

98 **Danny LANE**
Table, *Atlas*
Surface en verre incurvé et pieds en lamelles de verre
H 40 cm ; l 70 cm ; L 140 cm
Fabricant : Fiam, Italie (1988-1989)

98

97

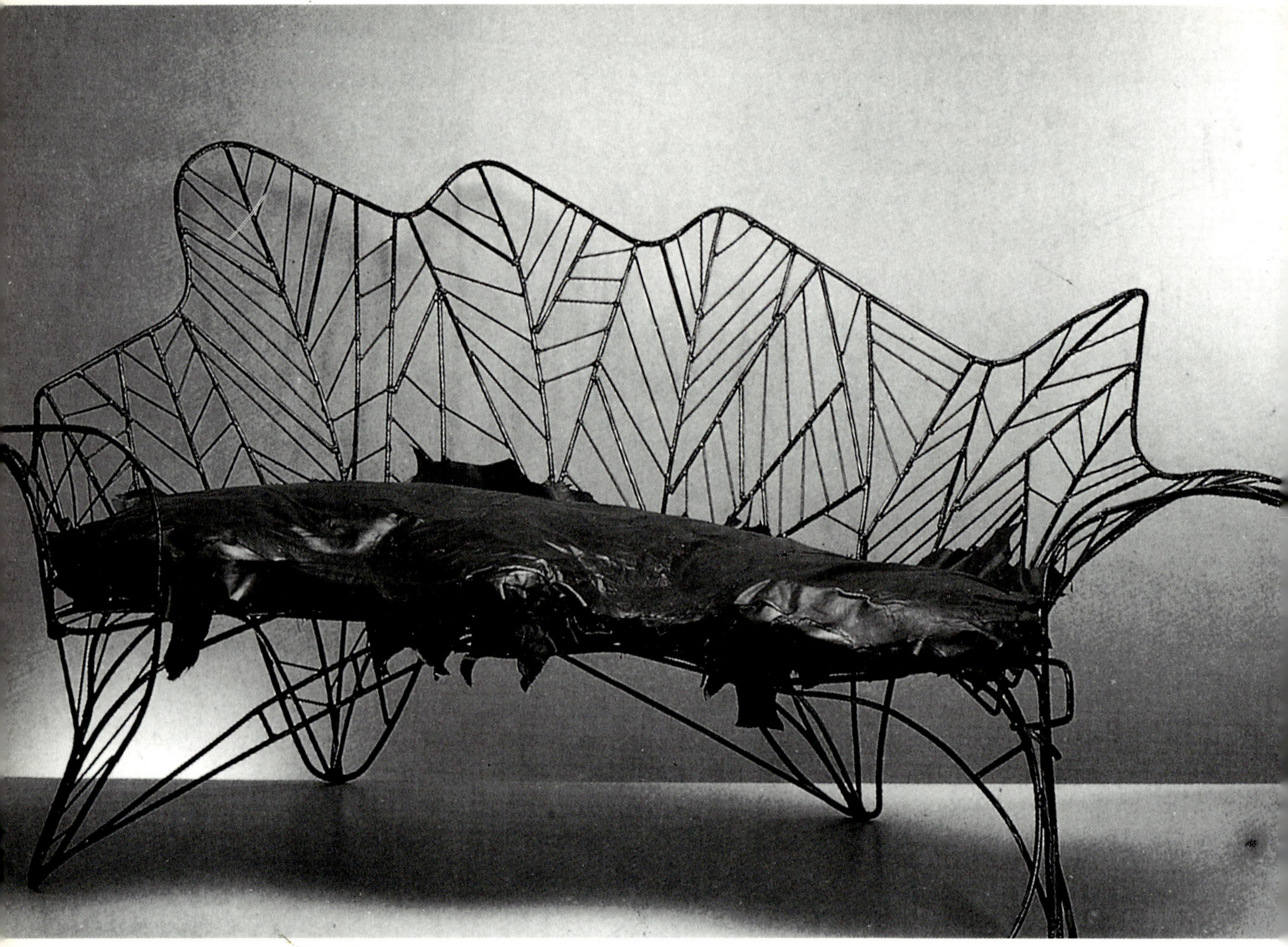

(100)

100 **Bohuslav HORAK**
Chaise *A Rotten Luck Easy Chair*
Fil de fer soudé et cuir
H 120 cm ; L 180 cm ; P 37 cm
Fabricant : Atika, Tchécoslovaquie (1988)

Le Printemps de Prague. *Prague possède depuis 1987 son propre groupe Memphis. Il s'appelle* Atika, *et se compose de Vit Cimbura, Bohuslav Horàk, Jiri Javurek, Jiri Pelcl et Jaroslav Susta Jr. Ces artistes se définissent eux-mêmes comme des « jeunes designers en colère ».* Atika *se réclame de la tradition d'Archizoom, d'Alchimia et de Memphis et professe une adhésion sans réserve au post-modernisme, pour lequel il explore des formes nouvelles et expérimentales. La manière dont le groupe définit ses objectifs atteste d'un sens aigu de la conscience de soi et indique de façon symptomatique le bouleversement et les changements qui se produisent actuellement dans les pays de l'Est, entraînés par la* perestroïka *de*

(101)

101 Daniel MACK
Fauteuil, *Bentwood Armchair*
Bois
Siège réalisé en érable et noyer blanc d'Amérique
Assise en ruban tissé
H 114 cm ; l 61 cm ; P 51 cm
Fabricant : Daniel Mack Rustie Furniture, USA (1987-1988)

Gorbatchev. Les meubles-objets de Bohuslav Horàk fournissent l'exemple le plus impressionnant des principes directeurs d'Atika*: une composante sculpturale solide, l'accent placé sur des méthodes non industrielles de production, des matériaux traditionnels comme le bois et le cuir, et un rapport vivant entretenu avec la nature. La conscience écologique est également évidente de l'autre côté de l'Atlantique, où Daniel Mack a dessiné une chaise avec le concours de mère Nature ; celle-ci évoque avec nostalgie le style Adirondack classique dont les New-Yorkais aisés meublaient leurs maisons de campagne dans les années 1870. N'est-ce-pas là une chaise de travail idéale pour Robin des Bois ?*

102 Bohuslav HORAK
Placard, *Flammenschrank* (armoire en forme de flamme)
Bois teinté et métal
H 200 cm ; l 60 cm ; P 40 cm
Fabricant : Atika, Tchécoslovaquie (1988)

(102)

103

Les squelettes d'acier de Pentagon. *Le design dans les années quatre-vingt n'est plus la chasse gardée de l'industrie. Des agences et ateliers comme One-Off de Ron Arad à Londres, Zeus de Milan et la galerie de design Pentagon de Cologne sont devenus étonnamment populaires.*
Depuis 1985, les cinq collaborateurs de Pentagon ont réalisé des meubles en édition limitée, des décors d'intérieur et des intérieurs d'exposition exécutés le plus souvent en acier non traité, recouvert d'une patine de rouille. Le design et l'exécution sont la perfection même, mais, paradoxalement, la coupe et les surfaces polies laissent une impression d'imperfection délibérée. De par leurs idées, ces métallurgistes de Cologne s'inspirent d'une tendance universelle, prolongeant le design du mobilier au point où il se confond partiellement avec l'art de la décoration d'intérieur. Les « étagères d'airain » de Cologne furent suivies d'un modèle, semblable à une cellule de moine, qui tient debout dans l'espace. Des étagères métalliques réglables permettent de ranger des livres ; un banc et un pupitre font office de secrétaire.

103 Wolfgang LAUGERSHEIMER/ PENTAGON Rayonnages,
Verspanntes Regal
Acier, caoutchouc
H 240 cm ; P 31 cm ; l 31 cm
Fabricant : Pentagon, Allemagne
(1985)

104 Reinhard MULLER-Une MEYER-VOGGENREITTER / PENTAGON
Étagères, *Bibliothek*
Acier, cuir, éclairage
H 240 cm ; l 135 cm ; L 170 cm
Fabricant : Pentagon, Allemagne
(1989)

104

105 Beat FRANK, Andreas LEHMANN/Atelier VORSPRUNG
Meuble-sculpture, *Sitzkreuz*
Acier et bois
H 100 cm ; L 300 cm ; l 250 cm
Fabricant : Atelier Vorsprung, Suisse, en association avec l'Atelier 6 et E. Rothlisberger (1989)

Croisements. *On peut trouver un modèle du combiné illustré ici (résultat du croisement d'un siège et d'une table), dans le foyer d'un hôtel du sud de la France ; un autre se trouve dans une école d'acteurs, tandis que le troisième fait actuellement le tour du monde, où il va d'une exposition à l'autre. Depuis sa base bernoise, l'atelier Vorsprung s'est spécialisé dans les sculptures de ce genre. Par une recherche judicieuse, elles se situent dans une sorte de* no man's land *entre l'art du mobilier et l'art conceptuel. En termes de généalogie, ces représentants de l'avant-garde du design suisse peuvent être définis comme les descendants du suprématiste russe Kasimir Malevitch. Ses exigences suprématistes de non-figuration en art étaient assorties d'une mise en garde contre un intérêt abusif pour des considérations d'ordre pratique dans la création d'objets d'utilisation courante. Le champion d'une nouvelle abstraction, pour l'art comme pour l'objet utilitaire, considérait la forme d'une chaise, d'une table ou d'un lit comme résultant d'impressions plastiques et non de considérations purement fonctionnalistes. Aujourd'hui, soixante ans plus tard, les théories de Malevitch sont à nouveau reprises par un grand nombre de designers. Ce qui, pour les précurseurs russes, n'était qu'une idée irréalisée ou un projet fruste sur le papier est devenu, à notre époque obsédée de design, une impulsion d'une extrême importance.*

106 Herbert WEINAND
Bureau, *Karajan I*
Aggloméré laqué, placage avec impressions à la sérigraphie, roulettes en plastique, tubes fluorescents 40 W, radio incorporée.
H 180 cm; l 95 cm; L 75 cm et 125 cm

Table de machine à écrire, *Karajan II*
Aggloméré laqué, placage avec impressions à la sérigraphie, roulettes en plastique.
H 65 cm; l 65 cm; L 120 cm
Prototypes
Fabricant: Designwerkstatt, République fédérale d'Allemagne (1988-1989)

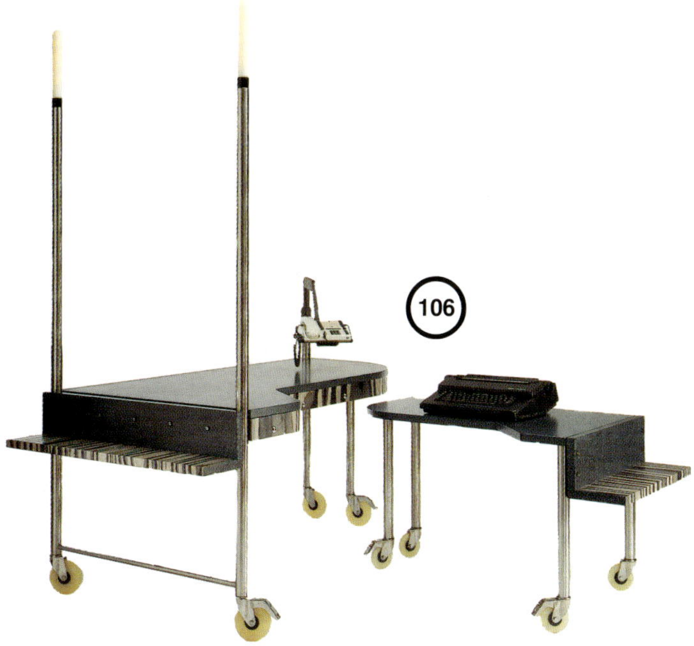

106

107 Pierre GOUGH
Chaise longue
Acier, garniture
Banquette en feuille d'acier repliée aux extrémités; plaque d'acier perforé pour assise; finition peinture cellulose.
L'assise escamotable est garnie de cuir ou de tissu.
Série limitée
H 72 cm; l 62,5 cm; L 206 cm
Fabricant: Aram Designs, Grande-Bretagne (1987-1988)

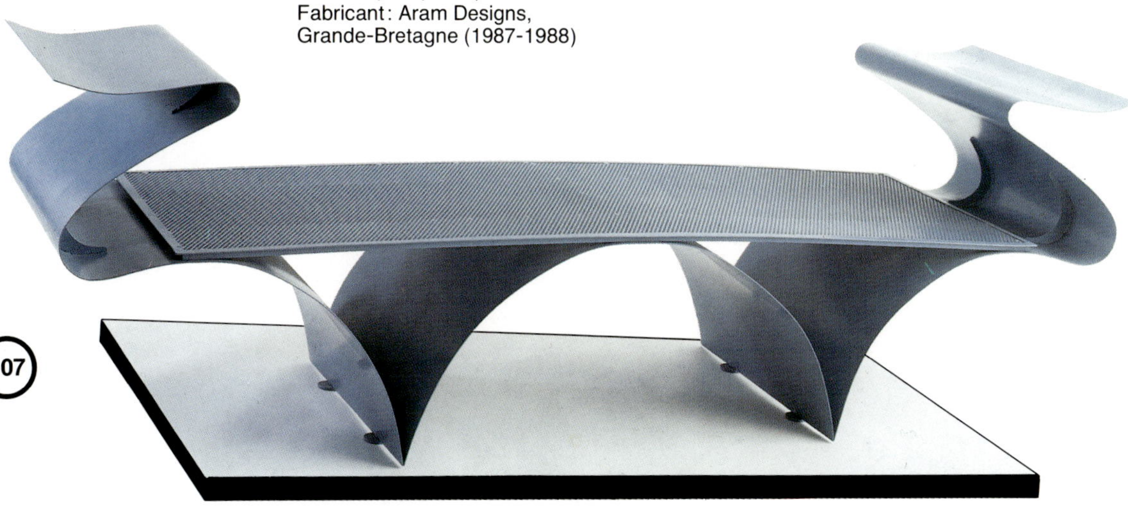

107

(108)

Quincaillerie machiste. *Aujourd'hui, il y a purement et simplement trop peu d'occasions d'exhiber sa virilité agressive et dure. Combien d'hommes ne seraient-ils pas plus heureux de nos jours s'ils étaient simples prolétaires, un paquet de Gitanes glissé dans la manche de leur chemise trempée de sueur! Au lieu de quoi, ils sont prisonniers de costumes trois-pièces en tissu à chevrons. Désormais, le mobilier design offre des solutions socialement acceptables pour qui veut montrer le « tigre caché dans son moteur ». Jean Nouvel, architecte du grandiose Institut du monde arabe de Paris, a conçu un meuble à tiroirs qui a la forme d'une boîte à outils; ainsi le propriétaire d'un tel objet peut-il montrer au monde que se salir les mains ne le dérange pas. De la même manière, l'inconfortable parodie, par Stefan Zwicky, du fauteuil de Le Corbusier intitulé* Grand Confort, *parle concrètement d'un charme viril aux arêtes vives. Mais le gadget le plus réconfortant pour le vrai macho frustré est le tank miniaturisé de Paolo Pallucco et de Mireille Rivier. Pour souligner son message résolument ironique et culturellement critique, nous recommandons à son propriétaire de le placer sous une potence à laquelle il aura fixé un projecteur.*

109 Paolo PALLUCCO et Mireille RIVIER
Table basse, *Tankette*
Acier, ressort, aluminium
Petite table mobile, cadre d'acier, section latérale ovale, et ressorts.
Finition poudre d'époxyde.
H 34,8 cm; l 77,5 cm; L 125,5 cm
Fabricant: Pallucco, Italie
(1987-1988)

(109)

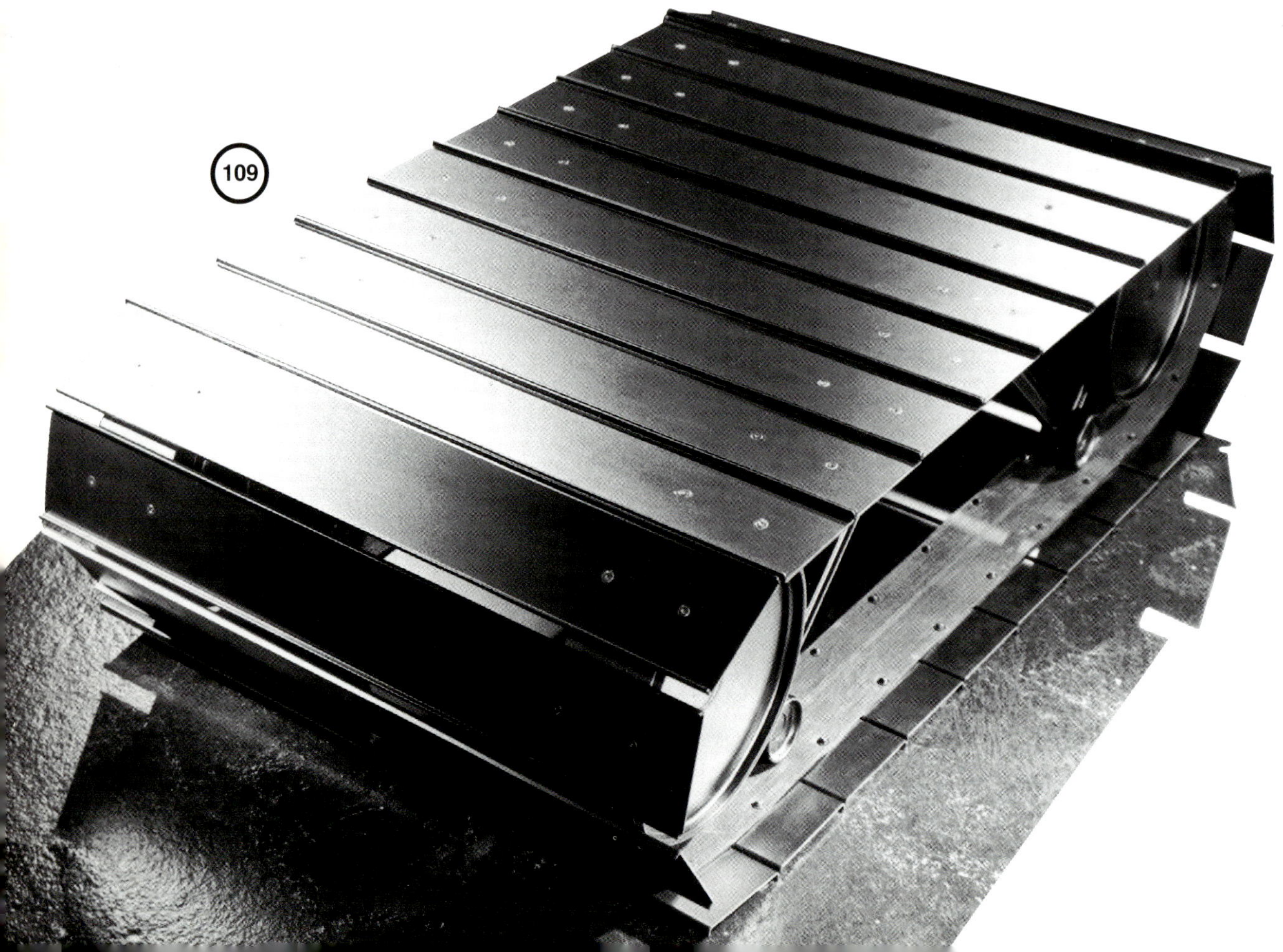

108 **Jean NOUVEL**
Meuble à tiroirs, *BAO*
Aluminium
Prototype d'une commode (ou meuble à tiroirs) inspirée de la « boîte à outils » géante.
H 60 cm ; l 120 cm ; P 65 cm
Réalisation : Jean Nouvel, France (1987-1988)

110 **Stefan ZWICKY**
Meuble-sculpture, *Grand Confort, Sans Confort-Dommage à Corbu*
Ciment et fer
H 67 cm ; l 76 cm ; P 70 cm
Fabricant : Stefan Zwicky (1980)

110

111 Tony CRAGG
Table-sculpture, *Element plane*
Composition avec tables et pierres
L 250 cm ; H 100 cm ; l 120 cm
(1983)

111

A la limite entre l'art et le design.
Les travaux de Tony Cragg, né en Angleterre mais actif à Wuppertal en Allemagne fédérale, sont caractérisés par la façon dont il transforme et recycle aussi bien les matériaux que les structures de ses images.
Le résultat de ces transformations, ce ne sont pas des meubles, mais des objets d'art à part entière. Cragg a représenté l'Angleterre à la Biennale de Venise en 1988, où l'Espagne était représentée par le jeune sculpteur Susana Solano dont les sombres structures métalliques, emblématiques de la souffrance, avaient été sélectionnées. Solano a désormais tiré les leçons de ses expériences et mis ses principes en pratique ; elle a créé pour Meta Memphis sa première édition d'un meuble de rangement. Barres filetées, vis de machines et feuilles de métal sont utilisées dans cette bibliothèque d'une extrême austérité.
Une fois que le mobilier design eut commencé, dans les années quatre-vingt, à se libérer des contraintes de la fonctionnalité pour se tourner chaque jour davantage vers les arts visuels, une circulation à deux voies s'est créée : les designers ont emprunté la voie sacrée de l'art et, inversement, les artistes, comme le montre la collection Meta Memphis, se sont engagés dans celle du design. Mais, en tout état de cause, la banquette imposante assemblée pour Meta Memphis par l'artiste conceptuel italien Pier Paolo Calzolari, à partir de matériaux aussi disparates que le feutre, le marbre, le bois et les briques cuites au four, doit être considérée davantage comme une création artistique que comme un meuble. Calzolari utilise la forme du meuble comme métaphore de son message artistique. Son propos n'est certes pas de prêter main-forte à ses amis designers.

(112)

112 Susana SOANO
Iron Bookcase
Plaques de fer et tiges filetées
H 164 cm ; P 70 cm ; l 70 cm
Fabricant : Metamemphis, Italie
(1989)

113 Pier Paolo CALZOLARI
Banc, *Pau*
Feutre, briques à four, bois, tubulure
H 80 cm ; L 360 cm ; l 113 cm
Fabricant : Metamemphis, Italie
(1989)

(113)

Mobilier fast-mood. *Bellefast – jeu de mots occulte qui signifie quelque chose comme « beauté rapide », mais évoque également l'image de Belfast, synonyme d'un monde détruit par l'agression et la haine – était proposé comme programme de création par les designers Andreas Brandolini et Joachim B. Stanitzek, qui fondèrent leur atelier à Berlin en 1981. Leur ameublement raconte des histoires folles de tables et de cornes, de saucisses à quatre pieds qui fonctionnent comme des tables basses et de planches qui se transforment en chaises. Dans leur recherche de culture folklorique perdue et leur quête d'identité culturelle, ces poètes du design berlinois ont inventé un mobilier cousin du* fast-food. *L'artiste Hildegard Erhard, établie à Berlin, est elle aussi à la recherche de son identité culturelle ; ce qu'elle exprime appartient aussi à notre époque, comme sa simulation de fauteuil, qu'elle intitule* Cement Cement. *C'est moins le langage pictural que la construction spirituelle qui est le point fort de l'atelier de design Ginbande, installé à Francfort. Leur mobilier d'un genre nouveau qui, se dépliant, sort de terre avec tabourets escamotables et une table solidaire de ses banquettes qui s'étire comme un accordéon, cherchent moins à étonner l'observateur qu'à enchanter l'utilisateur. Le plaisir manifeste de ce groupe à innover l'a tout naturellement conduit à entrer en contact avec Vitra Edition, une organisation qui se lance avec le même bonheur dans l'expérimentation.*

114

114 Hildegard ERHARD
Fauteuil, *Zement, Zement*
Sacs de ciment, planches recyclées
H 75 cm ; L 110 cm ; P 95 cm
Fabricant : Hildegard Erhard, Allemagne (1987)

115 **BELLEFAST, Andreas**
BRANDOLINI, Joachim STANITZEK
Table, *Bonanza*
Bois, aluminium, acier, verre
Série limitée
H 51 cm ; l 70 cm ; L 140 cm
Fabricant : Berliner Zimmer,
République fédérale d'Allemagne
(1988-1989)

(115)

116 **Uwe FISCHER, Klaus ACHIM**
HEINE / GINBANDE
Table et banc, *Tabula Rasa*
L 50/500 cm ; l 100 cm ; H 80 cm
Fabricant : Vitra, Allemagne (1988)

(116)

118 Wolf D. PRIX, Helmut SWICZINSKY / COOP HIMMELBLAU
Fauteuil, *Vodol*
Fer, tubulure, tissu
L 250 cm ; H 85 cm ; l 85 cm
Fabricant : Vitra, Allemagne (1989)

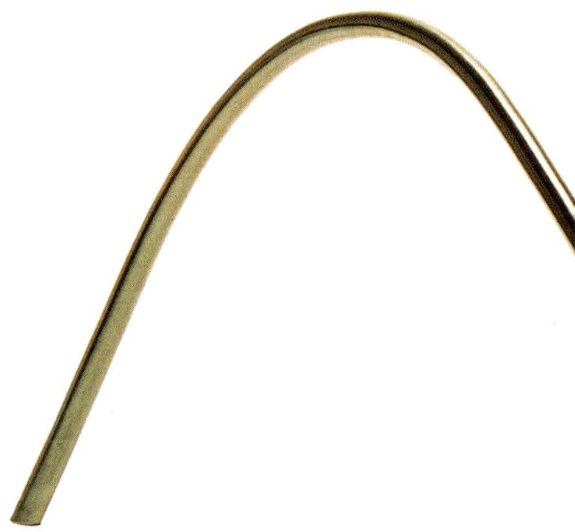

117 Mary LITTLE
Fauteuil
Accoudoirs et siège en bois, tubulure d'acier.
Dossier en caoutchouc, pieds en nylon, enduit polyester.
H 75 cm ; l 90 cm ; P 70 cm
Fabricant : Mary Little, Grande-Bretagne (1985-1986)

118

Adieu au Bauhaus. *La philosophie du Bauhaus a été régurgitée par de nombreux imitateurs de second et troisième ordre, provoquant un sentiment général d'aversion, sinon de nausée. Il est devenu à la mode de tourner en dérision la sobriété à angles droits des fonctionnalistes des années vingt. Mais les détracteurs s'avèrent avoir les pieds d'argile lorsqu'ils s'équipent de* Vodöl, *(prononciation viennoise du «fauteuil» français), siège insipide et prétentieux de Wolf F. Prix et Helmut Swiczinsky, mieux connu sous le nom de Coop Himmelblau. En dépit de leurs formules théâtrales («L'architecture doit brûler, doit saigner»), ce qu'ils ont à offrir ici est à peine plus qu'une plaisanterie éculée, une satire du* Grand Confort *de Le Corbusier, l'un de ces meubles dont la place n'est pas dans la salle de séjour mais qui réclament, à cor et à cri, l'attention des médias comme s'ils étaient les héros du jour. Mais, même en ce cas, ils se doivent d'offrir plus qu'un simple design au niveau d'une farce de collégien. En revanche, le fauteuil de Mary Little est d'une modestie extrême. Bien qu'il paraisse curieux à première vue, mélange de styles catalan et scandinave avec un soupçon de punk tardif, il révèle à l'examen attentif une conception intelligente et une fonctionnalité originale. C'est un authentique fauteuil, conçu pour être utilisé, alors que* Vodöl *n'est qu'un objet de culte loupé, une aberration esthétique dans le monde de la décoration d'intérieur.*

119

121 Ron ARAD
Fauteuil à bascule, *Big Easy Volume I*
Acier léger, acier inoxydable
Structure creuse partiellement remplie de sable qui peut être remué pour déplacer le centre de gravité. La distorsion des reflets est accentuée par les mouvements du fauteuil à bascule.
Série limitée
H 75 cm ; l 84 cm ; P 118 cm
Fabricant : One-Off,
Grande-Bretagne (1988-1989)

121

119 Ron ARAD
Chaise, Tinker
Acier léger, plaques d'acier inoxydable martelé
Série limitée
H 95 cm ; l 50 cm ; P 80 cm
Fabricant : One-Off,
Grande-Bretagne (1988-1989)

120

__Un design d'apocalypse.__ Depuis un certain temps déjà, le roman – castastrophe fleurit en Grande-Bretagne. D'innombrables auteurs, depuis H.G. Wells, John Wynddham et J.G. Ballard, jusqu'à Anthony Burgess, Russell Hoban et Angela Carter, régalent leurs lecteurs de comptes rendus détaillés et inventifs d'attaques perpétrées par des envahisseurs venus d'autres planètes, de contaminations nucléaires, de dévastations, d'inondations et autres formes de catastrophes. Une partie du plaisir pris au désastre, mais aussi du plaisir goûté à l'idée de reconstruire un monde nouveau sur les ruines de l'ancien, a dû se propager jusqu'à la scène londonienne du design, car il est frappant que quatre de ses représentants les plus éminents, Ron Arad, Nigel Coates, Thomas Dixon et Danny Lane, manifestent un goût marqué pour le mobilier évocateur de la fin des temps. Leurs objets créent l'impression d'être en quelque sorte blessés, de tenir ensemble grâce à des expédients et des solutions provisoires, d'être des épaves de ready-made ; *par-dessus tout, les fauteuils créés par Ron Arad (né à Tel Aviv en 1951), semblent avoir été conçus pour les souverains d'une tribu nomade de l'ère post-atomique. Les réminiscences de la fiction « de fuite » et de la série cinématographique des « Mad Max » ne méritent pas une attention excessive. Arad est plus que le simple Thonet du travail sur feuilles d'acier. Comme Tom Dixon, il est – faute d'une meilleure expression – un sculpteur de mobilier doué d'une imagination puissante. Mais il est à ce point imprévisible qu'il n'est pas impossible qu'il nous réserve encore quelques bonnes surprises, non seulement dans le domaine des meubles produits en série, mais également dans celui de l'architecture, discipline dans laquelle il fut formé à l'origine.*

122 Ron ARAD
Fauteuil, *Well-tempered chair*
Feuille d'acier coupée, recourbée
H 98 cm ; l 78 cm ; P 90 cm
Fabricant : Vitra, République fédérale d'Allemagne (1986-1987)

122

120 Thomas DIXON
Paravent, table, chaise,

Paravent : écran en tuyaux d'orgue en acier galvanisé, trempé
H 200 cm (max.) ; diam. 8 cm

Table escamotable : table à piètement en feuilles d'acier, plateau de verre. La base pliante en facilite le rangement.
Série limitée
H 70 cm ; diam. 122 cm

Chaise : en forme de S, caoutchouc sur un cadre d'acier, assise sur une base d'aluminium moulé.
Série limitée
H 95 cm ; l 40 cm ; P 50 cm
Fabricant : Thomas Dixon, Grande-Bretagne (1987-1988)

2 * ÉCLAIRAGE

La décennie quatre-vingt fut celle du théâtre. Comme le savent tous les metteurs en scène, le succès d'un spectacle, quel qu'il soit, est tributaire de l'éclairage ; c'est la raison pour laquelle l'éclairage joua un rôle aussi décisif dans la décoration d'intérieur de la décennie passée. En conséquence de quoi, les bureaux ne furent plus de simples bureaux. Ils devinrent des décors scéniques savamment aménagés, étalant avec ostentation le bon goût, cet indice de notre culture et de notre style de vie. Comme les salles de réception pour réunions officielles sont souvent enterrées telles des chambres funéraires à l'intérieur de pyramides, dans les intérieurs sans fenêtres de complexes immobiliers tentaculaires, et comme les invités sont généralement reçus le soir, à la tombée de la nuit, l'exclamation « Que la lumière soit ! » a pris la force d'un impératif catégorique. Seule la lumière est capable de montrer convenablement une superbe décoration d'intérieur, voire de la rendre encore plus spectaculaire qu'elle n'est. La lumière fait partie intégrante du design architectural ; immatérielle, elle introduit judicieusement les « rehauts de lumière ». Des solutions grandioses furent sollicitées de la lumière. La décennie quatre-vingt sut répondre particulièrement bien à cette demande. En effet, aucun domaine autre que celui des produits design n'a accusé une telle prolifération de techniques nouvelles. Le changement le plus radical survenu dans la décennie fut la « révolution halogène ». Celle-ci, qui était en gestation dans les années soixante-dix, éclata dans les années quatre-vingt. Les ampoules halogènes à voltage élevé ont soudain inondé les pièces d'une lumière brillante et blanche. C'était l'époque des variateurs d'intensité ; la chaleur de l'éclairage permettait les tenues vestimentaires légères. Au milieu de la décennie, eut lieu un événement dont les retombées ne sont pas encore

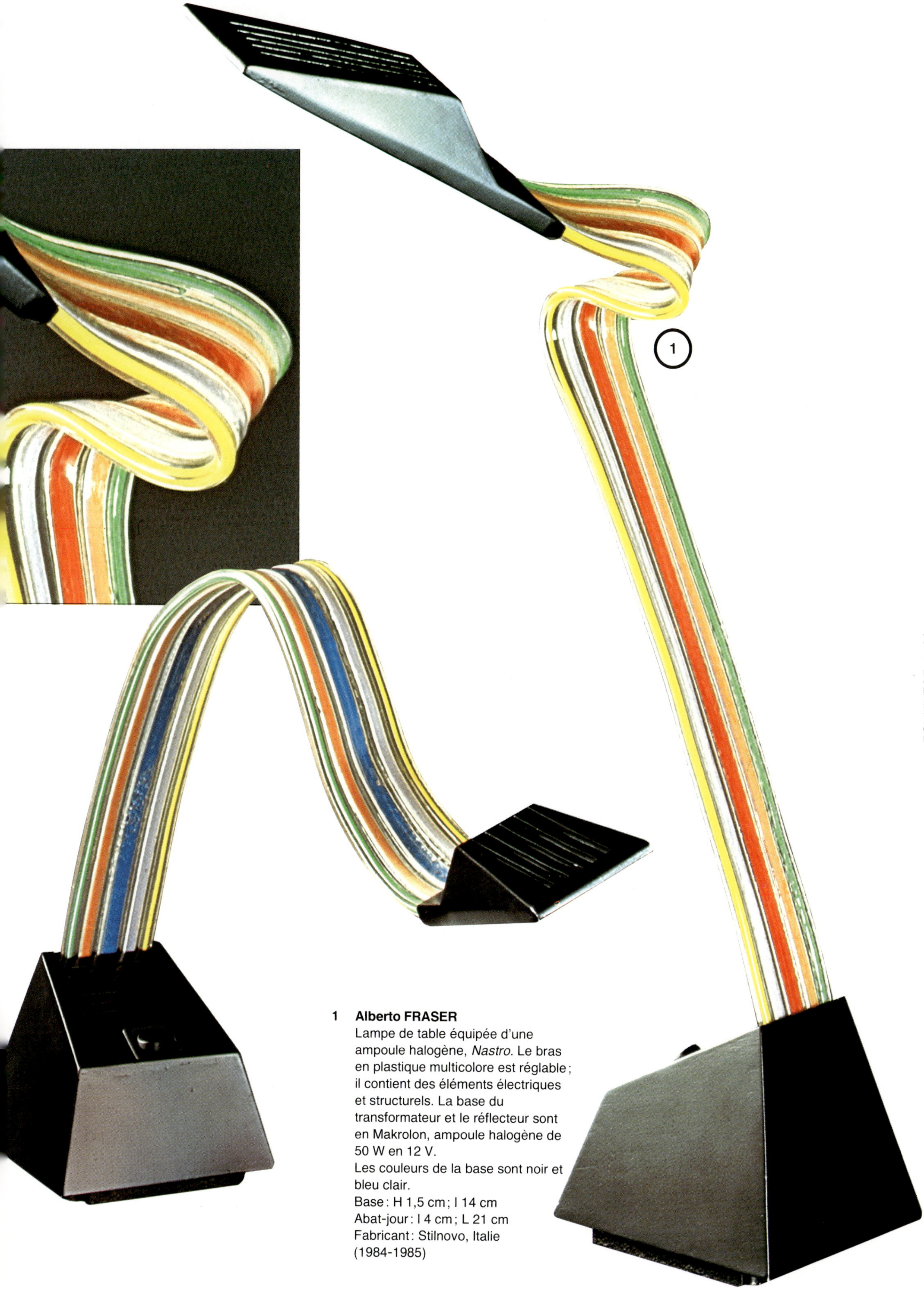

1 Alberto FRASER

Lampe de table équipée d'une ampoule halogène, *Nastro.* Le bras en plastique multicolore est réglable ; il contient des éléments électriques et structurels. La base du transformateur et le réflecteur sont en Makrolon, ampoule halogène de 50 W en 12 V.
Les couleurs de la base sont noir et bleu clair.
Base : H 1,5 cm ; l 14 cm
Abat-jour : l 4 cm ; L 21 cm
Fabricant : Stilnovo, Italie
(1984-1985)

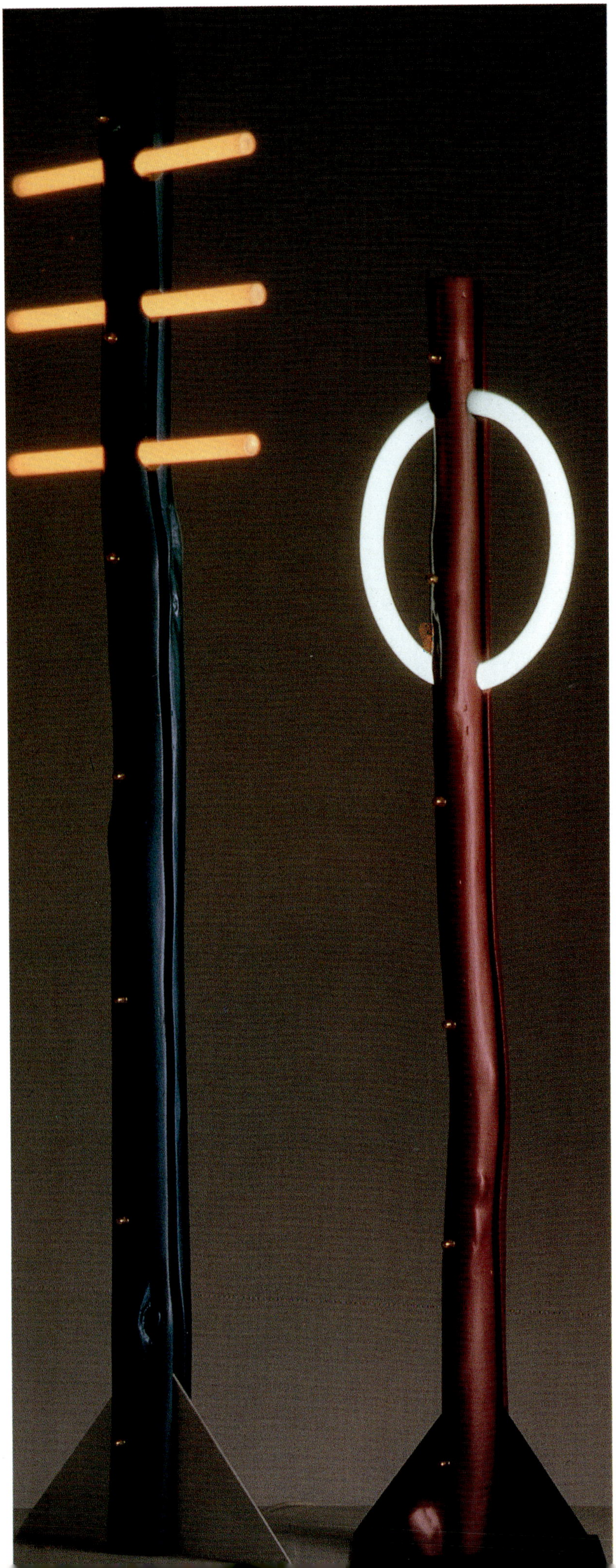

3

3 **Carlo BELLINI et Marco FERRERI**
Lampe, *Eddy*
Thermoplastique renforcé. Les quatre membres flexibles sont à la fois décoratifs et fonctionnels. Des ventouses peuvent être fixées à l'extrémité de chaque bras
H 57 cm (bras 26 cm) ; L 10 cm ; diam. 5 cm
Fabricant : Luxo Italiana, Italie
(1986-1987)

2 **Heiko BARTES, Harald HULLMANN / KUNSTFLUG**
Lampadaires, *Baumleuchte I und II*
Bois laqué, métal, tubes au néon.
H 160/180 cm
Fabricant : Kunstflug, Allemagne
(1981)

2

calculables. De petites ampoules nouvelles à faible voltage ont rendu possible la création de lampes d'avant-garde d'un genre totalement nouveau. Ingo Maurer a fait une utilisation brillante de ces nouvelles possibilités avec le système *YaYaHo* qui, balloté sur des câbles très extensibles, a ouvert la voie à un style d'éclairage mobile et poétique.

Il est étrange que les ampoules soient devenues de plus en plus petites, pendant que les luminaires devenaient eux-mêmes de plus en plus volumineux. A l'évidence se faisait ressentir un besoin urgent de sculptures monumentales aux noms impressionnants comme *Shogun* et *Agamemnon*. Il y a toujours eu deux sortes d'éclairage : d'une part, les lampes qui, en humbles servantes, se rendent invisibles le plus souvent possible, et d'autre part, ces types de luminaires majestueux qui réclament impérieusement l'attention : « Regardez-moi, je suis ici ! », semblent-ils dire au spectateur. Ce sont les luminaires de ce second groupe qui furent les vedettes dans les années quatre-vingt. Dotés d'ampoules halogènes, ils changeaient la face des choses car, contrairement à tous les autres objets présentés dans ces pages, les lampes ont par nature, comme Janus, deux visages. Alors que les chaises ou les tasses restent égales à elles-mêmes, les lampes changent d'aspect selon qu'elles sont ou non allumées. Ceci explique pourquoi tant de designers semblent considérer qu'un luminaire n'est lui-même que lorsqu'il est allumé. Éteint, il devient une sculpture. Au cours de la décennie quatre-vingt, cette manière d'envisager l'éclairage fut non seulement à l'origine d'une série d'objets totémiques très impressionnants (par Mario Botta, Roberto Marcatti, Ettore Sottsass et le groupe Kunstflug, pour n'en citer que quelques-uns) mais également à l'origine d'un nombre beaucoup plus grand d'inanités très prétentieuses pour lesquelles les créateurs recoururent à des matériaux hors de prix et qui ne produisaient pas plus de lumière qu'une lampe de poche.

Mais de tels excès ne sauraient surprendre. Souvent, la lumière pure laisse une place de plus en plus grande à une lumière traitée, c'est-à-dire produisant d'intéressants effets grâce à des grilles, filtres, diffuseurs, réflecteurs, masques et autres verres colorés. De nombreux designers ont fait un pas de plus dans l'immatériel et ont créé des environnements fictifs. Réalisant que « lumière » et « ville » étaient synonymes, James Evanson et Matteo Thun ont construit des horizons entiers de gratte-ciel illuminés. *Bright Lights, Big City* sont des décors d'ambiance d'une théâtralité savante, pour un cadre de vie individuel.

Ce n'est là qu'un exemple parmi tant d'autres. Les éclairages ne sont plus pensés en termes de sources lumineuses abstraites, mais comme des éléments d'ameublement ayant une valeur sentimentale et une foule de significations personnelles. On voit par conséquent de curieux hybrides, nés de l'interaction de la technologie et de l'imagination, robots et magiciens à la fois. Des lampes comme *Scaragoo*, du designer finlandais Stefan Lindfors, ne s'allument pas de façon traditionnelle, prosaïque, mais s'éclairent quand on les touche. Nous sommes dans la technologie de l'abracadabra et dans une forme de préfiguration de l'avenir, lorsque la norme sera une harmonie hétérogène. C'est pourquoi on ne sera pas surpris de voir une lampe en papier de riz avec contrôle à distance s'ouvrir et se fermer électroniquement.

4 Mario BELLINI
Spot, *Éclipse 2*
Aluminium. Le spot *Éclipse 2* utilise de l'halide de métal et des lampes à incandescence pour projeter des cercles et illuminer des objets et des surfaces faisant avec la source lumineuse un angle aigu variant de 8 à 72°.
l 27,8 cm ; L (du corps) 29,5 cm ; L (max.) 41,5 cm ; P jusqu'au bras du rail supérieur, 20,8 cm
Fabricant : Erco, République fédérale d'Allemagne (1987-1988)

4

La lumière de la raison. *La société Erco, de Lüdenscheid, en Allemagne, est reconnue comme l'un des premiers fabricants mondiaux de systèmes d'éclairage, du moins depuis l'époque où elle reçut la commande de Norman Foster : éclairer la spectaculaire Banque de Hong-Kong et de Shangai. Erco ne se considère pas comme un fabricant de luminaires, mais comme un designer de projets d'architecture travaillant sur l'élément « lumière ». Ses projecteurs de scène pour la décoration d'intérieur sont le haut de gamme de cette technologie. Pour épuiser toutes les possibilités offertes par les filtres, les accessoires photo, les miroirs et ainsi de suite, il faut la compétence des designers professionnels de l'éclairage, ou bien une très forte dose d'imagination et l'amour de l'expérimentation. Bien que les éclairages d'Erco soient conçus par les créateurs les plus divers, ils ont en commun une touche particulière, même si celle-ci est difficile à définir précisément. Peut-être pourrions-nous l'appeler « raison créative ». Ou, mieux encore, « Erconomie ».*

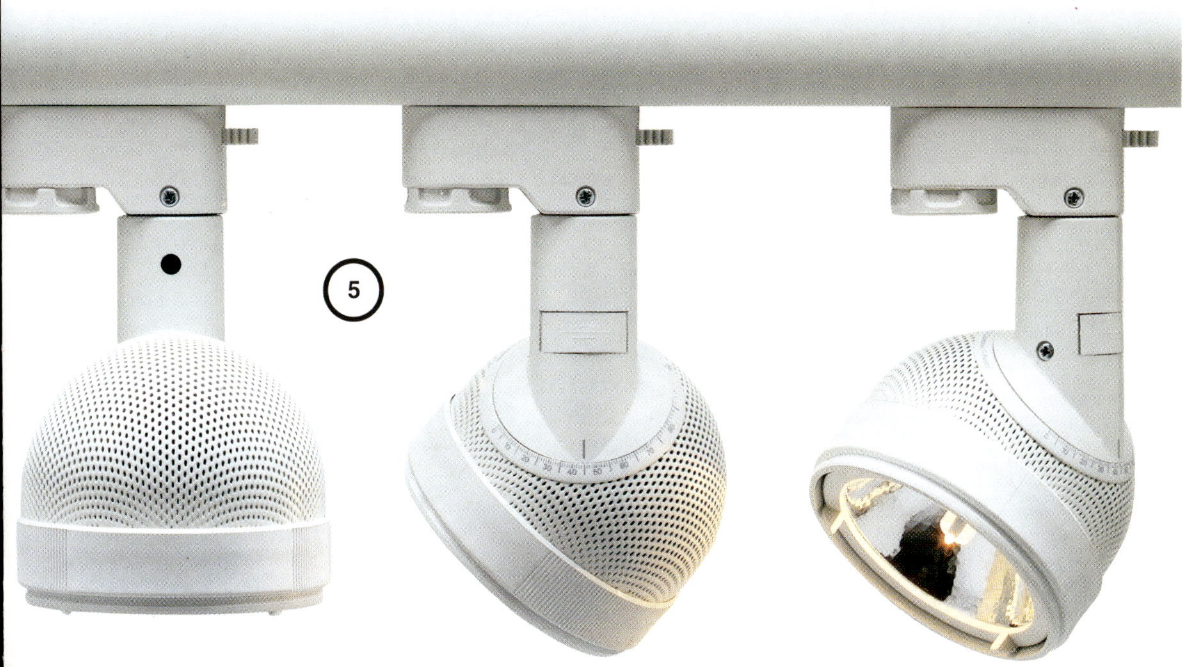

5 **Emilio AMBASZ et Giancarlo PIRETTI**
Spot à faible voltage, *Oseris*
Plaque d'acier perforé, finition noir ou blanc et thermoplastique thermorésistant. Les spots peuvent être montés sur un rail à trois voies, équipés d'un variateur mécanique et d'un transformateur distinct, ou sur un rail spécial à basse tension alimenté par un transformateur externe séparé. La lumière peut être modifiée au moyen de différents filtres et lentilles.
H 15,6 cm ; l 93 cm ; P 9,4 cm
Fabricant : Erco, République fédérale d'Allemagne (1984-1985)

6 **Bruno GECCHELIN**
Spot, *Shuttle*
Shuttle est un ensemble des pots constitués d'éléments de base de forme ovale en deux dimensions ; ils sont munis de boîtiers cylindriques, selon le type de lampe utilisée. Il existe vingt-deux lampes différentes pour ce type de spots.
Fabricant : Guzzini, Italie (1987-1988)

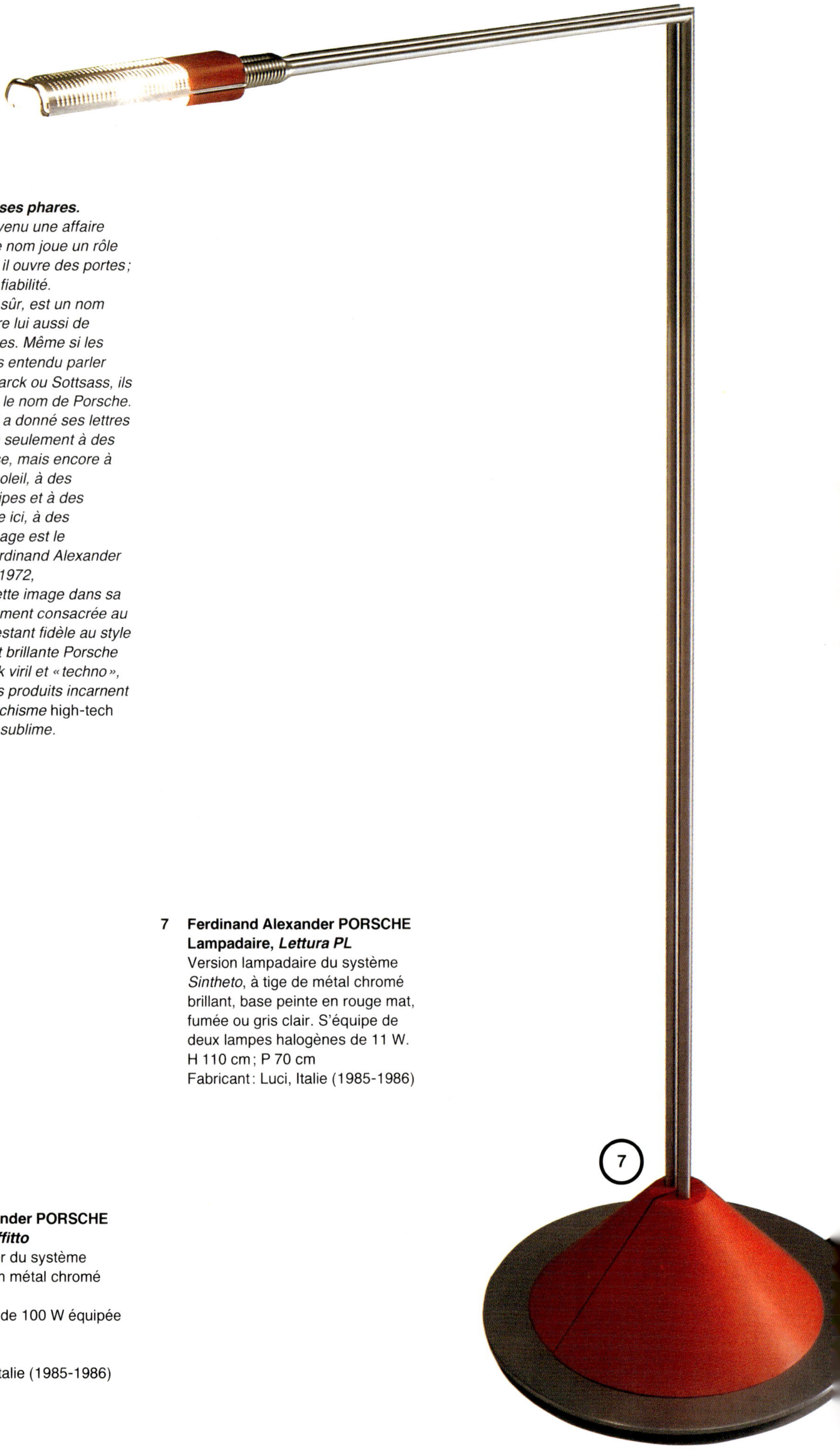

Porsche allume ses phares.
Le design est devenu une affaire aristocratique. Le nom joue un rôle non négligeable : il ouvre des portes ; il est garantie de fiabilité. « Porsche », bien sûr, est un nom magique qui ouvre lui aussi de nombreuses portes. Même si les gens n'ont jamais entendu parler de Castiglioni, Starck ou Sottsass, ils connaissent bien le nom de Porsche. C'est un nom qui a donné ses lettres de noblesse, non seulement à des voitures de course, mais encore à des lunettes de soleil, à des montres, à des pipes et à des rasoirs et, comme ici, à des luminaires. « L'image est le message », et Ferdinand Alexander Porsche, depuis 1972, commercialise cette image dans sa société exclusivement consacrée au design, tout en restant fidèle au style de la classique et brillante Porsche 911. Avec un look viril et « techno », noir mat, tous ses produits incarnent une forme de machisme high-tech *d'une esthétique sublime.*

7 Ferdinand Alexander PORSCHE
Lampadaire, *Lettura PL*
Version lampadaire du système *Sintheto*, à tige de métal chromé brillant, base peinte en rouge mat, fumée ou gris clair. S'équipe de deux lampes halogènes de 11 W.
H 110 cm ; P 70 cm
Fabricant : Luci, Italie (1985-1986)

8 Ferdinand Alexander PORSCHE
Suspension, *Soffitto*
Version plafonnier du système *Sintheto*, à tige en métal chromé brillant.
Lampe halogène de 100 W équipée d'un variateur.
H 186 cm
Fabricant : Luci, Italie (1985-1986)

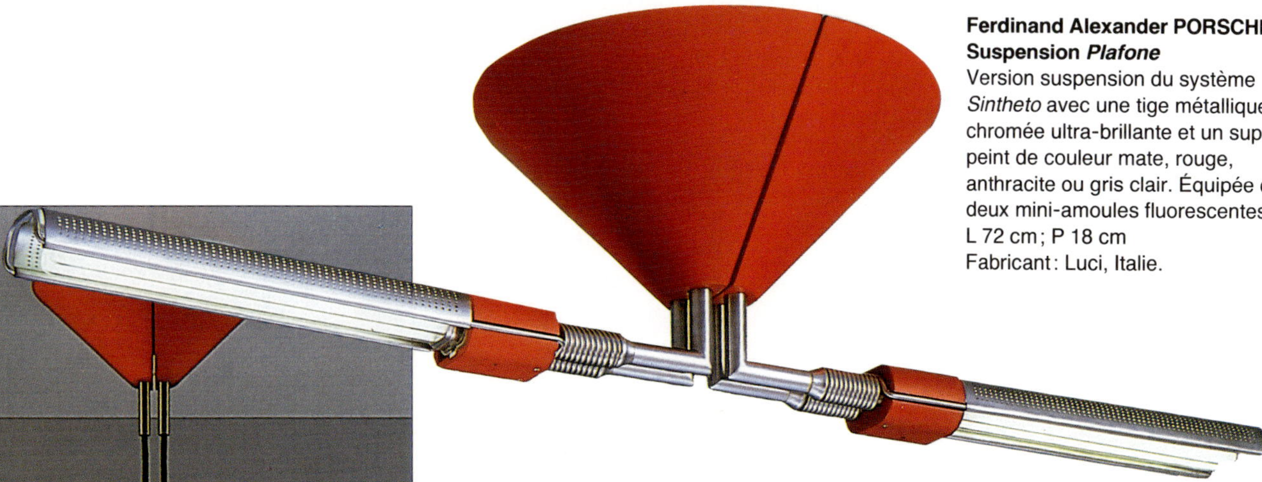

Ferdinand Alexander PORSCHE
Suspension *Plafone*
Version suspension du système *Sintheto* avec une tige métallique chromée ultra-brillante et un support peint de couleur mate, rouge, anthracite ou gris clair. Équipée de deux mini-amoules fluorescentes.
L 72 cm ; P 18 cm
Fabricant : Luci, Italie.

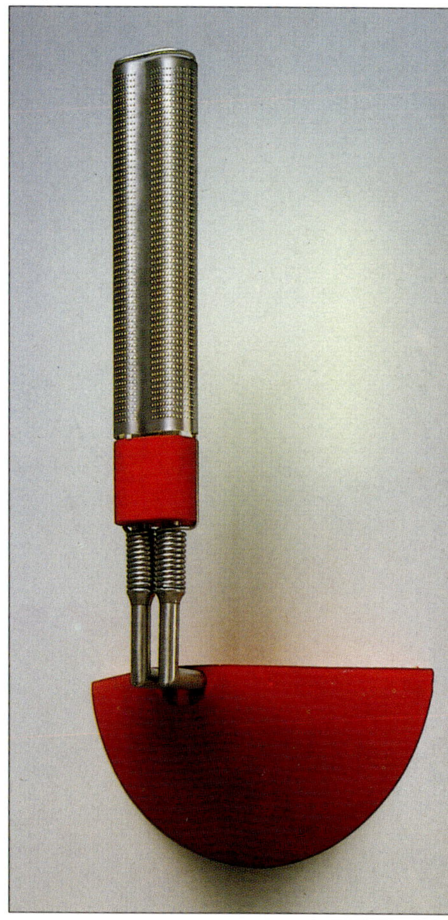

Ferdinand Alexander PORSCHE
Applique, *Parete PL*
Version murale du système *Sintheto*, à tige en métal chromé brillant. S'équipe d'un tube fluorescent miniature PL 11.
H 44 cm × P 18 cm
Fabricant : Luci, Italie (1985-1986)

Ferdinand Alexander PORSCHE
Applique, *Parete H*
Version murale du système *Sintheto*, à tige en métal chromé brillant, base peinte en rouge mat, fumée ou gris clair ; réflecteur rouge ou jaune.
Ampoule halogène 100 W.
H 33 cm ; P 18 cm
Fabricant : Luci, Italie (1985-1986)

Magie du high-tech. *Lorsqu'il créa* YaYaHo *et ses successeurs, Ingo Maurer créa le système d'éclairage le plus nouveau, le plus révolutionnaire, le plus influent et le plus fréquemment copié de la décennie.* YaYaHo *a ouvert la voie au design des années quatre-vingt ; il a, en termes de technologie moderne, neutralisé toutes les inhibitions et réussi à produire quelque chose d'entièrement nouveau : des acteurs, des acrobates de la lumière qui glissent, flottent et planent, libérés de la pesanteur dans laquelle ils étaient autrefois enfermés. Applaudissons le « Cirque volant » d'Ingo Maurer.*

11

9 **Ingo MAURER**
Suspension, *YaYaHo*
Verre, porcelaine, céramique, métal et plastique. Ce système de câbles à basse tension est composé de deux montants et de quatre éléments d'éclairage différents. Tous les éléments sont mobiles, verticalement ou horizontalement. Est équipé de deux lampes halogènes de 20 W et 50 W, et de réflecteurs de 50 W.
Câbles : L 60 m ; éléments d'éclairage ; P max. depuis la corde : 50 cm.
Fabricant : Design M Ingo Maurer, République fédérale d'Allemagne (1985-1986)

10

10 **Ingo MAURER**
Lampe, *Fukushu*
Équipée d'une lampe halogène 12 V/50 W ; transformateur-variateur. Les bases ont nickelées mat. Les tiges de fer aux extrémités flexibles sont rouges et bleues. La hauteur est réglable. Le réflecteur à miroirs multiples pivote sur 360°.
H 62 cm ; l 36 cm
Fabricant : Design M, Ingo Maurer, République fédérale d'Allemagne (1986-1987)

11 **Ingo MAURER**
et collaborateurs
Luminaire, *Bakary*
Réflecteur précis à miroirs multiples, réglable, pivote sur 360°.
S'équipe d'une ampoule halogène de 20 W.
Fabricant : Design M, République fédérale d'Allemagne (1986-1987)

12 Mario BOTTA
Applique murale, *Shogun Parete*
Applique murale blanche avec diffuseurs réglables en plaques de métal perforées et peintes. S'équipe d'une ampoule halogène claire de 150 W.
H 32 cm ; l 32 cm
Surplomb : 32,5 cm
Fabricant : Artemide, Italie
(1985-1986)

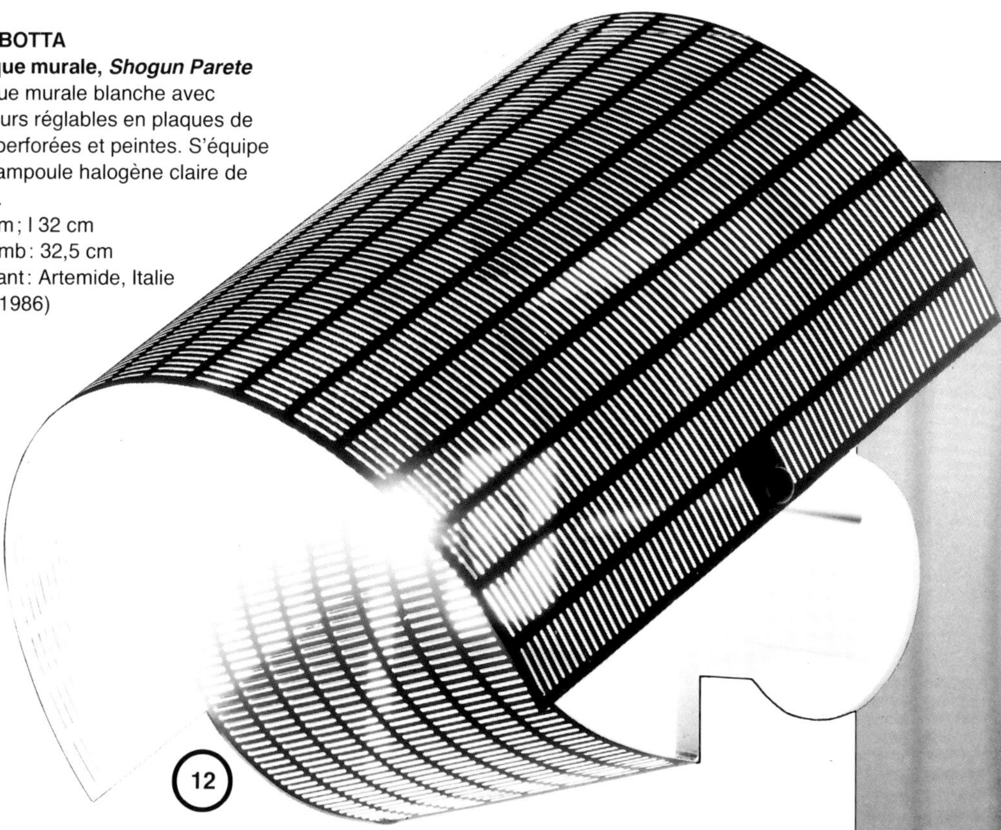

12

13 Mario BOTTA
Lampe de table, *Shogun Tavolo*
Corps métallique à rayures peintes avec diffuseurs réglables en plaque de métal perforée d'un motif à rayures. S'équipe d'une ampoule halogène claire de 150 W.
H 58,5 cm ou 68,5 cm ; l 32 cm
Fabricant : Artemide, Italie
(1985-1986)

13

14

14 Mario BOTTA
Lampadaire, *Shogun Terra*
Corps en métal à rayures peintes ; diffuseurs réglables en métal perforé d'un motif à rayures. S'équipe d'une ampoule halogène claire de 150 W.
H 213 cm ; l 32 cm
Fabricant : Artemide, Italie
(1985-1986)

15 Emilio AMBASZ
Lampe halogène réglable, *Agamemnon*
Corps en aluminium extrudé, peint. La base est en métal peint en noir.
H 200 cm ; P 46 cm
Fabricant : Artemide, Italie
(1984-1985)

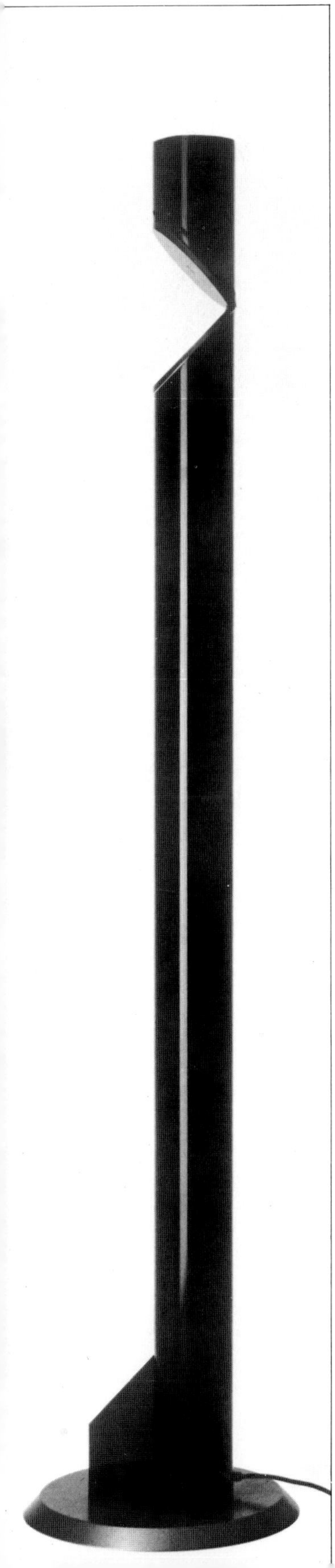

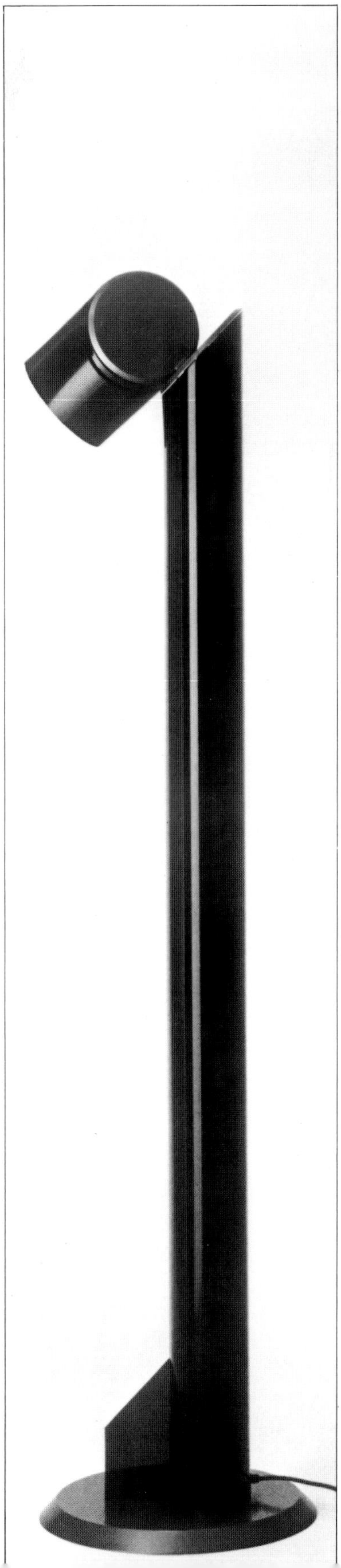

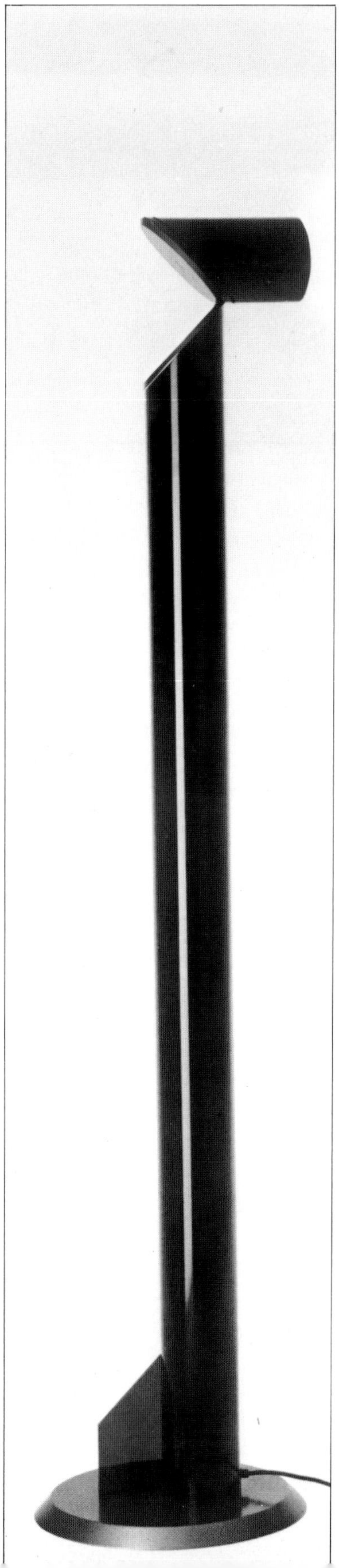

15

16

16 Masayuki KUROKAWA
Luminaire, *Angolo Slit T Bar*
Acier peint
l 11,6 cm ; L 77 cm à 91 cm
Fabricant : Yamagiwa Corporation, Japon (1984-1985)

17

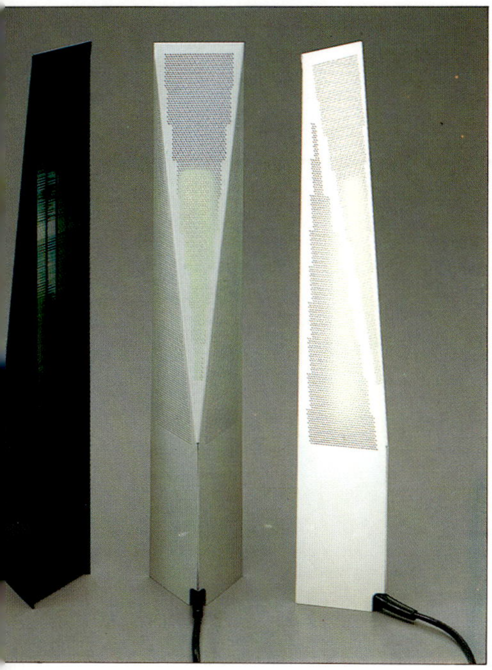

(18)

(20)

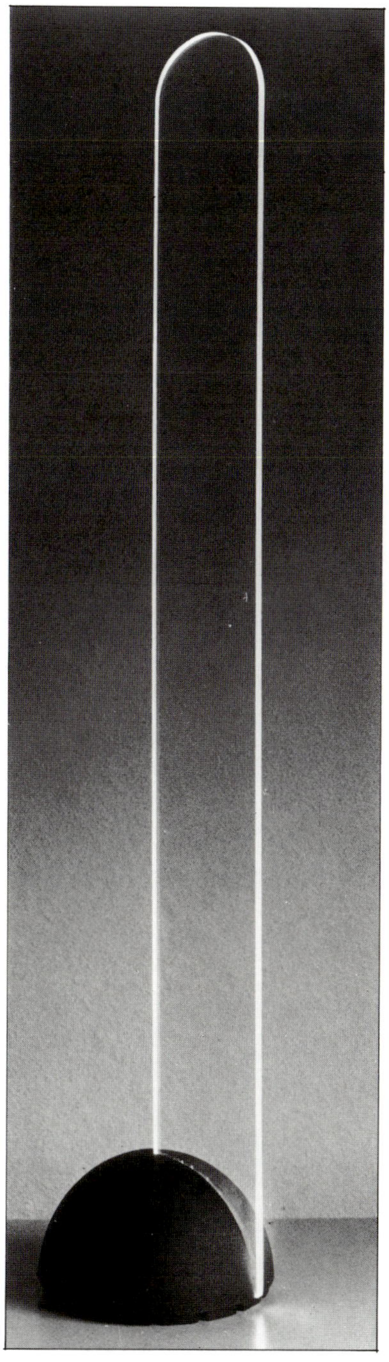

(19)

18 Marta A. Van SCHINDEL
Lampe de bureau, *Bishop*
Aluminium
Disponible en blanc, noir, bleu et jaune. Fonctionne avec un tube fluorescent II W de 500/800 lux.
Série limitée
H 43 cm ; l 7 cm ; L 7 cm
Fabricant : Martech, Pays-Bas
(1986-1987)

20 Piotr SIERAKOWSKIA
Lampadaire, *Nautilus*
Aluminium, nextel. Colonne noire et base avec interrupteur gris ou rouge. Fonctionne avec une lampe halogène (max. 500 W) et variateur.
H 182,9 cm ; base l 43 cm ;
P 36,5 cm
Colonne : l 20,3 cm ; P 7,6 cm
Fabricant : Koch & Lowy, USA
(1986-1987)

17, 19 Franco et Alberto BERG
Luminaires sculptures, *Argon, Radon, Xenon*
Base en fer moulé gris ; panneaux d'acrylique durci.
P 24 cm ; H 124 cm
Fabricant : Berg Licht und Objekt, République fédérale d'Allemagne
(1984-1985)

L'Est et l'Ouest se rencontrent.
Tentez cette expérience : trois des cinq lampes de ces pages sont italiennes, les deux autres sont japonaises. Essayez de deviner la provenance de chacune. Vous serez peut-être surpris de découvrir que les lampes qui ont l'air de venir du Japon viennent en fait d'Italie, tandis que celles qui ont été fabriquées en Italie ont l'air japonais. Cela prouve bien qu'une forme de langage universel s'est développée dans le design qui, loin d'être insipide ou de résulter d'un compromis malheureux, réunit le meilleur des deux mondes. Comme nous le verrons dans une section ultérieure, ces échanges ont eu une influence particulièrement heureuse sur les arts de la table contemporains.

21

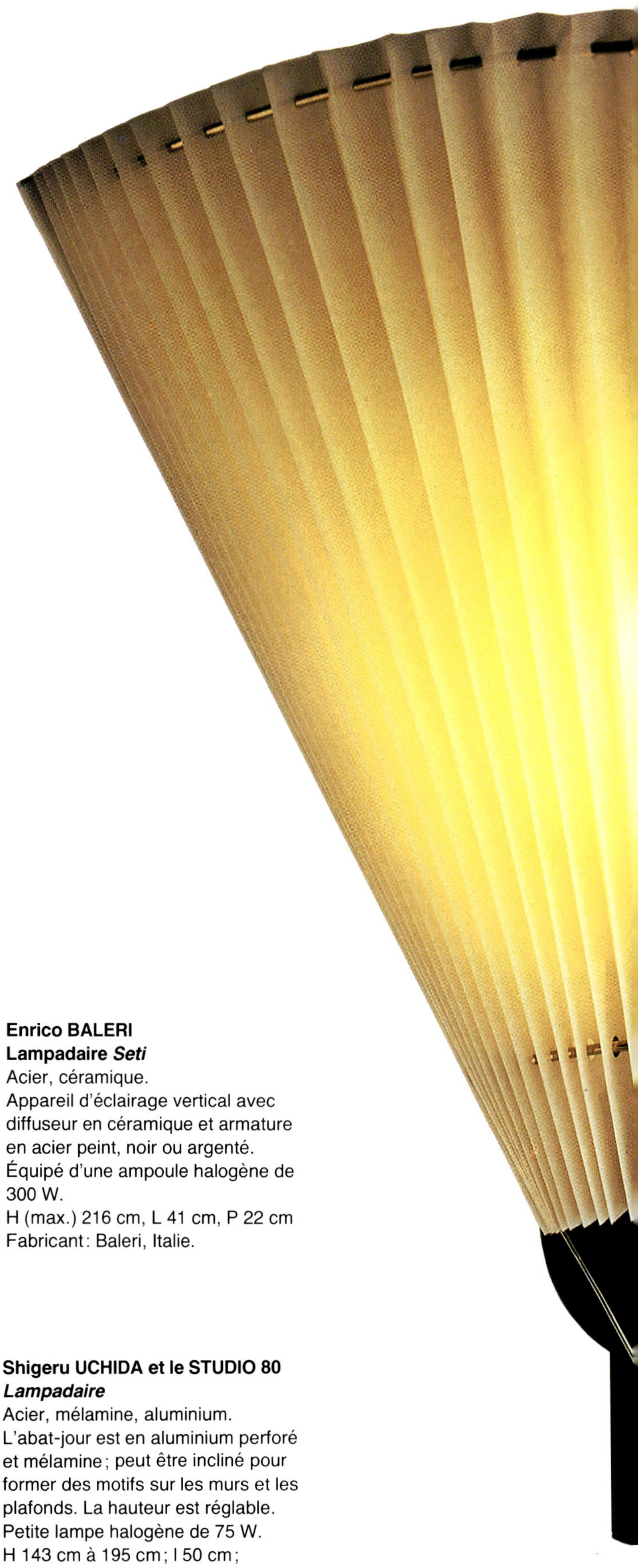

21 **Enrico BALERI**
Lampadaire *Seti*
Acier, céramique.
Appareil d'éclairage vertical avec diffuseur en céramique et armature en acier peint, noir ou argenté.
Équipé d'une ampoule halogène de 300 W.
H (max.) 216 cm, L 41 cm, P 22 cm
Fabricant : Baleri, Italie.

22

22 **Shigeru UCHIDA et le STUDIO 80**
Lampadaire
Acier, mélamine, aluminium.
L'abat-jour est en aluminium perforé et mélamine ; peut être incliné pour former des motifs sur les murs et les plafonds. La hauteur est réglable.
Petite lampe halogène de 75 W.
H 143 cm à 195 cm ; l 50 cm ;
P 50 cm
Fabricant : Chairs (Matsushita Electric), Japon (1986-1987)

24 Roberto MARCATI
Lampadaire, *Arcade*
Lampadaire à deux projecteurs réglables. S'équipe de deux petites ampoules halogènes de 50 W, finition noire et gris métallique, époxy.
Appartient à la collection *Zeus.*
H 65 cm ou 135 cm ; P 15 cm
Fabricant : Noto, Italie (1986-1987)

24

23 Afra et Tobia SCARPA
Applique normale, *Butterfly Parete*
Lampe émettant une lumière diffuse avec une ampoule halogène de 150 W. Logée dans la structure métallique, l'ampoule est dissimulée par deux morceaux de verre dépoli et un diffuseur constitué d'un matériau ignifuge plissé. La tige et le support mural sont en métal peint.
H 57 cm ; l 50 cm ; P 25 cm
Fabricant : Flos, Italie (1986-1987)

23

25 Shiro KURAMATA
Lampadaire
Acier, fil électrique
H 170 cm ; P 6 cm
Fabricant : Ishimaru, Japon (1986-1987)

25

26 **Josep LLUSCA**
Lampe de table, *Anade 4169*
Aluminium, fer
Lampe métallique avec bras réglable ; ampoule halogène avec transformateur et interrupteur deux positions.
H 60 cm ; L 65 cm ; diam. 20 cm
Fabricant : Metalarte, Espagne
(1986-1987)

Variations sur un thème de Sapper. *C'est en 1970 que Richard Sapper a conçu* Tizio *pour Artemide.* Tizio *est devenu immédiatement un objet de culte et l'archétype de la lampe de bureau moderne. Son esthétique froide est l'étalon qui servira de mesure à tous ses successeurs. Comme le montrent ces pages, les jeunes stars du design des années quatre-vingt n'ont pas été capables d'améliorer* Tizio *; elles n'ont su que fournir une série de commentaires à son sujet :* Dragon, *de Marie-Christine Dorner qui, en dépit de son nom, ressemble davantage à un robinet ou le charmant* Bib Luz *d'Oscar Tusquets Blanca, qui sort en se tortillant de son transformateur semblable à un livre, comme un adepte d'une secte secrète et qui ressemble peut-être le moins à* Tizio. *En revanche, De Lucchi et Fassina rendent hommage à l'ancêtre de toutes les lampes de bureau fonctionnelles,* Anglepoise *de George Carwardine, créée en 1934.*

26

27

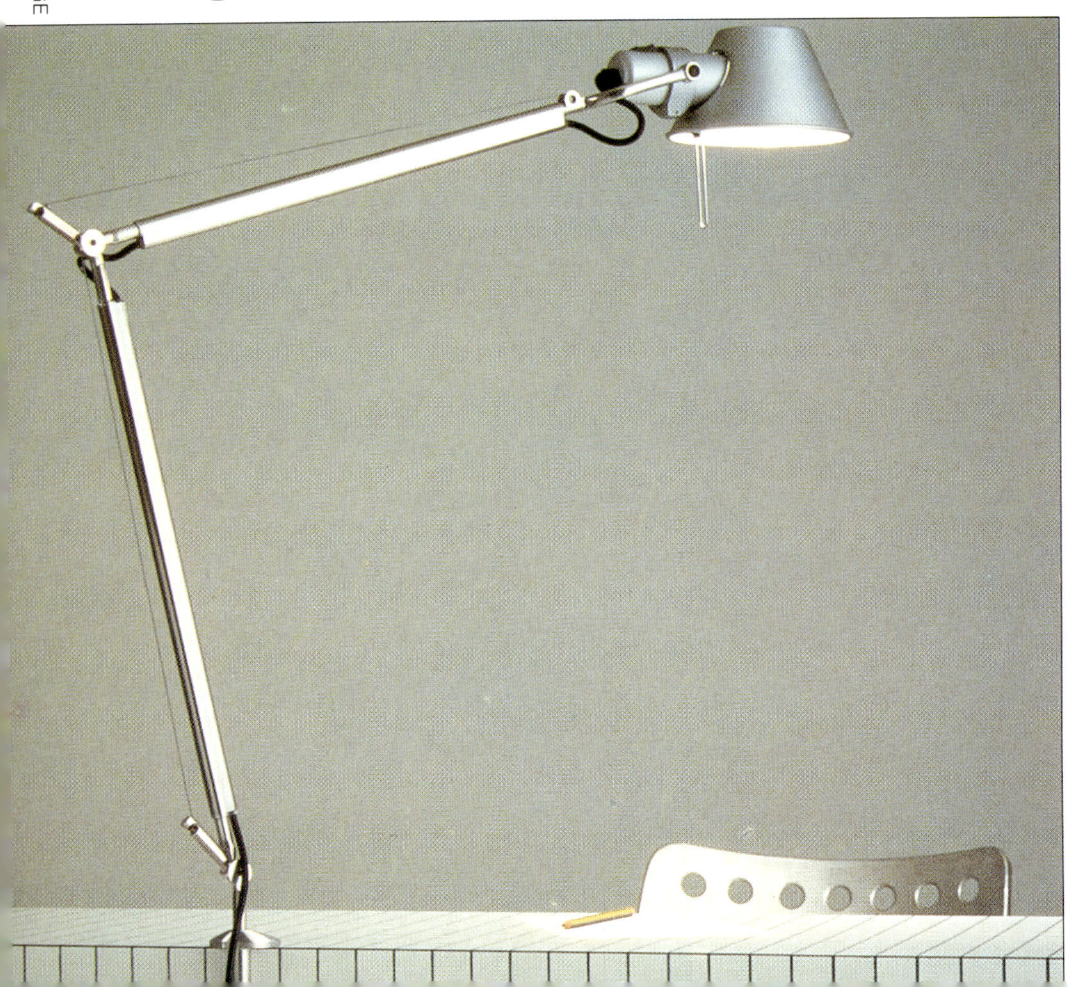

27 **Michele De LUCCHI et Giancarlo FASSINA**
Lampe de bureau, *Tolomeo*
Aluminium
Base avec vis de serrage ; bras réglable en aluminium poli, gris.
L (max.) 135 cm ; P 15 cm ; bras extensible L 120 cm
Fabricant : Artemide, Italie
(1986-1987)

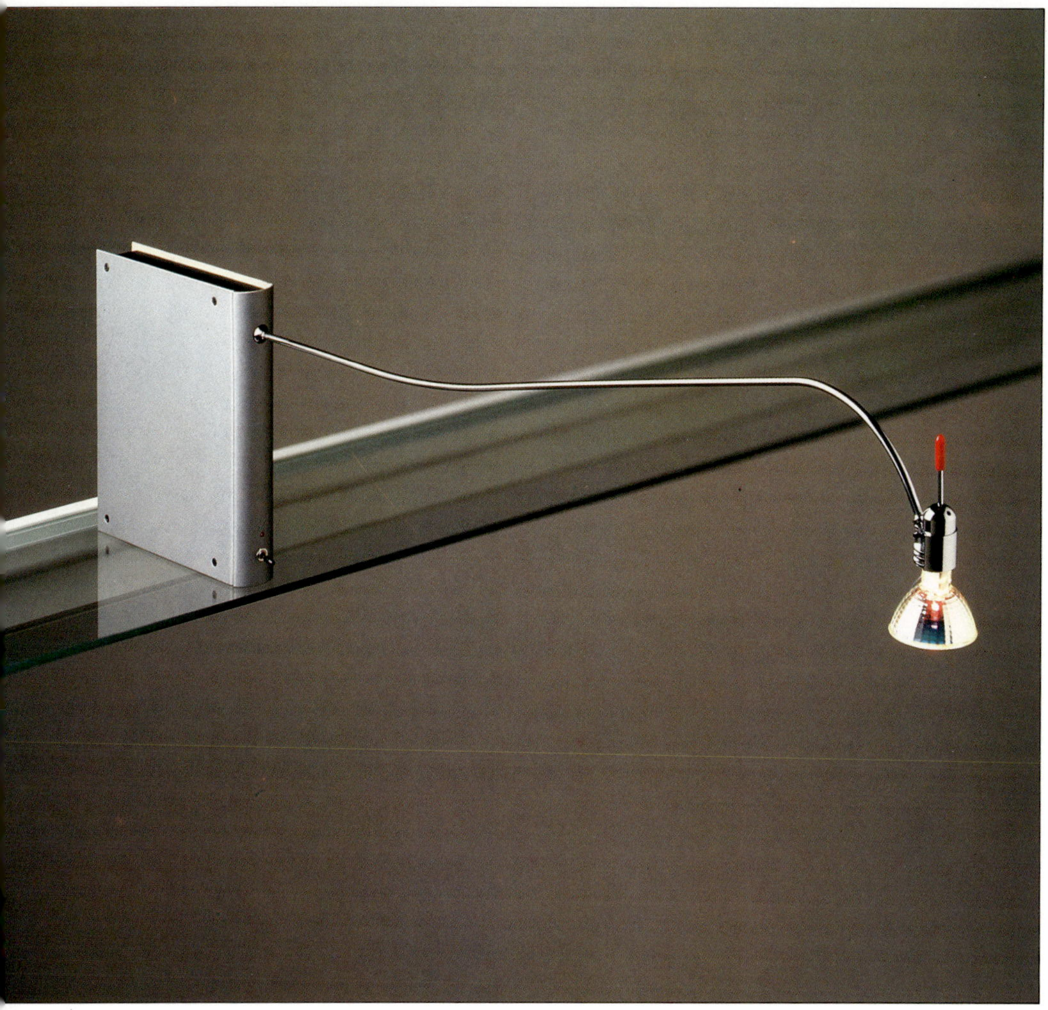

28 **Oscar TUSQUETS BLANCA**
Lampe de bibliothèque, *Bib Luz*
Aluminium, chrome
Un boîtier d'aluminium argenté mat abrite le transformateur ; sélecteur de deux positions.
La tige pivote et l'abat-jour (spot) peut décrire un angle de 90°. S'équipe d'une lampe halogène de 50 W/12 V.
Existe également en versions applique murale et lampe de table.
H 28 cm ; L 50 cm ou 88 cm
Fabricant : BD Ediciones de Diseño, Espagne (1986-1987)

28

30

29

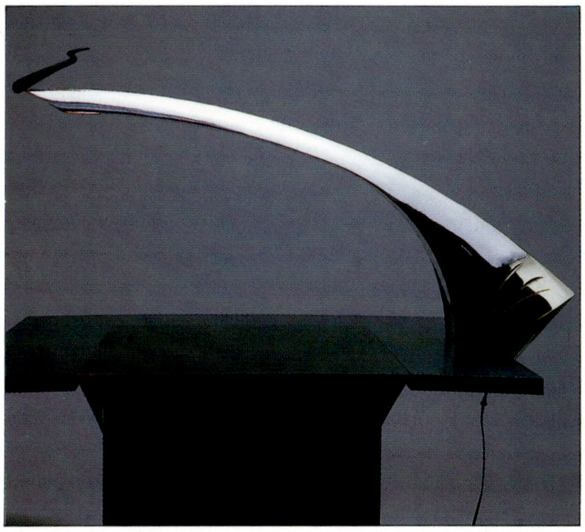

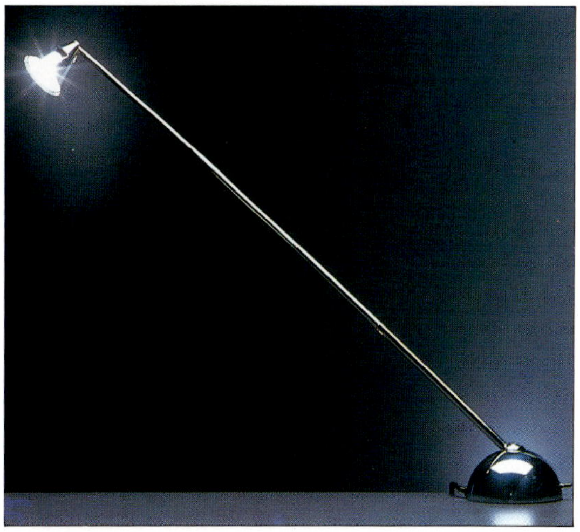

29 **Marie-Christine DORNER**
Lampe de table, *Dragon*
Aluminium poli, bois
Se pose en équilibre au bord d'une table ou d'un bureau. Le transformateur de *Dragon* est caché dans les côtés ; l'interrupteur est au sommet. S'équipe d'une lampe halogène.
H 45 cm ; (au-dessus de la table) : 39 cm ; L 90 cm ; P 8 cm
Fabricant : Idée, Japon (1986-1987)

30 **Christian THEILL**
Lampe de table, *Antenna*
Fer chromé, aluminium, laiton, bois.
Lampe réglable s'équipant d'une ampoule halogène 50 W/24 V.
L 33 cm à 91 cm ; diam. 12 cm
Fabricant : Targetti Sankey, Italie (1986-1987)

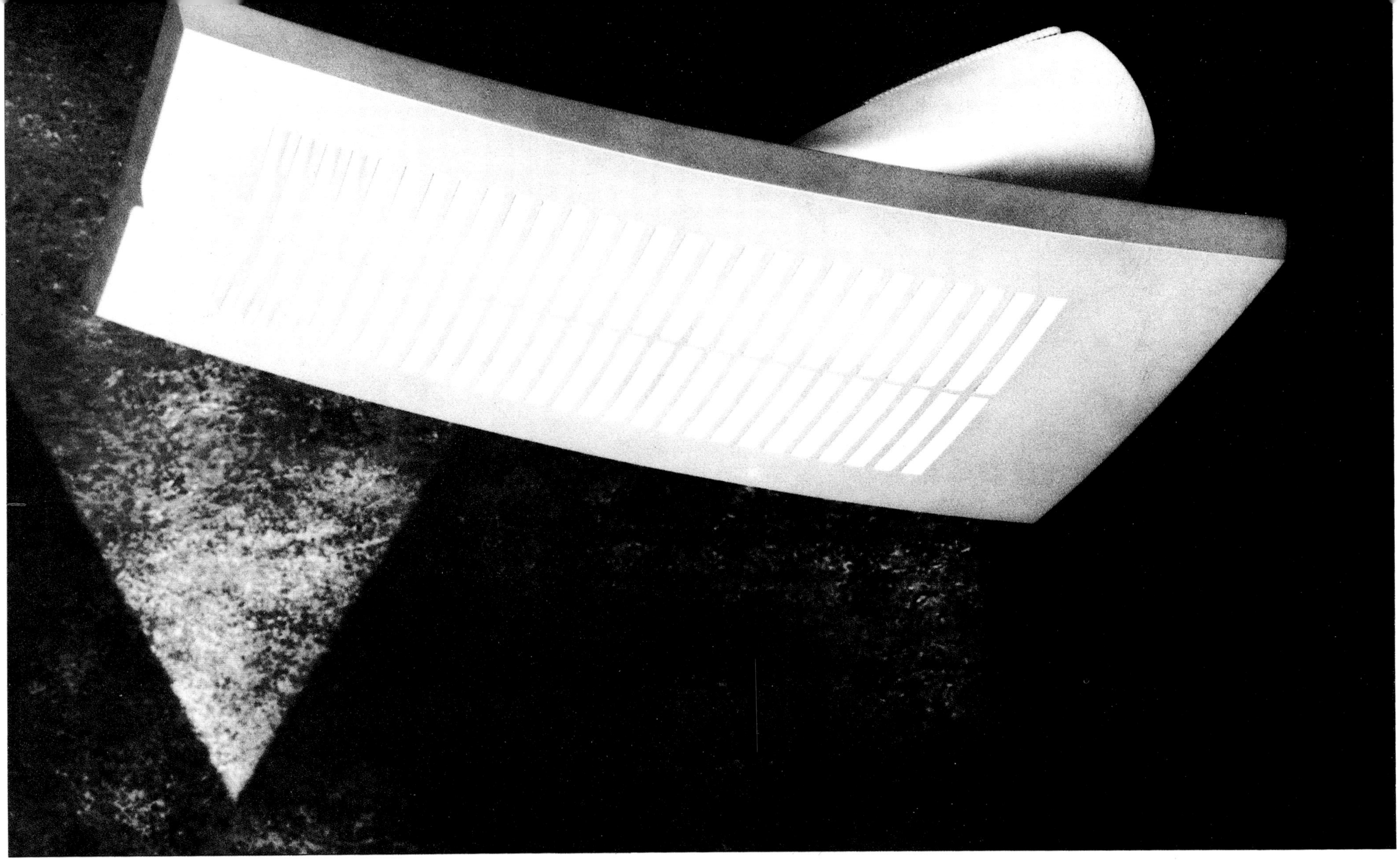

31

(32)

32 **Philippe STARCK**
Lampe de table, *La lune sans le chapeau*
Acier, époxy gris, papier.
H 68 cm ; l 24 cm ; P 24 cm
Fabricant : Les Trois Suisses, France (1986-1987)

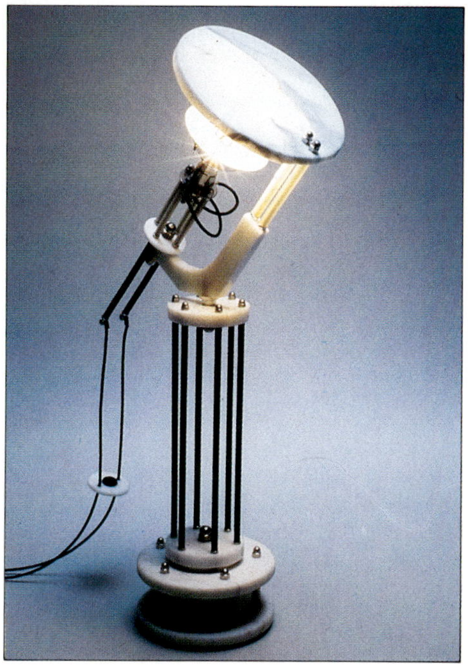

(33)

33 **Peter BREMERS**
Lampe de table
Marbre Corian
H 40 cm ; P 18 cm
Fabricant : Neotu, France (1986-1987)

34 **Thomas EISL**
Luminaire
Aluminium ondulé
Pièce unique
H 183 cm ; l 48 cm ; P 22 cm
Réalisateur : Thomas Eisl, Grande-Bretagne (1986-1987)

31 **Philippe STARCK**
Lampe de table, *Ray Menta*
Aluminium
S'équipe d'un tube fluorescent miniaturisé PL.
H 30,5 cm
Fabricant : XO, France (1986-1987)

(34)

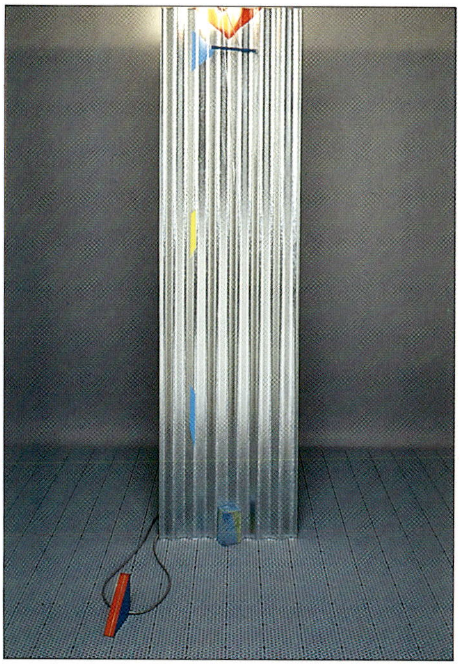

Commedia della luce. *Pourquoi une lampe devrait-elle ressembler à une lampe ? Grâce à l'évolution des sources de lumière, compactes et nouvelles, ce n'est plus nécessaire. Et puisque le style post-moderne de notre décor domestique suppose l'apport de solutions théâtrales aux problèmes du décor d'intérieur, les designers, comme des comédiens, déguisent leurs créations. On voit apparaître sur le marché des lampes qui ont des allures de sacs, petits et grands, de chapeaux et de ballons, de phares, de grues et d'équipements pour plates-formes de forage pétrolier. La panoplie est-elle infinie ? Elle a une fin, bien sûr. Plus ces formes seront sauvages, plus vite elles seront appelées à mourir. Une lampe peut devenir un classique de cette* commedia della luce, *mais peut aussi rester un clown triste qui fait de l'équilibrisme ; l'issue de sa danse est très incertaine.*

35

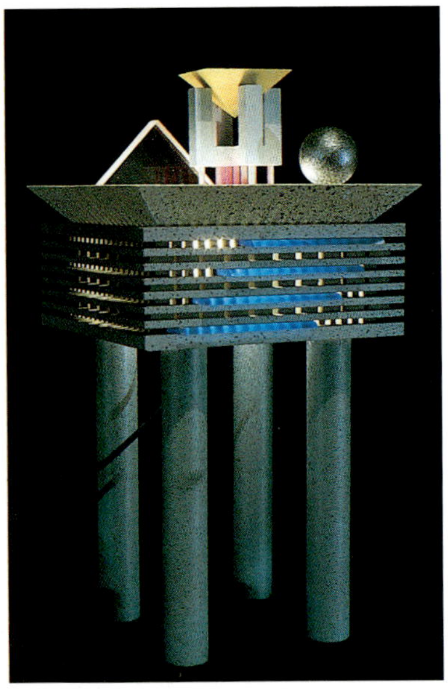

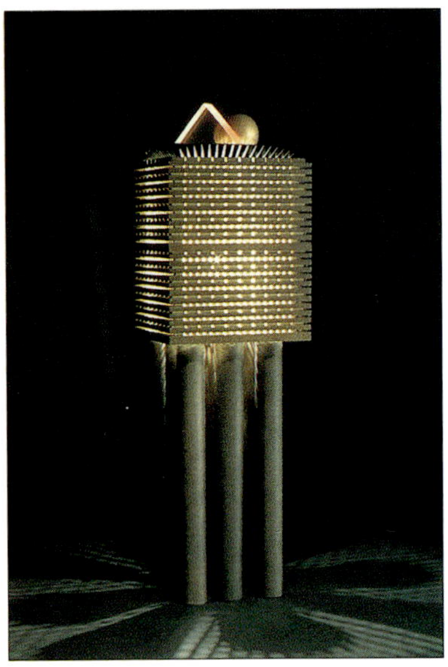

36

35 James EVANSON
Lampe de table, *Lightstruck*
Élément de la *Collection Lighthouse*.
Bois laqué, accessoires escamotables en lucite, couleurs néon.
H 38 cm ; l 23 cm ; L 23 cm
Fabricant : Art et Industrie, USA
(1985-1986)

36 James EVANSON
Lampadaire, *Hi-Beam*
Élément de la *Collection Lighthouse*.
Bois laqué, accessoires escamotables en lucite, couleurs néon.
H 38 cm ; l 18 cm ; L 18 cm
Fabricant : Art et Industrie, USA
(1985-1986)

37 James EVANSON
Lampes, *Collection Lighthouse*
Bois laqué, accessoires escamotables en lucite, couleurs néon.
Fabricant : Art et Industrie, USA
(1985-1986)

37

Petits animaux domestiques d'un genre nouveau. *La solitude des temps modernes est une réalité. Il existe également un type de design moderne qui intensifie ce sentiment de solitude : on s'entoure d'objets froids et suffisants qui exigent le respect mais n'offrent rien de convivial en contrepartie. Rien de tel qu'un excès de Breuer ou de Braun pour vous démoraliser. Et pourtant, dans l'impitoyable fonctionnalité de notre « usine domestique », on éprouve comme un besoin atavique de compagnie. C'est dans ce contexte que Martine Bedin a créé son hérisson aux couleurs vives et Michele De Lucchi sa girafe à rayures au long cou, pour nous replonger dans le monde ludique de l'enfance.*

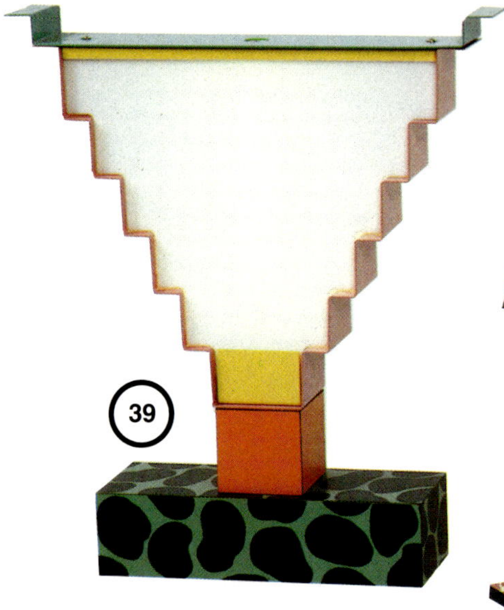

39

38

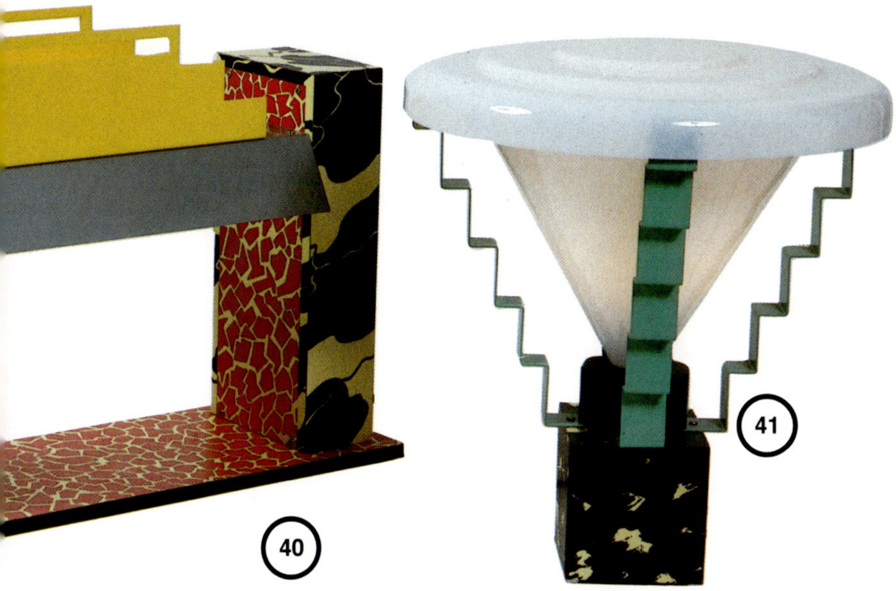

39, 41 **George SOWDEN, Nathalie DU PASQUIER**
Collection de lampes, *Objets for the Electronic Age*
Plastique et acier peint
Fabricant : Arc 74, Italie (1983)

42 **Michele De LUCCHI**
Lampe de table, *Oceanic*
Métal laqué
H 83 cm ; L 93 cm ; l 12 cm
Fabricant : Memphis, Italie (1981)

38 **Martine BEDIN**
Lampe de table ou lampadaire, *Super*
Fibre de verre et caoutchouc
H 50 cm
Fabricant : Memphis, Italie (1981)

43

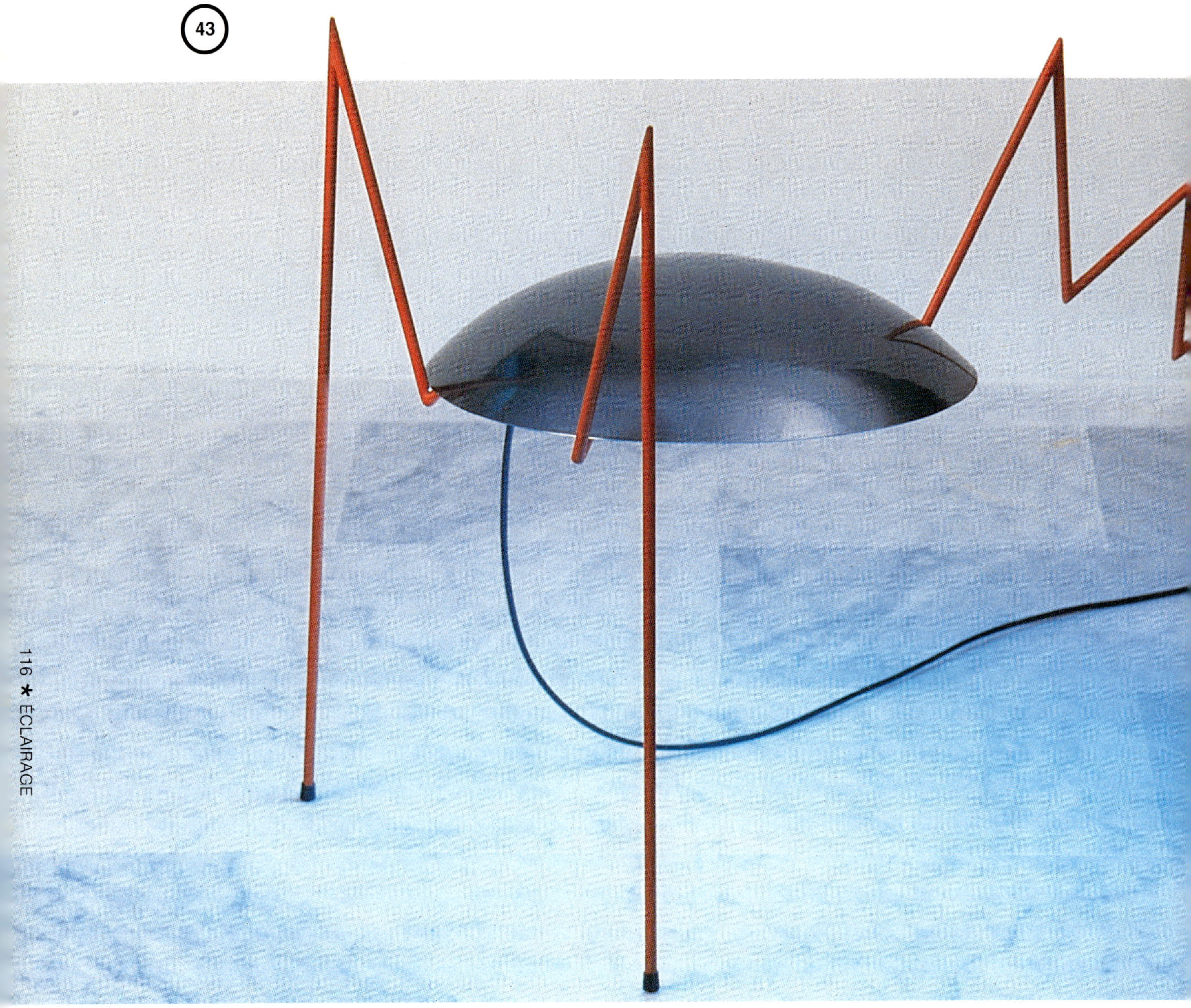

44

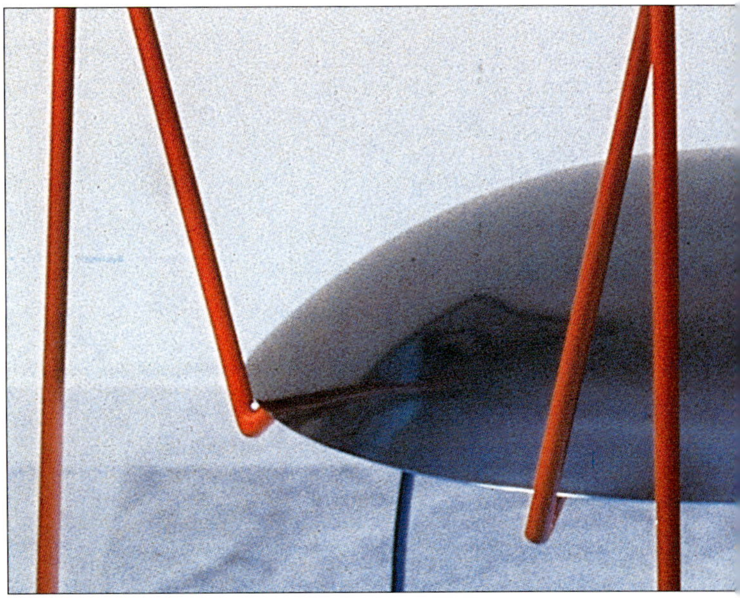

43, 44 Javer MARISCAL et Pepe CORTES
Lampadaire, *Arana*
Acier, époxy, lampe de tungstène.
H 27 cm ; L 60 cm ; 120 cm
Fabricant : BD, Espagne
(1985-1986)

45 Javier MARISCAL
Lampe de table, *Valencia*
Acier, structure nickelée mate,
éléments peints en rouge et bleu.
Le cadre en acier chromé luisant
repose sur un socle de marbre noir,
ampoule de 25 W.
H 70 cm ; l 20 cm
Fabricant : BD, Espagne (1985-1986)

45

46

46 Thomas EISL
Élément d'étagères avec éclairage intégré.
Acier galvanisé, plan massif, aluminium.
Pièce unique. Éventuellement, meuble d'angle.
Onze ampoules de 5 W/12 V.
H 210 cm ; l 83 cm ; P 60 cm
Fabricant : Thomas Eisl, Grande-Bretagne (1987-1988)

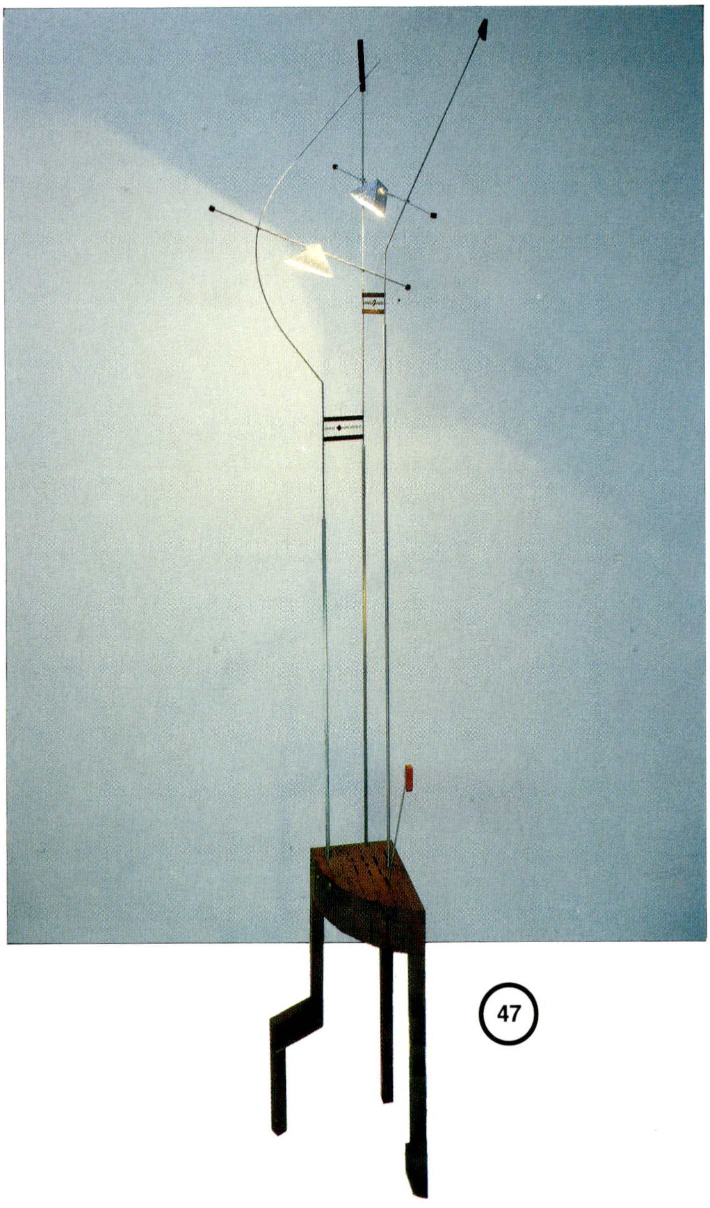

47

47 Thomas EISL
Lampadaire
Bois, aluminium.
Lampadaire en aluminium, if et ébène avec deux réflecteurs réglables. S'équipe de deux ampoules halogènes de 50 W/12 V.
H 210 cm ; l 83 cm ; P 60 cm
Fabricant : Thomas Eisl, Grande-Bretagne (1987-1988)

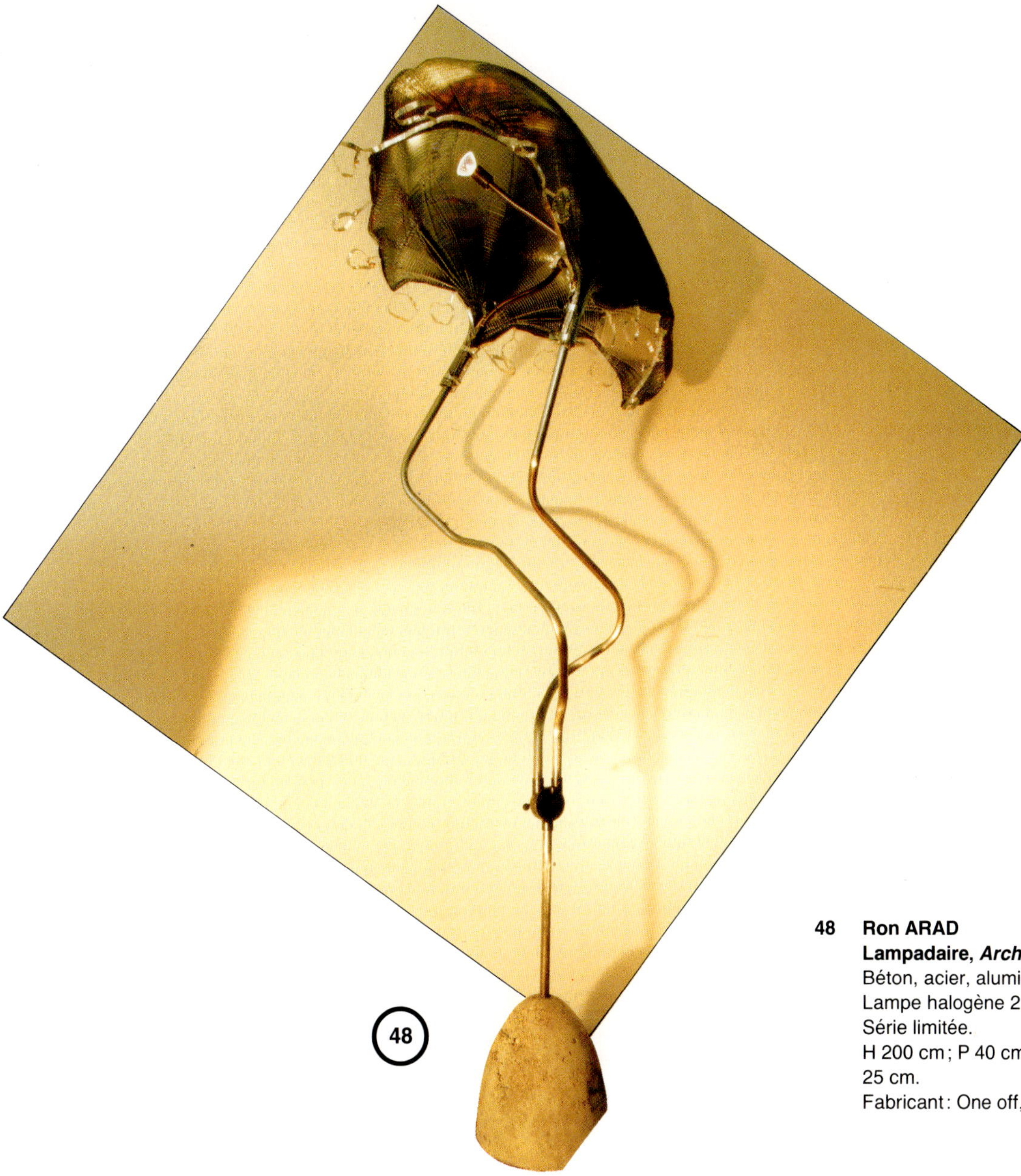

48

48 Ron ARAD
Lampadaire, *Archadillo*
Béton, acier, aluminium.
Lampe halogène 2 fois 12 volts.
Série limitée.
H 200 cm ; P 40 cm ; diam. à la base 25 cm.
Fabricant : One off, Grande-Bretagne

L'underground londonien. *La scène du design à Londres est encore largement dominée par des pièces uniques et des séries limitées, ce qui est déplorable si l'on songe au vaste potentiel créatif disponible. Mais, par ailleurs, c'est aussi un avantage, car l'absence de pression exercée généralement par la production en série laisse aux designers audacieux, ayant une prédilection pour le bizarre, la possibilité de s'exprimer. C'est le cas du designer israélien Ron Arad et du designer autrichien Thomas Eisl qui s'amusent avec la lumière, la tôle ondulée, l'aluminium et le béton pour créer un design* underground *aux deux sens du terme : non seulement leurs créations sont marginales, éloignées au possible des préoccupations du grand public, mais leur esthétique, résolument* bunker, *signifie aussi qu'elles ne furent jamais destinées à voir la lumière du jour.*

Renaissance des symboles. *Au début du vingtième siècle, la lumière électrique possédait encore une aura merveilleuse. Les ampoules étaient surélevées, tenues à bout de bras par des prêtresses de la déesse Lumière et par des créatures mythologiques. Les abat-jour de verre étaient ornés de motifs dépolis représentant des fleurs et des décorations diverses. Par la suite, lorsque la lumière devint la chasse gardée des techniciens et des ingénieurs, ce sens de la magie se perdit. A la fin des années quatre-vingt, cependant, les signes se multiplièrent indiquant que la lumière recouvrait sa signification première et profonde de symbole de vie. Des designers comme Gehry, Branzi, Lindfors et Viemeister/Krohn ont sorti la lumière du laboratoire et l'ont restituée à la biosphère. Les feuilles, les oiseaux et les poissons annoncent à présent une ère nouvelle du luminaire, qui est une fois de plus en harmonie avec le monde de la nature, où l'économie et l'écologie ne sont pas en contradiction.*

49

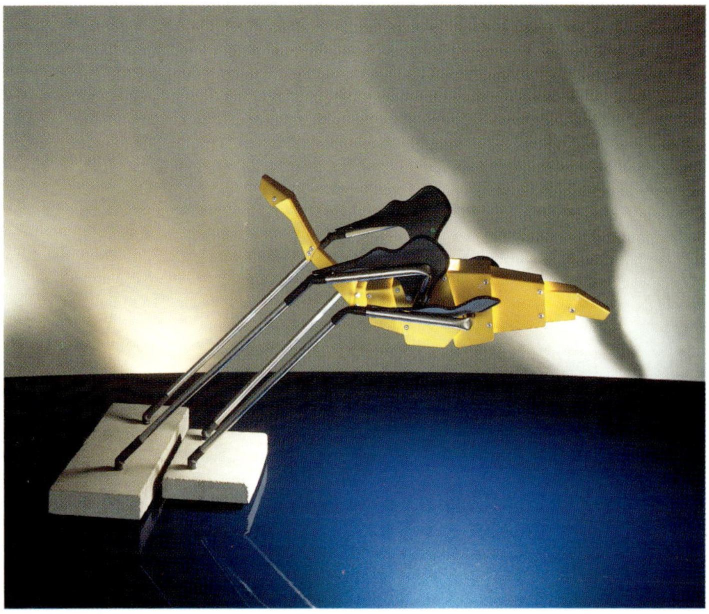

50

51

52

49, 52 Stefan LINDFORS, pour l'équipe Ingo MAURER
Lampadaire, *Scaragoo*
Aluminium, acier, plastique.
S'équipe d'une ampoule halogène 50 W/12 V.
H 53 cm à 79 cm ; l 133 cm ; L 46 cm
Fabricant : Design M Ingo Maurer, République fédérale d'Allemagne
(1988-1989)

53

50 Tucker VIEMEISTER et Lisa KROHN
Suspension, *Sardine Light*
Ressort métallique, plomb, abat-jour en papier.
Tous voltages avec la lampe adaptée ; prototype équipé d'une ampoule 40 W/110 V.
H 12,5 cm ; l 5 cm ; L 46 cm
Fabricant : Gallery 91, USA
(1988-1989)

54

53 Andrea BRANZI
Applique murale, *Foglia*
Verre électro-luminescent
Le courant électrique de cette lampe à basse tension passe par les nervures de la feuille.
l 25 cm ; L 45 cm
Fabricant : Memphis, Italie
(1988-1989)

51, 54 Frank D. GEHRY
Luminaires poissons sculptures
Conçu pour le concours « Surface and Ornament Competition ».
Gehry a déchiré le Colorcore en petits fragments ressemblant à des écailles de poisson et les a utilisés pour créer un poisson. Lorsque la lumière est allumée, le matériau devient semi-translucide. Le pied de lampe est fait de bâtonnets et de fragments irréguliers de Colorcore
(1984-1985).

55

56

Créations pures. *L'imagination engendre d'étranges créatures. Les lampes qui sont illustrées ici sont autant d'éclats de rire moqueurs dirigés contre le design industriel et contre ces étranges hybrides de l'artisanat et de l'art qui ressemblent à des* ready-made *commerciaux. Aucun de leurs créateurs n'est designer de profession. L'artiste turinois Michelangelo Pistoletto est le chef de file de l'*arte povera *et l'Autrichien Franz West est un artiste créateur d'objets, tandis que la renaissance rococo illustrée au centre est l'œuvre du photographe Mark Bayley. Ce sont les belles créatures d'un univers parallèle dans lequel Batman, Dracula et Big Brother lisent des revues sur le mobilier d'intérieur.*

55 Michelangelo PISTOLETTO
Applique murale au néon, *Tutti Designers*
Lampe au néon, aluminium décoré au pochoir.
H 69 cm ; L 71 cm ; P 12 cm
Fabricant : Metamemphis, Italie (1989)

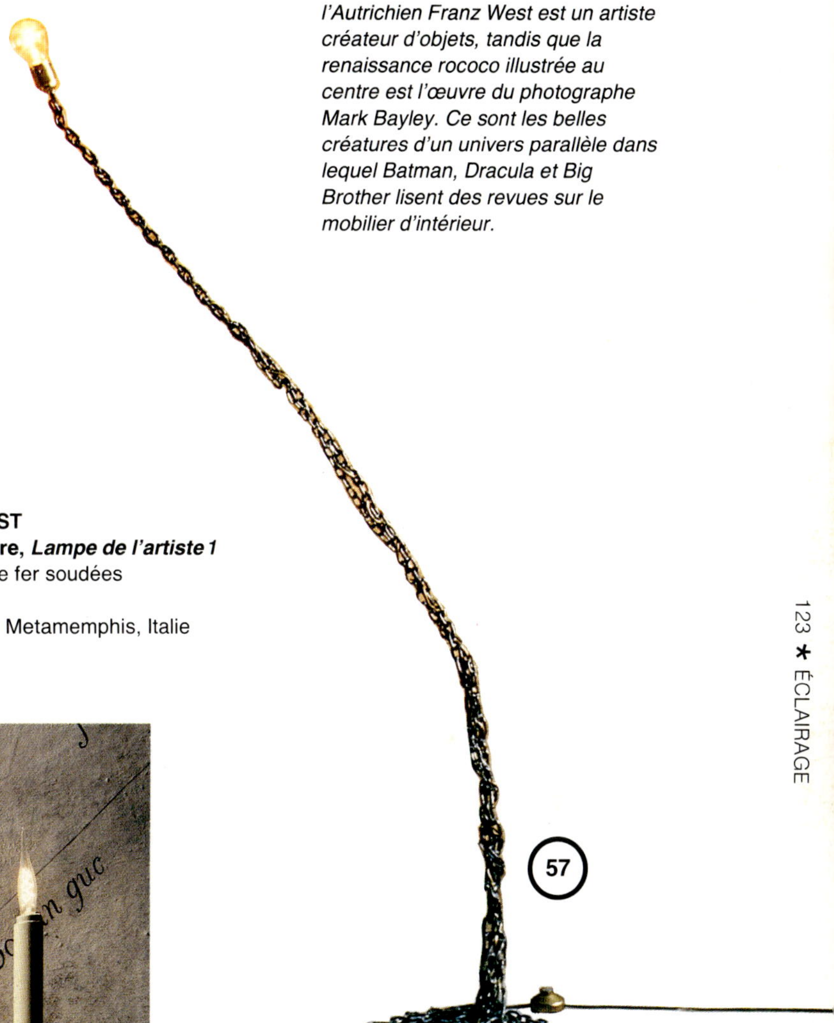

57

57 Franz WEST
Lampadaire, *Lampe de l'artiste 1*
Chaînes de fer soudées
H 170 cm
Fabricant : Metamemphis, Italie (1989)

56 Mark BAYLEY
Candelabra, bougeoir simple, bougeoir à deux branches
Résine de fibre de verre, acier.
Série limitée.
Candelabra : trois ampoules de 15 W
H 100 cm ; l 25 cm ; diam. à la base 14 cm
Bougeoir simple :
une ampoule de 60 W
H 75 cm ; diam. à la base 14 cm
Bougeoir à deux branches :
deux ampoules de 15 W
H 50 cm ; diam. à la base 14 cm ; diam. arch. 18 cm
Fabricant : Mark Bayley, Grande-Bretagne (1987-1988)

Le meilleur des mondes de la cyberpunk. *Le milieu de la décennie quatre-vingt a vu l'émergence d'une branche nouvelle et fascinante de la science-fiction sous une forme appelée* cyberpunk, *dont l'étymologie transparente associe « cybernétique » et « punk » ; le mot était destiné à désigner un monde futur en ruine, dans lequel le* high-tech *et la vie sordide, un progrès technologique incontrôlé et une barbarie incontrôlable seraient étroitement liés. (Quiconque a vu* Blade Runner *comprendra ce que l'on veut dire ici.) Les lampes reproduites dans ces pages semblent importées de ce monde futur effondré, associant le meilleur et le pire dans une forme qui est à la limite du supportable. La lampe de table de Toshiyuki Kita et de Keith Haring est dotée d'un abat-jour électro-luminescent (nouveauté autrefois exclusivement réservée à l'industrie), avec des graffiti gravés, égratignés sommairement en surface en manière de contraste. Tout aussi provocante est la lampe de Gaetano Pesce,* Airport Lamp, *qui associe les lampes halogènes les plus faibles et un objet en matériau synthétique fondu qui évoque un objet trouvé à la surface d'un monde détruit par une conflagration nucléaire. Ce sont les lampes d'une ère obscure. Puissions-nous seulement ne jamais la connaître !*

58

59 **Gaetano PESCE**
Airport Lamp
Polyuréthane
Plomb, cannes à pêche et ampoules à basse tension.
H 107 cm ; L 152 cm ; l 3 cm
Fabricant : Gaetano Pesce, USA
(1986)

59

58 **Toshiyuki KITA et Keith HARING**
Lampe de table
A gauche : **On Taro**
A droite : **On Giro**
Pierre naturelle, verre.
Ce dispositif électro-luminescent fonctionne en 110 ou 220 V. La consommation d'électricité est minimale, 4 W environ pour 10 000 heures.
H 52 cm ; l 29 cm ; P 15 cm
Fabricant : Kreon, Belgique
(1988-1989)

Le monde des arts de la table se distingue à maints égards de celui du mobilier ou de l'éclairage. L'Italie n'y a plus la place prépondérante qu'elle a ailleurs. L'influence de la Scandinavie et de pays comme l'Espagne, les États-Unis et surtout le Japon est ici beaucoup plus sensible. Mais, d'une façon générale, les tendances stylistiques actuelles sont moins aisément identifiables. Le facteur dominant est la personnalité du

Mais que ces arts de la table aient ou non ignoré — ou feint d'ignorer — les tendances stylistiques de la dernière décennie, ils ont néanmoins rendu hommage à l'*esprit* des années quatre-vingt. Cela se perçoit dans une décoration joyeuse qui non seulement emboîte le pas au post-modernisme, mais qui correspond bien, en outre, à la consommation ostentatoire devenue le signe, le symbole, d'un mode de vie. Le « phénomène Alessi » est la parfaite illustration de cette double tendance. Si elle est, aujourd'hui encore, peu connue à l'échelle internationale, cette manufacture d'objets en métal de la petite ville de Crusinallo (nord de l'Italie) s'est fait

3 * ARTS DE LA TABLE

designer ; les modes et les tendances — lorsqu'elles existent — viennent en seconde position. En outre, les créateurs des arts de la table s'avèrent conservateurs, comparés à leurs homologues de la décoration d'intérieur, qui naviguent le vent en poupe dans cet esprit du temps qu'est la mode.S'il en était autrement, nous trouverions sur nos tables, un peu plus de *punk*, de *high-tech* et de « déconstructivisme ».

remarquer par un superbe coup d'éclat. Elle demanda en effet à onze architectes de réputation mondiale de dessiner pour elle un service à café et à thé. L'événement prit une ampleur médiatique ; le design domestique devint pour les responsables des médias un sujet de prédilection, à la suite de quoi magazines et chaînes de télévision stimulèrent un nouveau besoin en design, assurant également à Alessi un immense succès commercial. Parmi les bénéficiaires de cette brillante démarche de relations publiques figurent les architectes concernés au premier chef (tels Meier, Tigerman, Venturi, Portoghesi, Hollein et Jencks), qui optèrent alors pour une nouvelle carrière : celle de

1 **Aldo ROSSI**
Service à café et service à thé (six pièces)
Élément de la série *Piazza* (Thé et café)
Cafetière : argent, le corps a la forme d'un cône tronqué avec une bande ornementale en émail bleu clair dans la partie supérieure.
H 26 cm
Théière : argent, H 22,5 cm
Fabricant : Alessi, Italie (1984-1985)

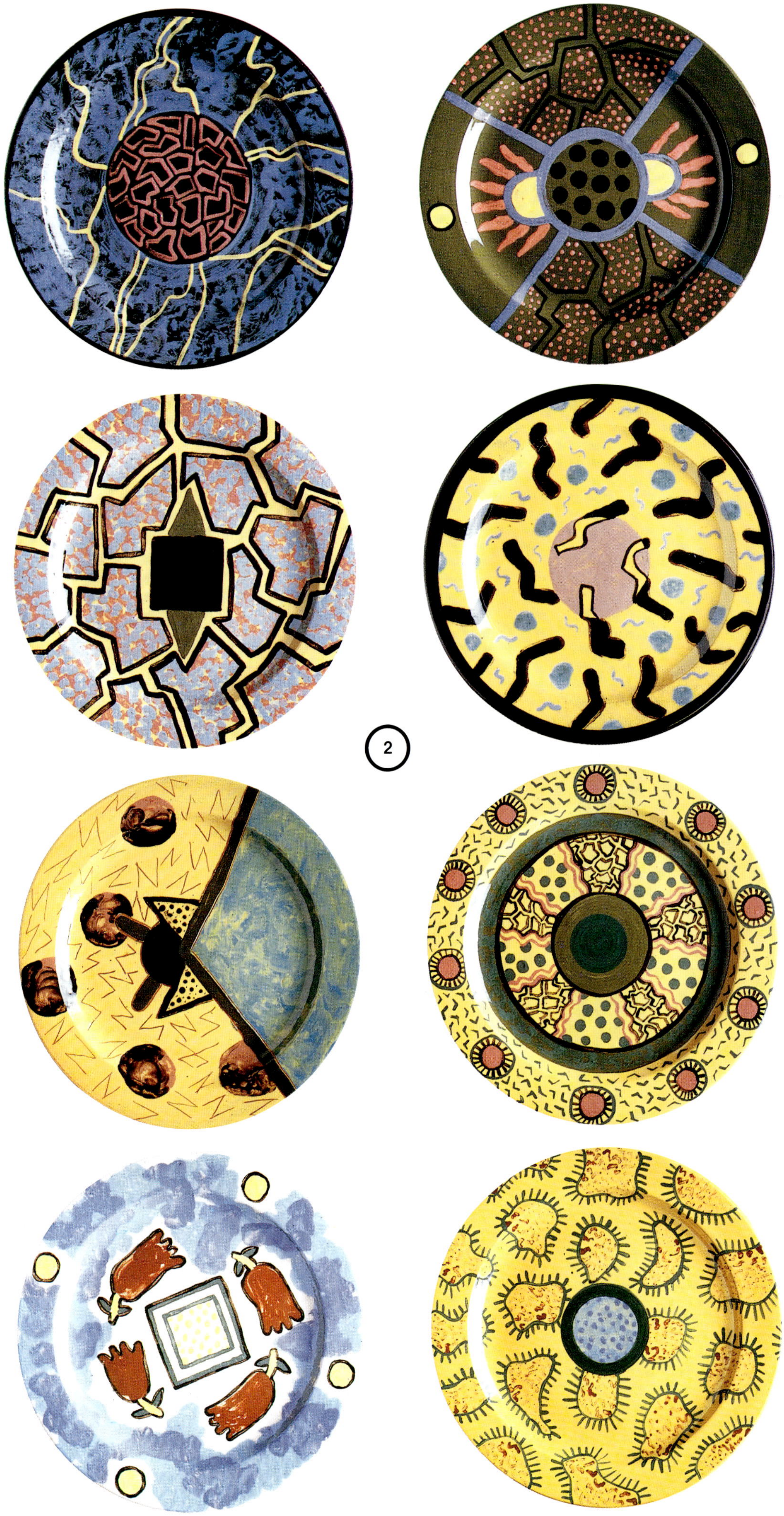

2

designers de mobilier et de produits. L'apparition de la micro-architecture en design est en quelque sorte un sous-produit de ce phénomène. C'est avec un succès plus grand encore que furent accueillies les bouilloires de Richard Sapper, Michael Graves et Aldo Rossi que l'on peut considérer comme les icônes ultimes du design des années quatre-vingt ; elles furent au demeurant, sur le plan commercial, les « numéros un » d'Alessi.

La stratégie d'Alessi — s'assurer des succès commerciaux par le recours à des designers assimilés à des figures de culte —, sa manipulation habile des médias considérés comme machines de relations publiques, eurent bientôt des imitateurs aussi remarquables que la société américaine productrice de verre et de céramique Swid Powell Design et le fabricant de tapis allemand Vorwerk. Cependant, contrairement à Alessi, ces deux sociétés utilisèrent les talents des « stars » du design, non pour créer des œuvres nouvelles, mais pour décorer des produits standard déjà existants auxquels elles donnèrent « la touche ultime ».

D'une façon générale, l'élément décoratif a joué un rôle majeur dans la décennie qui nous intéresse. Faisant suite aux années de rigueur du fonctionnalisme et de la « bonne forme » inspirés du Bauhaus, le post-modernisme, aussi calomnié qu'il ait été, a ouvert les vannes, autorisant les designers à faire leurs délices de l'ornementation, des rinceaux et du kitsch longtemps assignés à résidence surveillée. L'expression nouvelle, la liberté de prendre et de donner un plaisir non inhibé furent exploités sans restrictions. On vit ainsi apparaître de la vaisselle en bois et même en béton ; les couleurs, qui s'étaient jusque-là tenues sur la réserve, eurent la bride sur le cou. Au lieu de garder leur « look » uniforme, les services de table prirent des airs hétéroclites, chacun ayant un design et une ornementation différents. Des objets firent leur apparition dans lesquels décors et formes n'étaient plus régis par un principe d'harmonie identifiable. On ne s'étonne pas, dès lors,que les âmes inquiètes se soient réfugiées dans les nombreuses rééditions produites à cette époque, préférant les théières de Frank Lloyd Wright ou d'Alvar Aalto.

Mais, en dépit de toutes ces fugues, escapades et incohérences, les arts de la table dans les années quatre-vingt s'inscrivent sous le signe d'un désir unique : redonner élégance et distinction aux activités de servir, boire et manger. Le besoin d'une liturgie existentielle hédoniste est aujourd'hui plus grand qu'il n'a été depuis fort longtemps. Les hommes veulent échapper aux excès d'un fonctionnalisme trop rigide qui régit l'acte (et l'art) de manger à sa plus simple expression : l'ingestion. Les *fast-foods*, les *dinners TV* et les cafétérias uniformisées ont désacralisé la convivialité, l'art de s'asseoir à table pour manger ensemble. Les hommes prennent conscience de jour en jour du vide qui s'est installé à cet égard dans la société industrielle moderne, résultat d'un abus de la « pensée pratique », de la « normalisation » du bon sens et de la banalité sans surprises. Le dîner formel, le thé de cinq heures ou le café du matin offrent, avec leur vaisselle rituelle, une chance de s'échapper, de revenir, ne serait-ce qu'un bref instant, en des temps meilleurs. C'est pourquoi le Japon, où ces cérémoniels ont longtemps appartenu à la vie quotidienne, exerce une influence sans cesse croissante sur les manières de la table occidentales. Au Japon, on ne fait pas la distinction entre l'art et les objets utilitaires, entre le sacré et le profane. Cette philosophie intégrale devrait inévitablement, nécessairement, influencer le design occidental dans les années à venir. Les années quatre-vingt dix seront peut-être non seulement les années yen, mais encore celles du zen...

2 **Nathalie du PASQUIER**
Assiettes
Céramique décorée
Pièces uniques
Réalisation : Nathalie du Pasquier, Italie (1986-1987)

4 **Michael GRAVES**
Bouilloire
Acier inoxydable à poignée en polyamide bleu et sifflet rouge en forme d'oiseau.
Capacité : 2,27 litres
Fabricant : Alessi, Italie (1985-1986)

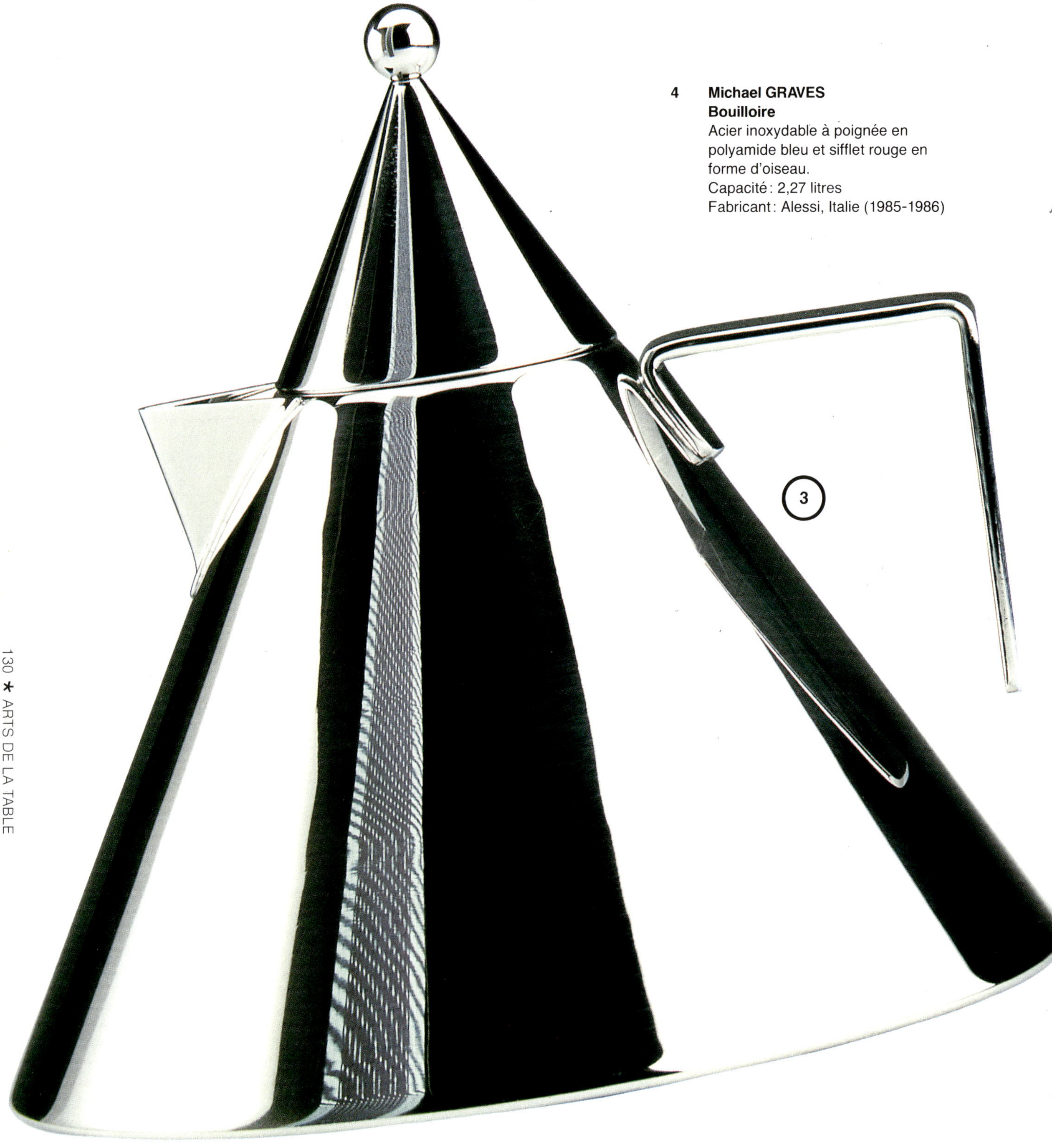

3 **Aldo ROSSI**
Bouilloire, *Il Conico*
Acier inoxydable
H 20,2 cm ; diam. 21,9 cm
Fabricant : Alessi, Italie (1986-1987)

6 **Riccardo DALISI**
Caffettiera Napoletana
Acier inoxydable, bois. Cafetière en acier inoxydable avec une poignée « Canaletto » en noyer.
Capacité : 6 tasses
H 23,5 cm
Fabricant : Alessi, Italie (1987-1988)

4

5 **Richard SAPPER**
Bouilloire avec sifflet musical
Acier inoxydable avec fond de cuivre propagateur de chaleur, sifflet en laiton, à deux notes : *mi* et *si*; poignée recouverte de polyamide. Existe en deux dimensions : 2 litres et 3 litres. Existe également en acier inoxydable plaqué argent. Le sifflet reproduit le son d'une locomotive à vapeur américaine.
Fabricant : Alessi, Italie (1984-1985)

5

6

7 **Kazamusa YAMASHITA**
Service à café et à thé (quatre pièces) de la série *Piazza*
Cafetière : argent, corps de section rectangulaire ; couvercle à charnière ; poignée et bec verseur faits de doubles segments tubulaires ; poignée tubulaire recourbée de manière à former le C de « café ».
H 22,5 cm
Théière : argent, corps de section carrée, poignée tubulaire recourbée de manière à former le T de « thé ».
Pot à lait : argent, corps de section rectangulaire, poignée tubulaire, recourbée de manière à former un S.
H 15 cm
Plateau : l'emplacement des pièces est indiqué à la surface du plateau.
H 105 cm ; L 51 cm ; P 16 cm
Fabricant : Alessi, Italie (1984-1985)

9 **Ettore SOTTSASS**
Compotier, *Murmansk*
Argent
H 35 cm ; diam. 35 cm
Fabricant : Memphis, Italie (1982)

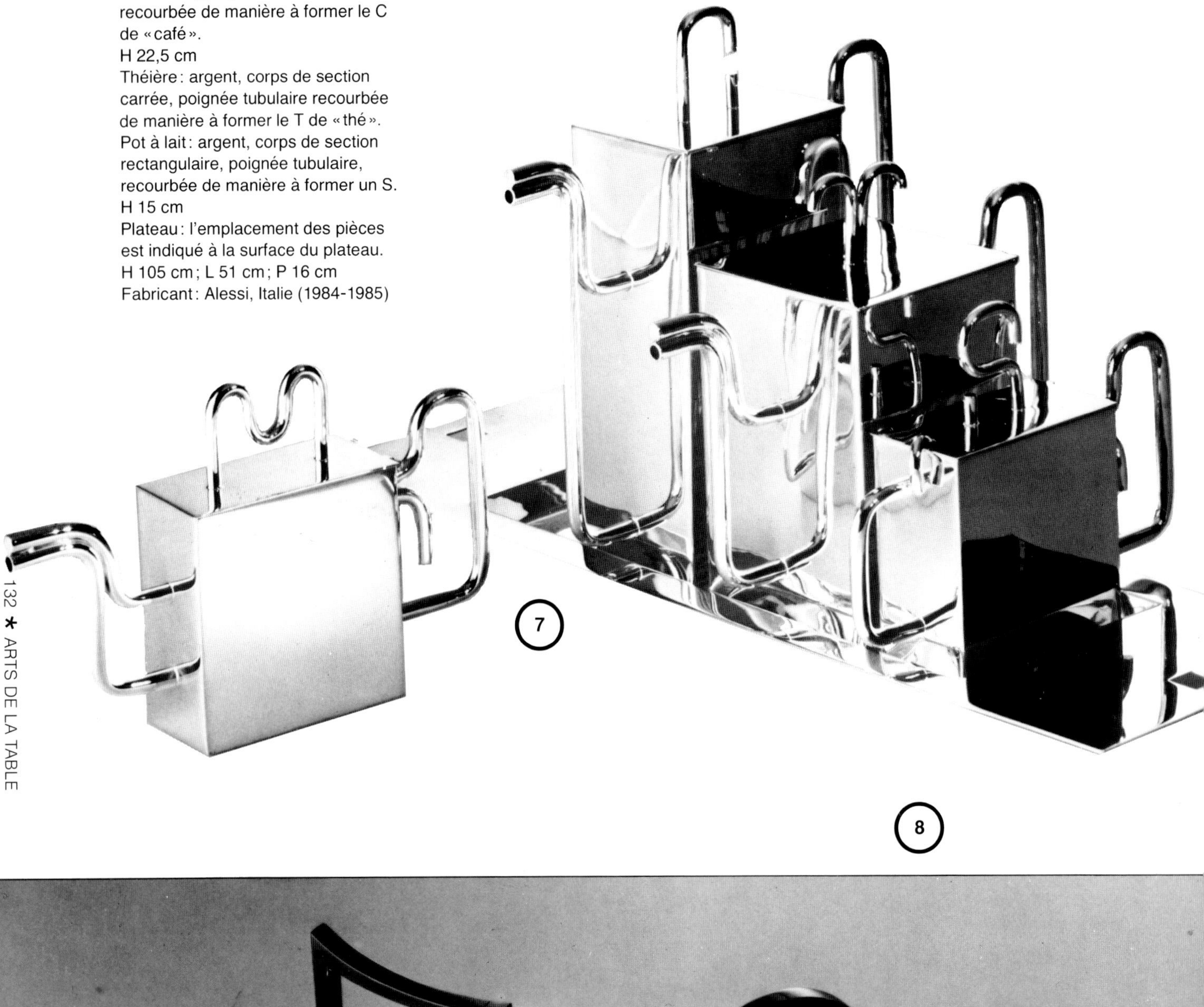

7

8

8 **Hans HOLLEIN**
Service à café et à thé (cinq pièces) de la série *Piazza*
Cafetière: argent et poignée bleue en métacrylate: le corps est de section carrée; le bec verseur et la poignée ont les angles arrondis. La charnière du couvercle, fixée aux côtés du bec verseur, est dissimulée.
H 17 cm
Théière: argent, pieds et poignée en métacrylate bleu: la charnière du couvercle est fixée près de la poignée, ouverture du couvercle près du bec verseur.
H 18 cm
Pot à lait: argent et poignée en métacrylate bleu; le corps de section cylindrique est à la base un cône tronqué. H 13 cm.
Sucrier: argent; section du corps: trois quarts de cercle. Poignée en métacrylate bleu.
H 7 cm.
Plateau: laiton plaqué par galvanoplastie; la surface est ornée d'une bande transversale satinée; le plateau a la forme d'un deck de porte-avions; l'emplacement des différentes pièces du service y est indiqué.
H 4,5 cm; L 92,4 cm; P 31 cm
Fabricant: Alessi, Italie (1984-1985)

9

10 **Toshiyuki KITA**
Bol
Laque Wajima
Bol pour salade, hors-d'œuvre, etc.
Appartient à la série *Urushi.*
H de 3,1 à 10,1 cm ; diam. de 13 à 24,5 cm
Fabricant : Koshudo, Japon (1986-1987)

10

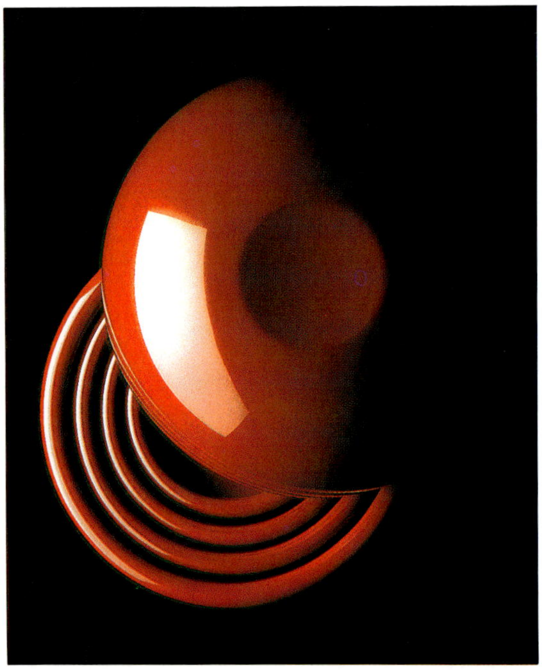

12 **Lino SABATTINI**
Couverts, *Insect Legs*
Argent, titanium
L 21 cm
Fabricant : Argenteria Sabattini, Italie (1986-1987)

12

14-15 **Wolf KARNAGEL**
Couverts, *Epoca*
Argent massif et placage argent
Ménagère complète (40 pièces environ)
Fabricant : Wilkens Bremer, République fédérale d'Allemagne (1986-1987)

14

15

11

11 Makoto KOMATSU
Assiette, *Infinity*
Porcelaine
Appartient à la collection *Infinity*
Deux modèles, disponibles en quatre dimensions
Diam. 31 cm , 24,5 cm et 17,5 cm
Diam. 27 cm, 22 cm et 15 cm
Fabricant : Céramique Japan, Japon (1986-1987)

13 Lino SABATTINI
Service de table, *Insect Legs*
Métal plaqué argent, titanium anodisé noir
Plateau : L 32 cm ; l 25 cm
Couverts : L 21,5 cm et 29 cm
Bols : H 4,3 cm et 4,8 cm ; diam. 7 cm et 10,2 cm
Fabricant : Argenteria Sabattini, Italie (1986-1987)

13

16 Richard SAPPER
Cocotte
Fonte émaillée noire
Appartient à la collection d'ustensiles de cuisine *La Cintura di Orione,* réalisée sur les conseils de six grands chefs cuisiniers mondiaux.
Capacité : 7 litres
H 11,5 cm ; l 32 cm ; P 23 cm
Fabricant : Alessi, Italie (1986-1987)

16

17 Richard SAPPER
Batterie de cuisine
Acier inoxydable, cuivre et acier inoxydable laminé, acier noir, fonte émaillée.
Série d'ustensiles de cuisine appartenant à la collection *La Cintura di Orione.*
Fabricant : Alessi, Italie (1986-1987)

17

18 **Andrea BRANZI**
Shaker
Argent et verre
H 40 cm
Fabricant : Memphis, Italie (1982)

18

19

19 **Lino SABATTINI**
Couverts, *P.1*
Prototypes de couverts pour
Rosenthal en alliage de cuivre,
plaqué argent
L 22 cm
Fabricant: Argenteria Sabattini, Italie
(1987-1988)

20

20 **Lino SABATTINI**
Vase, *Colonnato*
Alliage de cuivre, plaqué argent
H 27 cm
Fabricant: Argenteria Sabattini, Italie
(1987-1988)

21

21 **Philippe STARCK**
Couverts, *Objets Pointus 1*
Acier inoxydable
Baguettes: L 24,5 cm
Cuillers à thé: L 15,5 cm
Cuillers à dessert: L 22 cm
Fourchette: L 22,5 cm
Couteau: L 25 cm
Fabricant: Owo, France/Sasaki,
Japon (1988-1989)

22 **Dorothy HAFNER**
Service à thé, *Flash*
Céramique
Quinze pièces
Fabricant : Rosenthal, République fédérale d'Allemagne (1987-1988)

22

23

23 **Ali SCHERHAUFER**
Service de table, *The Fifties*
Faïence
Série limitée
Tasse : H 10 cm ; P 9,5 cm ; diam. 10,5 cm
Soucoupe : diam. 16,5 cm
Pot à lait : H 10 cm ; l 10,5 cm ; P 9,5 cm
Cafetière : H 23 cm, l 19 cm, P 15 cm
Sucrier : H 10 cm ; diam. 9,5 cm
Assiette : diam. 21 cm
Fabricant : Villeroy & Boch, République fédérale d'Allemagne (1988-1989)

24

24 Ambrogio POZZI
Tasse et soucoupe
Porcelaine
Tasse de la série *Collector's Cups*
Série limitée
Tasse : H 8 cm
Soucoupe : diam. 15 cm
Fabricant : Rosenthal,
République fédérale d'Allemagne
(1987-1988)

25

25 Mario BELLINI
Théière, *Cupola*
Porcelaine
Théière du service à thé *Cupola*
H 19,7 cm ; diam. (bec verseur et poignée compris) 25,6 cm
Fabricant : Rosenthal, République fédérale d'Allemagne (1987-1988)

26 Renate HATTINGER
Service de table, *Turkey*
Faïence
Série limitée
Pot à lait : H 9,5 cm ; l 13,5 cm ; P 8,5 cm
Coquetier : H 10 cm ; diam. 5 cm
Assiette : diam. 21 cm
Cafetière : H 29,5 cm ; l 19,5 cm ; P 15 cm
Tasse : H 7,5 cm ; l 12,5 cm ; P 8,5 cm
Soucoupe : diam. 14,5 cm
Fabricant : Villeroy & Boch,
République fédérale d'Allemagne
(1988-1989)

26

27 **Margit DENZ**
Service de table, *Liberty I, II, III*
Faïence
Série limitée
Fabricant : Villeroy & Boch,
République fédérale d'Allemagne
(1988-1989)

27

28 **Maria WIALA**
Service de table, *Catch the Line*
Faïence
Série limitée
Fabricant : Villeroy & Boch,
République fédérale d'Allemagne
(1988-1989)

29 **Johanna SCHMEISER**
Service de table
Faïence
Série limitée
Fabricant : Villeroy & Boch,
République fédérale d'Allemagne
(1988-1989)

28

30 **Klara OBEREDER**
Service de table, *Coca-Cola*
Faïence
Série limitée
Fabricant : Villeroy & Boch,
République fédérale d'Allemagne
(1988-1989)

31 **Michaela LANGE**
Service de table, *Fly High*
Faïence
Série limitée
Fabricant : Villeroy & Boch,
République fédérale d'Allemagne
(1988-1989)

32 **Ingrid SMOLLE**
Service de table, *Blue Magic*
Faïence
Série limitée
Fabricant : Villeroy & Boch,
République fédérale d'Allemagne
(1988-1989)

33 **Margit DENZ**
Service de table, *Bronx*
Faïence
Série limitée
Fabricant : Villeroy & Boch,
République fédérale d'Allemagne
(1988-1989)

Céramique comique. *Matteo Thun fit travailler ses étudiants de l'Académie des arts appliqués de Vienne sur le sujet suivant : « Dans l'esprit des États-Unis ». Le résultat fut du* fast food *pour les yeux, un amalgame de clichés visuels, colorés, superficiels. C'était à prendre ou à laisser. Le résultat de ces spéculations estudiantines n'était guère destiné au panthéon des puristes du design, mais à la table où l'on prend son petit déjeuner, où la journée peut commencer avec un petit morceau tiré du* show biz. *Tout a l'air spontané, comme destiné à une existence éphémère. Mais, nous l'avons vu, l'éphémère du pop'art et des clichés tient bien la route.*

30

31

32

9

33

__Desing zen.__ « C'est prouver que l'on manque de goût que d'ajouter un superflu polymorphe à ce que l'on a déjà (...) Les objets domestiques doivent avoir l'air ancien, ils ne doivent pas attirer l'attention de façon impérieuse; immédiate ; ils ne doivent pas être excessivement coûteux ; ils doivent être faits dans des matériaux massifs et solides. Rien d'autre n'est nécessaire. »

(*Extrait de* Tsurezuregusa, *de Yoshida KENKÔ, 1283-1350)*

34

35 Sachiko KAWABE
Vaisselle, *Kan Kan*
Ensemble d'assiettes surélevées.
Bois laqué
La méthode traditionnelle des laques *Urushi* est utilisée ici.
H 8,6 cm ; diam. 24,5 cm
H 7,5 cm ; diam. 18 cm
H 6,5 cm ; diam. 6 cm
Fabricant : Yamada-Heiando, Japon
(1988-1989)

34 Marcello MORANDINI
Tasse et soucoupe, *Tazzina da Thé*
Céramique
Tasse à thé et sa soucoupe ; l'adhésion des deux éléments est si parfaite qu'ils ont l'air de constituer une pièce unique.
H 6 cm ; diam. 20 cm
Fabricant : Unac Tokyo, Japon
(1987-1988)

35

36

36 Minoru SUGAHRA
Service de table,
Indigo and Clear Frost
Série limitée
De gauche à droite :
Assiettes : l 12 cm ; L 12 cm
l 18 cm ; L 18 cm
l 24 cm ; L 24 cm
Vases : H 18 cm ; diam. 4 cm
H 20 cm ; diam. 5 cm
Fleurs : L 25 cm à 35 cm
Fabricant : Sugahra Glass Corporation, Japon (1988-1989)

37 **Smart DESIGN**
Service de table
Plastique (mélamine et polystyrène) ; se compose d'assiettes plates et creuses et de plats.
Assiette : diam. 25 cm
Coupelle pour la salade :
H 13-15 cm ; diam. 25-30 cm
Couverts à salade : L 29-34 cm ;
l 9-11 cm
Fabricant : Copco, USA (1985-1986)

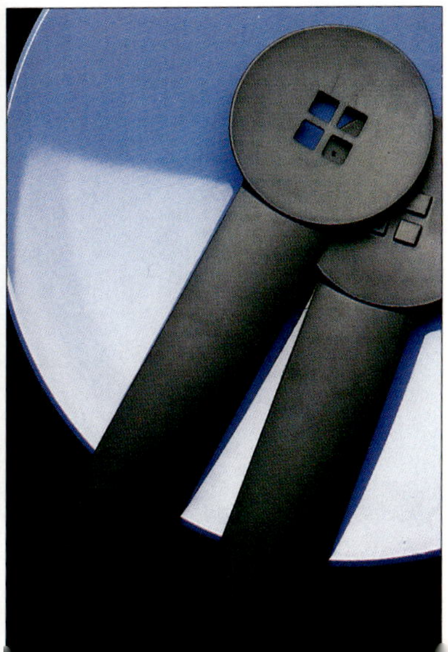

37

38 **Lella & Massimo VIGNELLI, David LAW**
Service de table et couverts,
Aneic Cutlery, Bordin
Céramique, acier inoxydable
Céramique moderne ; les surfaces sont luisantes, les bords mats.
Couverts en acier inoxydable.
Fabricant : Sasaio Crystal, USA (1986-1987)

38

A **Martine BEDIN**
Vase, *Cucumber*
Céramique
H 30 cm
Fabricant : Memphis, Italie
(1985-1986)

A

Une création pour aujourd'hui.
Entre-temps, de nombreux designers ont essayé d'introduire leurs produits au Musée d'art moderne de New York et dans les grandes manifestations internationales, en bernant les vigiles de l'usage quotidien. Ils ont cherché à créer d'un coup de baguette magique des « classiques instantanés », tout en sachant que cela était impossible. On ne décide pas de faire des films ou des objets qui deviendront objets de culte : seul le temps et l'accueil du public décident de ce statut et de cette postérité. Les créateurs de Memphis ont toujours eu cette évidence à l'esprit : ils n'ont jamais travaillé pour l'éternité, mais pour « ici et maintenant ». Car le présent est bref, éphémère et demain, tout peut être à nouveau totalement différent. Les transformations imprévisibles et spontanées des longues séries de Memphis révèlent une foi presque philosophique dans le caractère temporel et transitoire de toutes choses. Ce qui importe en conséquence dans les objets illustrés ici, ce n'est pas l'évocation lointaine du constructivisme ou de De Stijl. Non, ce qui importe, c'est qu'ils soient destinés à l'usage, du moins tant que rien d'autre ne vient les remplacer.

B **Michele De LUCCHI**
Plat, *Celery*
Plat en céramique blanche avec décoration.
L 42 cm ; l 32 cm
Fabricant : Memphis, Italie
(1985-1986)

B

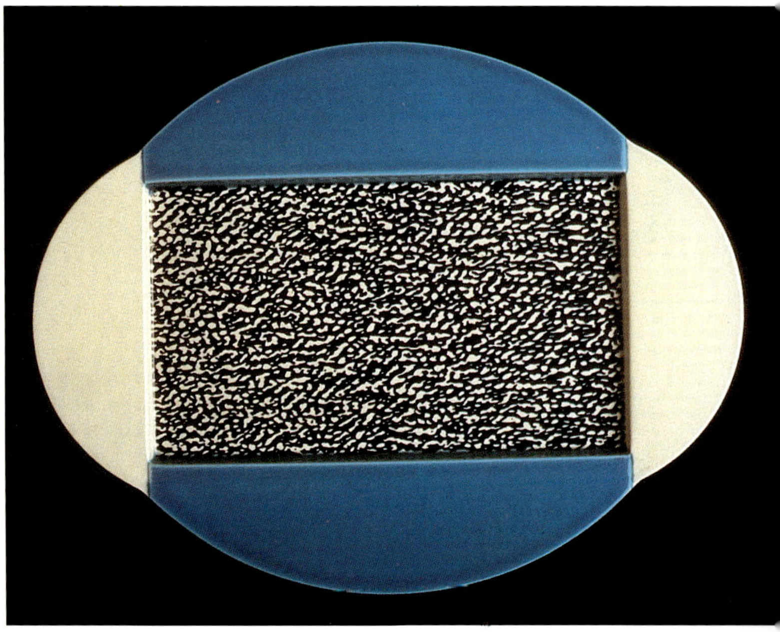

C **Marco ZANINI**
Compotier, *Broccoli*
Décoré de trois formes de couleurs différentes.
P 35 cm
Fabricant: Memphis, Italie
(1985-1986)

D **Maria SANCHEZ**
Cendrier, *Squash*
Céramique de trois couleurs primaires différentes.
Carré de 15 cm de côté
Fabricant: Memphis, Italie
(1985-1986)

C

D

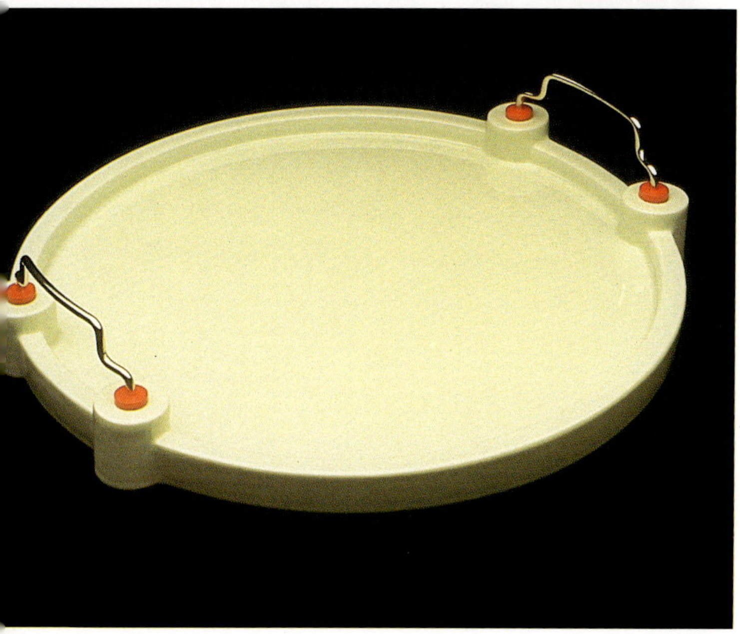

E

E **George SOWDEN**
Plateau, *Potato*
Céramique et poignées métalliques.
Diam. 31 cm
Fabricant: Memphis, Italie
(1985-1986)

40 David TISDALE
Dessous de verres ou de bouteilles
Aluminium anodisé, peinture acrylique.
L 7,5 cm ; l 7,5 cm
Fabricant : David Tisdale Design, USA (1987-1988)

39 George SOWDEN
Assiettes
Céramique décorée.
Pièces uniques
Fabricant : George Sowden, Italie (1986-1987)

40

42 **David TISDALE**
Saladier avec couverts à salade
Aluminium anodisé
Saladier : H 25,5 cm ; diam. 33 cm
Couverts : l 7 cm ; L 33 cm
Fabricant : David Tisdale Design,
USA (1987-1988)

42

41

41 **David TISDALE**
Picnic Flatware
Couverts plats pour le pique-nique
Aluminium anodisé
Fourchette : l 2,5 cm ; L 18 cm
Couteau : l 2,5 cm ; L 20,5 cm
Cuiller : l 3,8 cm ; L 16,5 cm
Fabricant : David Tisdale Design,
USA (1987-1988)

43

43 **Helen SHIRK**
Coupe, *Bare Tracery*
Cuivre et laiton
Coupe constituée de deux éléments.
L'élément extérieur est en cuivre ; gravure à l'atomisateur et patine.
L'élément intérieur est en laiton, mordu à l'acide, plaqué cuivre, patiné et coloré à chaud.
Pièce unique
H 12,5 cm ; diam. 43,5 cm
Réalisation : Helen Shirk, USA (1987-1988)

44 **Shari M. MENDELSON**
Bowl n° 1
Cuivre, patine, feuille d'or
Pièce unique
H 46 cm ; diam. 46 cm
Fabricant : Shari M. Mendelson, USA (1987-1988)

44

45

45 **Frei OTTO**
Cruches
Cruches en céramique créées pour l'exposition « Golden Eye » du musée Cooper-Hewitt.
Prototypes (1985-1986)

Le retour aux sources. *Si les métiers traditionnels et séculaires sont aujourd'hui remis à l'honneur, c'est en réaction à l'anonymat fondamental des techniques modernes de production. Memphis inspire Murano. En céramique, également, la tendance est au retour aux techniques établies de longue date. Les coupes d'Helen Shirk et de Shari Mendelson sont des exemples classiques de l'idéal japonnais médiéval du* wabi *(« patiné ») et du* sabi *(« mélancolique et solitaire »). Une solution nouvelle est également proposée par Rajiv Sethi, avec son projet intitulé l'« œil d'or ». Sethi utilise les créations de designers européens et américains pour tenter de faire revivre l'artisanat oriental qui, après avoir subi les agressions de la technologie occidentale, menace de tomber totalement dans l'oubli. L'architecte allemand Frei Otto a trouvé une solution idéale, moderne, libre de toute influence et adaptée à la production non industrielle.*

46-47 **Nathalie du PASQUIER**
Vase, *Carrot*
Céramique
H 30 cm
Fabricant : Memphis, Italie
(1985-1986)

46

47

48 Perry A. KING
& Siantago MIRANDA
Coupe, *Bergamo*
Verre translucide de couleur et supports en verre de Murano.
Série limitée
H 12 cm ; diam. 35 cm
Fabricant : Veart, Italie (1987-1988)

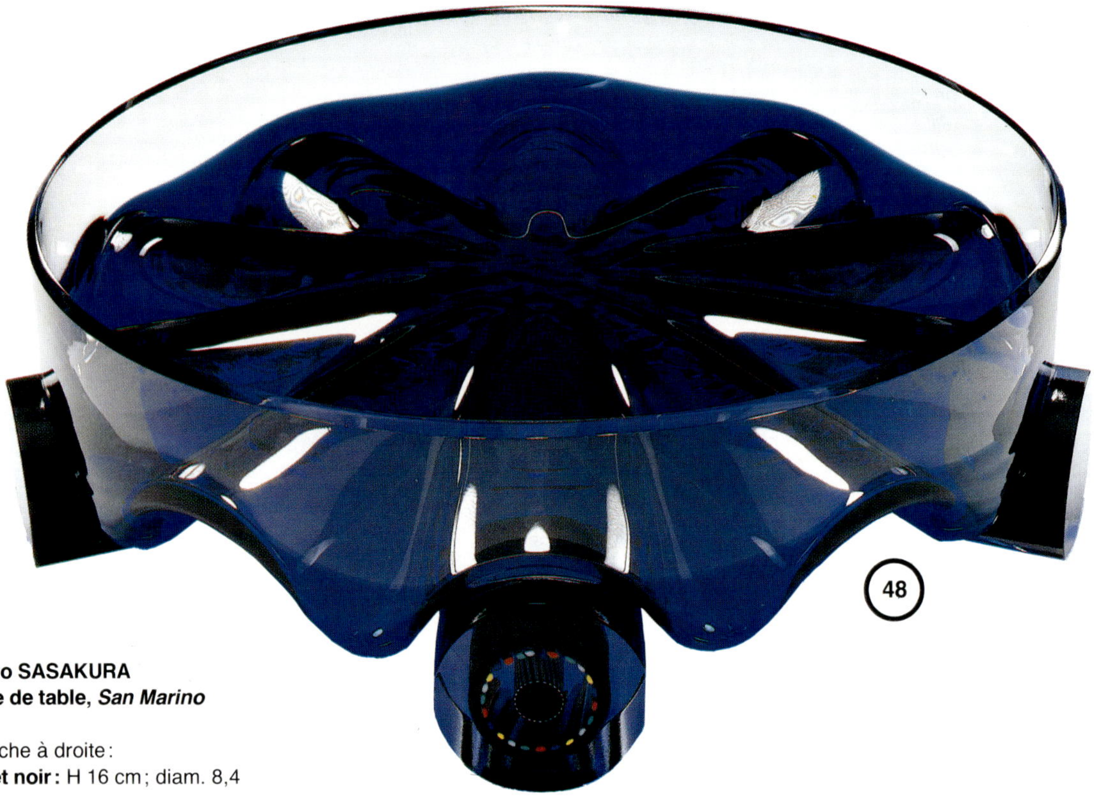

48

49 Soichiro SASAKURA
Service de table, *San Marino*
Verre
De gauche à droite :
Gobelet noir : H 16 cm ; diam. 8,4 cm
Gobelet transparent : H 16 cm ; diam. 8,4 cm
Carafe noire : H 19 ; diam. 11,2 cm
Pot à eau noir : H 16 cm ; diam. 11 cm
Fabricant : Sasaki Glass Co. Japon (1988-1989)

49

(50)

51 **Matteo THUN**
Vases, *Urban Signals: Andy*
Céramique
H 71 cm; diam. 28 cm
Fabricant: Anthologie Quartett,
République fédérale d'Allemagne
(1988-1989)

50 **Matteo THUN**
Vases, *Castelli in Fiore*
Céramique
Cinq vases différents, dans des gammes de couleurs et de finitions différentes.

Extrême gauche:
Castel Fondo
H 76 cm; diam. 15 cm
Second en partant de la gauche:
Castel Altaguardia
H 106 cm; diam. 30 cm
Troisième en partant de la gauche:
Castel Thun
H 94 cm; diam. 20 cm
Sixième en partant de la gauche:
Castel Brughier
H 97 cm; diam. 26 cm
Huitième en partant de la gauche:
Castel Cagno
H 72 cm; diam. 23 cm
Fabricant: Anthologie Quartett,
République fédérale d'Allemagne
(1988-1989)

(51)

(52)

52 **Sachiko KAWABE**
Vaisselle, *Kan Kan*
Assiettes dédécaédriques
Bois laqué
Recours à la méthode traditionnelle de laquage *Urushi*
Diam. 67 cm et 48,5 cm
Fabricant: Yamada-Heiando, Japon
(1988-1989)

53

54

53 **Philippe STARCK**
Vase, *3 Étrangetés sous un mur*
Verre
H 46 cm ; l 40 cm ; L 50 cm
Fabricant : Daum, France
(1988-1989)

55

Le design et le verre. *Le succès d'Alessi et de Swid Powell Design a ébranlé de nombreuses sociétés européennes traditionnelles au point de les faire sortir de leur réserve aristocratique. Autrefois, seul le nom du fabricant influençait le choix du public en matière de verrerie, tandis qu'aujourd'hui, les manufactures de verre de première importance misent de jour en jour davantage sur un autre potentiel commercial, celui du nom du designer de réputation internationale. En Autriche, Swarovski a commandé des œuvres à Sottsass et Sipek. En France, la société Daum Frères s'est évidemment tournée vers Philippe Starck ; celui-ci lui a donné de nouveaux trophées avec une série de vases qui se jouent subtilement de la loi de la pesanteur. Entre-temps, M. Starck est devenu un tel maître des « stratégies de marketing » qu'il est allé jusqu'à donner aux vases la forme du cor, qui n'est autre que celle... de son logo personnel.*

55 **Philippe STARCK**
Vase, *Une Étrangeté sous un mur*
Verre
H 55 cm ; P 2 cm
Vase H 50 cm
Fabricant : Daum, France
(1988;1989)

57 **Philippe STARCK**
Vase, *L'Étrangeté*
Verre
H 13,5 cm ; L 55 cm
Fabricant : Daum, France
(1988-1989)

54 Philippe STARCK
Vase, *4 Étrangetés contre un mur*
Verre
H 60 cm ; l 46 cm ; L 50 cm
Fabricant : Daum, France
(1988-1989)

56 Philippe STARCK
Vase, *4 Étrangetés sous un mur*
Verre
H 46 cm ; l 55 cm ; L 60 cm
Fabricant : Daum, France
(1988-1989)

56

58 Philippe STARCK
Vase, *Une Étrangeté contre un mur*
Verre
H 70 cm ; P 2 cm
Vase H 38 cm
Fabricant : Daum, France
(1988-1989)

58

57

59 **Achille CASTIGLIONI**
Gobelets, *Paro*
Cristal soufflé
Le verre peut, selon les besoins, être inversé.
H 20 cm ; diam. 8 cm
Fabricant : Alessi, Italie (1984-1985)

59

60

60 Angelo MANGIAROTTI
Verre, *First Class*
H 14,5 cm ; diam. 7 cm
Fabricant : Colle, Italie (1988-1989)

61

61 Matteo THUN
Shaker pour cocktails, *Campari*
Acier inoxydable, verre, caoutchouc au silicone.
H 27,7 cm ; diam. 10,5 cm
Fabricant : Alessi, Italie (1988-1989)

62 **Ettore SOTTSASS**
Vase, *Mizar*
Verre bleu clair, poignées multicolores.
H 32 cm ; diam. 30 cm
Fabricant : Memphis, Italie (1982)

62

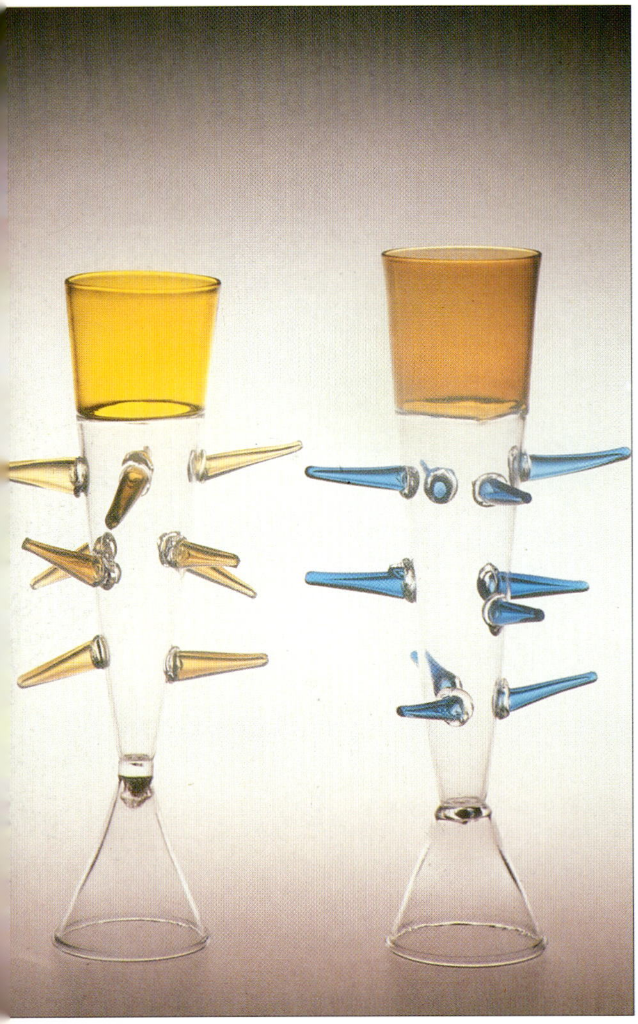

63

64 **Borek SIPEK**
Combiné vase/compotier
Verre
Peut servir de milieu de table ornemental ou de compotier. Se compose de deux parties qui peuvent être utilisées indépendamment, l'une comme vase, l'autre comme grand plat. En verre soufflé (méthode traditionnelle des verriers de Murano).
Série limitée
H 218 cm ; diam. 10,5 cm à la base, diam. 33,5 cm au sommet
Fabricant : Sawaya & Moroni, Italie (1987-1988)

63 **Borek SIPEK**
Flûtes à champagne, *Nebol*
Verre
Verre soufflé (technique traditionnelle des verriers de Murano).
Les pointes dont la flûte est hérissée sont destinées à éloigner les mains du verre (pour ne pas réchauffer le vin) et minimiser la dispersion de mousse.
Série limitée
H 29,5 cm ; diam. 7 cm à la base, diam. 7,5 cm au sommet
Fabricant : Sawaya & Moroni, Italie (1987-1988)

64

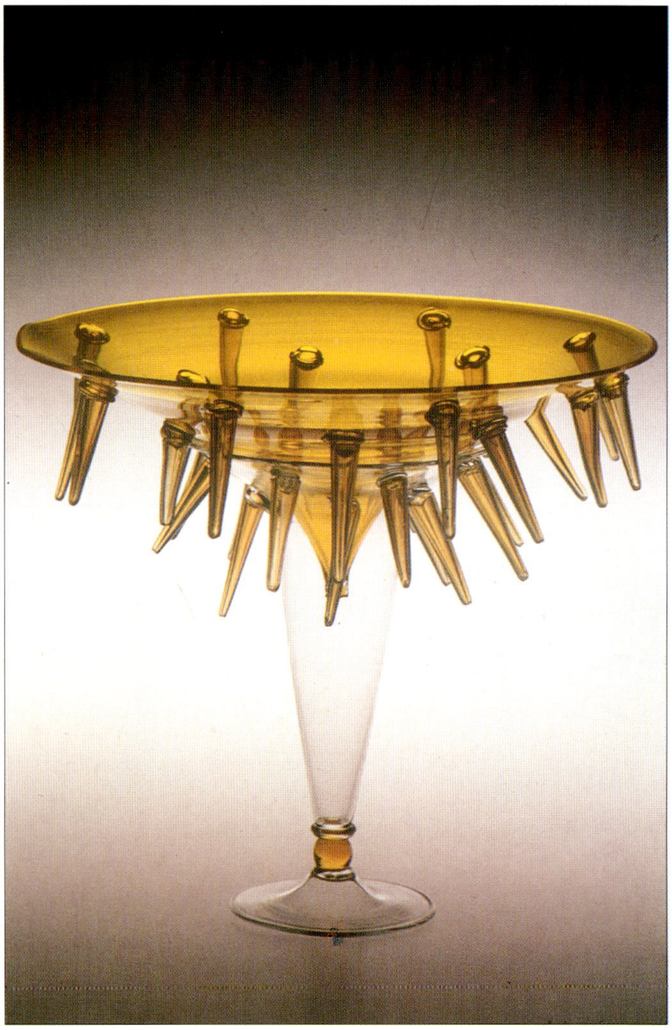

Un héritage dépoussiéré. *La découpe étincelante du cristal de Bohême était autrefois aussi célèbre dans le monde que la magie colorée du verre de Murano. Mais les premiers souffleurs de verre d'Europe ont progressivement quitté les hauteurs olympiennes de leur réputation pour aller habiter les profondeurs d'un souvenir kitsch. Mis à part quelques noms importants, on s'est généralement montré plus sensible à la solidité des devises étrangères et à des bénéfices rapides que soucieux de préserver intégrité ou sentiment d'identité réelle. Dans les années quatre-vingt, le design a changé ce décor. De nouvelles créations ont été commandées aux citadelles de l'art de la verrerie. Les artisans concernés ont pu, une fois encore, se glorifier de leurs œuvres, car les résultats ont été à tous égards spectaculaires, aussi bien chez les créatures hérissées du designer tchèque Borek Sipek que dans les inventions charmantes, lumineuses et colorées de Marco Zanini et d'Ettore Sottsass. L'un et l'autre sont engagés à présent dans le marathon du designer de verre le plus créatif et le plus sensible de la décennie.*

65 **Borek SIPEK**
Combiné carafe et verre
Verre
Carafe dont le bouchon peut également servir de verre. Verre soufflé (technique traditionnelle des verriers de Murano).
Série limitée
H 37 cm ; diam. 10,5 cm à la base, diam. 9,5 cm au sommet
Fabricant : Sawaya & Moroni, Italie (1987-1988)

65

66

66 **Marco ZANINI**
Coupe, *Rigel*
Verre bleu, noir, vert, rouge et transparent
H 35 cm
Fabricant : Memphis, Italie (1982)

2 **Pauline BURBRIDGE**
Tapisserie en patchwork, *Circular Series No. 4*
Patchwork de pièces en soie du Honan, Rembourrage de coton, surpiqué à la machine avec du fil de soie.
96 cm ; 96 cm
Fabricant : Pauline Burbidge, Grande-Bretagne (1984-1985)

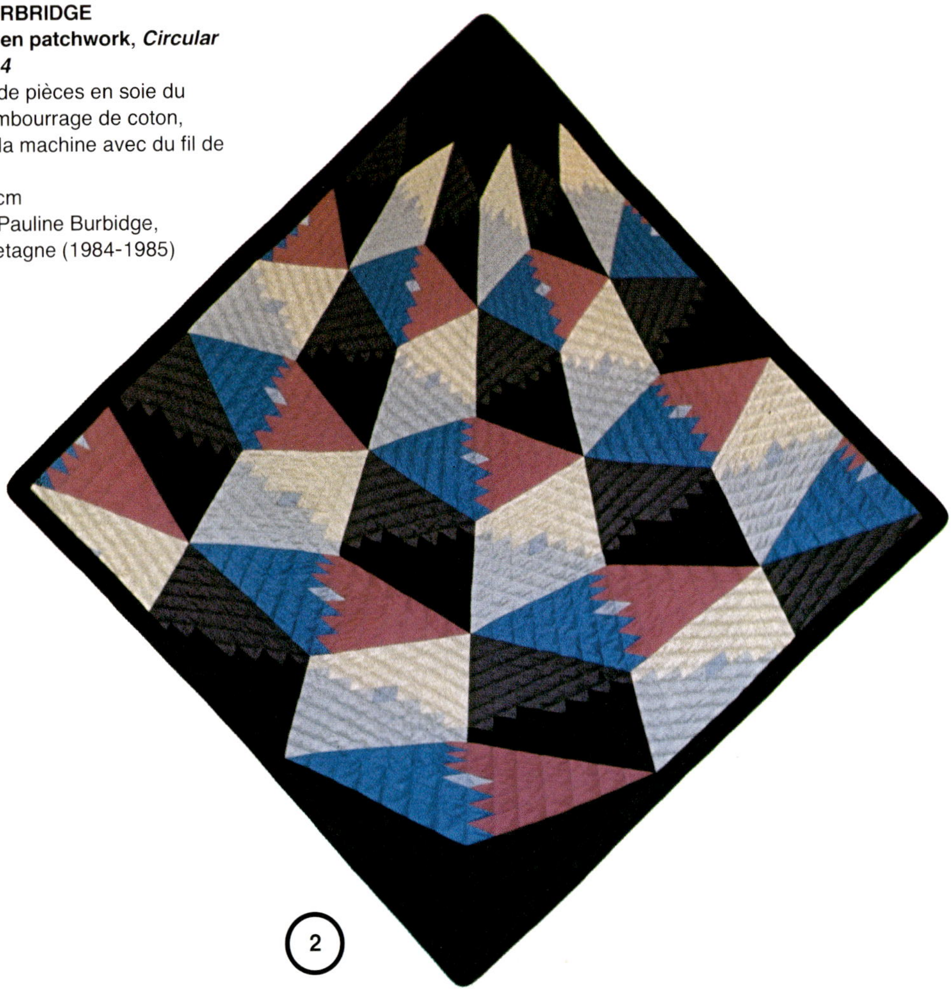

2

Un héritage dépoussiéré. *La découpe étincelante du cristal de Bohême était autrefois aussi célèbre dans le monde que la magie colorée du verre de Murano. Mais les premiers souffleurs de verre d'Europe ont progressivement quitté les hauteurs olympiennes de leur réputation pour aller habiter les profondeurs d'un souvenir kitsch. Mis à part quelques noms importants, on s'est généralement montré plus sensible à la solidité des devises étrangères et à des bénéfices rapides que soucieux de préserver intégrité ou sentiment d'identité réelle. Dans les années quatre-vingt, le design a changé ce décor. De nouvelles créations ont été commandées aux citadelles de l'art de la verrerie. Les artisans concernés ont pu, une fois encore, se glorifier de leurs œuvres, car les résultats ont été à tous égards spectaculaires, aussi bien chez les créatures hérissées du designer tchèque Borek Sipek que dans les inventions charmantes, lumineuses et colorées de Marco Zanini et d'Ettore Sottsass. L'un et l'autre sont engagés à présent dans le marathon du designer de verre le plus créatif et le plus sensible de la décennie.*

65 **Borek SIPEK**
Combiné carafe et verre
Verre
Carafe dont le bouchon peut également servir de verre. Verre soufflé (technique traditionnelle des verriers de Murano).
Série limitée
H 37 cm ; diam. 10,5 cm à la base, diam. 9,5 cm au sommet
Fabricant : Sawaya & Moroni, Italie (1987-1988)

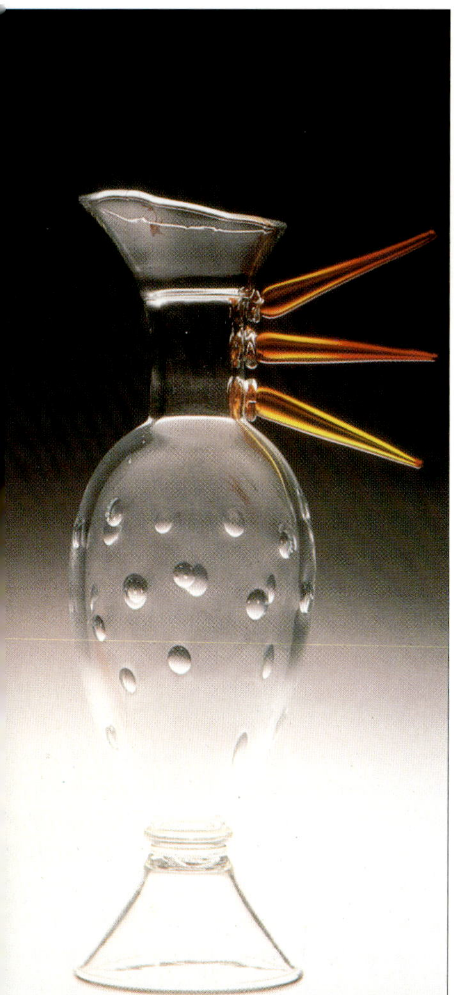

65

66

66 **Marco ZANINI**
Coupe, *Rigel*
Verre bleu, noir, vert, rouge et transparent
H 35 cm
Fabricant : Memphis, Italie (1982)

4 * TEXTILES

Le design, dans le textile, fait partie depuis toujours d'une région paisible, éloignée du tumulte des grands centres du design mondial. Dans cette province reculée, le temps passe plus lentement qu'ailleurs ; les tendances opposées à un mode de vie tranquille sont tout simplement ignorées, les innovations sont rares. De ce fait, peu de chose a changé dans les années quatre vingt, si ce n'est que les rayons des textiles dans les magasins de meubles ont pris une nouvelle ampleur et que le textile d'ameublement est devenu de plus en plus présent dans les magazines de décoration d'intérieur et de design.

Les textiles ont, comme les arts de la table, profité des retombées de la consommation effrénée. Memphis et les autres courants post-modernes se sont manifestés ici à travers les tendances les plus diverses, du jeu des couleurs et des formes pour le simple plaisir des yeux, au faste néo-conservateur évoquant les cours rococo, pour ne rien dire du traitement ironique des textiles voyants, kitsch et de mauvais goût.

Cette multiplication des genres s'est assortie d'un besoin de surfaces nouvelles : les murs et les sols se sont proposés à la décoration, réclamant à leur tour des créations. L'industrie textile malade fut prompte à réaliser que le design lui offrait l'occasion tant attendue de se libérer de contraintes comme le coût au mètre carré ou la pression de la concurrence bon marché d'Extrême-Orient. Ceux qui appréciaient le bon design étaient prêts à le payer cher ; le design a de la sorte assaini toute une branche de l'industrie.

1 **Scot SIMON**
Plissé mural
Vinyl
Revêtement mural en vinyl et tissu plissé. Disponible en différentes couleurs, mates et nacrées.
l 76 cm
Fabricant : Innovations, États-Unis (1987-1988)

Tracey J. BULLEN
Tissu, *CH22/CH30*
100 % coton
Imprimé et peint à la main. Adapté à l'ameublement ; disponible en diverses couleurs.
Série limitée
l 127 cm ; L 300 cm
Fabricant : Chameleon Textiles, Grande-Bretagne

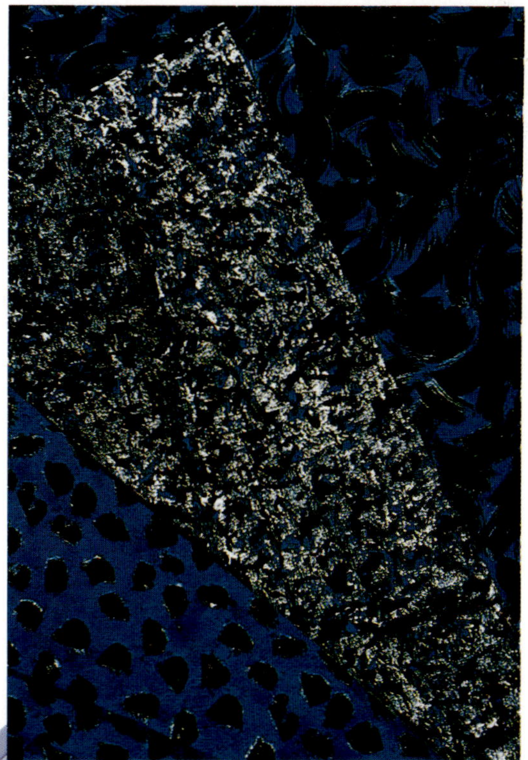

1

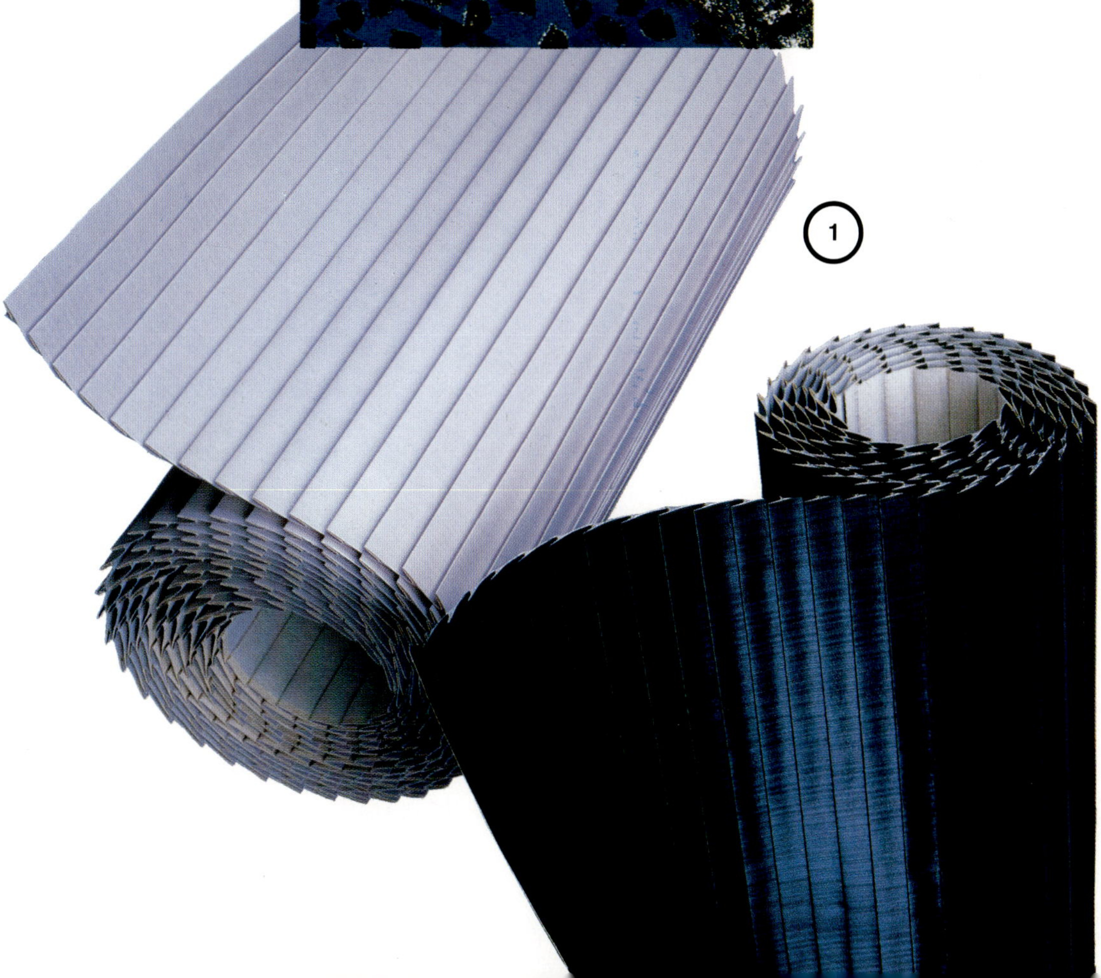

2 **Pauline BURBRIDGE**
Tapisserie en patchwork, *Circular Series No. 4*
Patchwork de pièces en soie du Honan, Rembourrage de coton, surpiqué à la machine avec du fil de soie.
96 cm ; 96 cm
Fabricant : Pauline Burbidge, Grande-Bretagne (1984-1985)

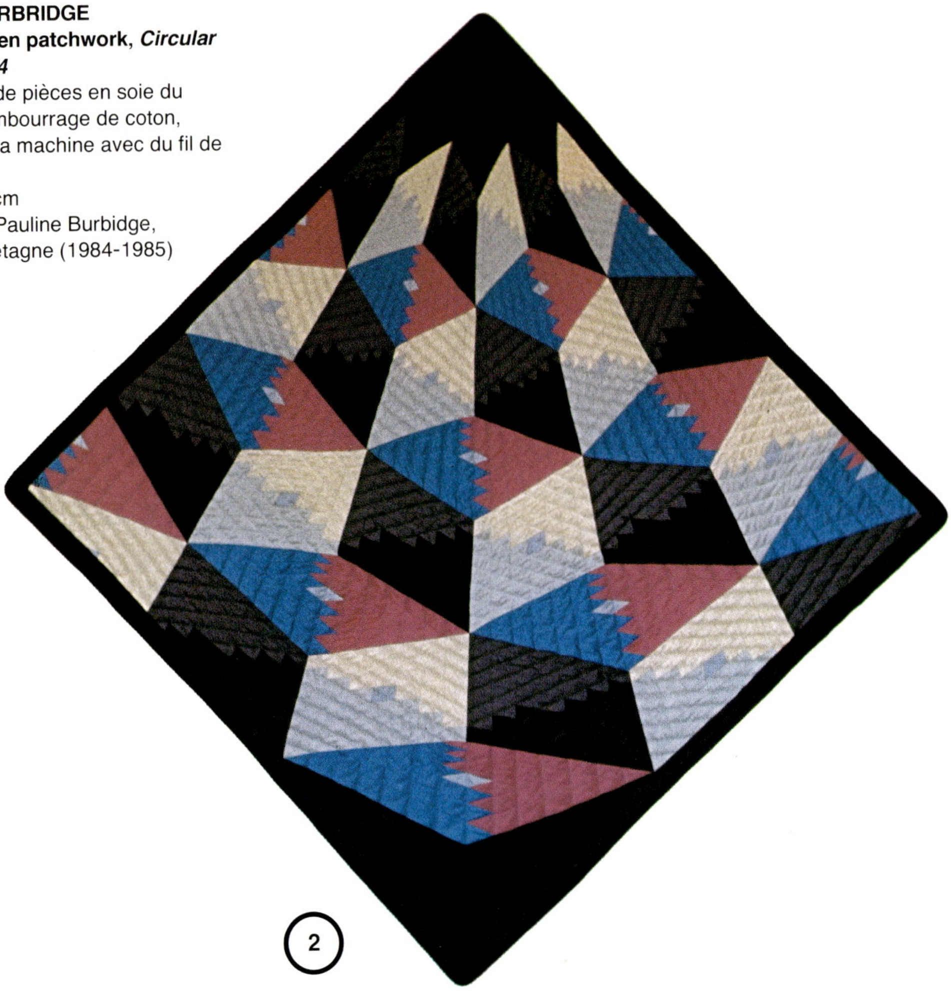

2

Comme dans bien d'autres domaines, les impulsions les plus radicales sont venues du Japon. Les créateurs de textiles tels Junichi Arai, Eiji Miyamoto, Hiroshi Awatsuji et Yoshiki Hishinuma ont conçu des textiles où la prédominance traditionnelle du motif a été supplantée par l'importance de la structure du tissu. Les surfaces imprimées ou légèrement texturées procurent à nouveau des émois tactiles, si bien que le lien sémantique entre textile et texture reprend tout son sens : les tissus procurent une expérience non seulement de la vue, mais aussi du toucher. Une partie de la séduction des étoffes nouvelles provient de ce qu'elles donnent l'impression du « fait main ». Elles sont en réalité fabriquées industriellement sur des métiers à tisser téléguidés, et l'ordinateur commande à un générateur un certain nombre d'erreurs disséminées au hasard, qui restituent au tissu l'aspect des tissages manuels.

Ces matériaux de qualité minimisée et de couleurs inédites ont été utilisés également par les maisons de couture Issey Miyake ou « Comme des garçons », prouvant par là que la distinction traditionnelle entre textiles de mode et textiles d'ameublement commençait à disparaître.
La voie conduisant au rideau « haute couture » est désormais ouverte.

Une autre impulsion importante en termes de design moderne a pour origine les différentes cultures ethniques. Les motifs folkloriques du Maroc, d'Afrique du Sud, du Mexique, d'Indonésie et de Polynésie, parfois transposés, réinterprétés, sont devenus de jour en jour plus communs. Il n'est pas besoin d'être prophète pour réaliser qu'une telle tendance est promise à l'expansion. Les ressources de cet art d'origine folklorique — à savoir la vitalité, la joie de vivre et l'harmonie — nous promettent bien des surprises.

Il est intéressant de noter parallèlement un intérêt pour la musique internationale et l'« ethno-pop ». Les influences musicales et visuelles viennent des mêmes parties du monde : Maroc, Algérie, Afrique du Sud, Antilles et Polynésie.
Il semblerait que toutes ces interactions fructueuses veuillent contribuer à créer une nouvelle culture mondiale. Le monde ne serait-il pas merveilleux si les politiciens pensaient comme les musiciens et les designers ?

Mais ne nous égarons pas. Il ne faut pas oublier que le design du textile des années quatre-vingt a accusé de fâcheuses tendances au décoratif, au superficiel, à la fuite dans l'esthétisme. Si Laura Ashley et Ralph Lauren n'ont jamais été démodés, la beauté séduisante des créations textiles de designers anglais comme Susan Collier & Sarah Campbell ou Natali Gibson ont insufflé une vie nouvelle au genre des imprimés de fleurs et de paysages. Alcantara a quitté les salons d'hôtel et les halls des banques pour entrer dans nos maisons et nos salles de séjour. Et, aussi incroyable que cela paraisse, le velours est revenu, comme si le temps s'était arrêté. La décennie qui a commencé avec le *jazz hot* de Memphis s'est refermée sur les sonorités d'un orchestre de danse de casino. Dans cette décennie où tout était possible, le conservatisme s'est offert des émois d'avant-garde et l'anarchie s'est mollement affalée dans un fauteuil confortable.

3

4

3 **Eiji MIYAMOTO**
Tissu
Coton, rayonne
Spécimen unique
Fabricant : Miyashin, Japon
(1987-1988)

4 **Eiji MIYAMOTO**
Tissu
100 % coton
Spécimen unique
Fabricant : Miyashin, Japon
(1987-1988)

5

5 **Eiji MIYAMOTO**
Tissu
100 % coton
Spécimen unique
Fabricant : Miyashin, Japon
(1987-1988)

6

6 **Junichi ARAI**
Tissu
En haut: *Tube*
Polyester
Technique jacquard avec différentes sortes de fils en polyester
l 50 cm; répétition à 12 cm
Au centre: *Striped Pucker*
Polyester
Technique jacquard avec différentes sortes de fils en polyester
l 95 cm; répétition à 9 cm
En bas: *Silk Lace*
Soie
Fabriqué en recourant à la technique Raschel
l 100 cm; répétition à 135 cm
Fabricant: Nuno, Japon (1988-1989)

7 **Fujiwo ISHIMOTO**
Tissu, *Uoma*
100 % coton
Nappe, élément de la collection Sydantalvi
l 140 cm
Fabricant: Marimekko, Finlande (1987-1988)

7

Haikus tissé. *Les nouveaux tissus des grands designers du textile japonais ont la même qualité impressionniste que le Shakaï traditionnel qui tient en trois lignes. Ils en disent assez, mais pas trop, créant dans l'esprit de l'observateur un tableau «idéal» de neige, de sable, de cendres, de plages de galets et de glace brisée flottant à la dérive. La presque totalité de ces créations reflète un thème central de l'art japonais: la nature à travers le changement des saisons. Toutefois, ce qui a l'air entièrement naturel n'est pas le fruit d'un métier traditionnel, mais le résultat d'expérimentations incessantes sur des tissus, de différents modes de traitement et de la technologie moderne des ordinateurs. Et cependant, en dépit de toute leur intellectualité et de toute leur introversion, ces tissus exercent une telle séduction qu'on ne peut les voir sans éprouver le besoin impérieux de les toucher.*

8 **Junichi ARAI**
Tissus
Créés et fabriqués pour le styliste Yoshiki Kishinuma. A gauche, fils transparents : nylon, polyester écrasé et « fils de céramique » réalisés en titanium. A droite : nylon, coton et rayonne
Fabricant : Anthology, Japon (1986-1987)

8

Les mathématiques de l'esthétique. *Le designer du textile le plus intéressant du moment est le Japonais Junichi Arai, l'un des rares à concilier arts et sciences et à offrir — fruit de ses incursions de l'un et l'autre côté —, des résultats surprenants. Pour Arai, créer des textiles résulte de spéculations mathématiques, d'une sorte de géométrie appliquée. Il utilise des logiciels pour créer et modifier des motifs, testant les propriétés des nouveaux mélanges de tissus avec une précision scientifique, afin d'établir leur degré de résistance à la traction, de déceler les points où ils sont susceptibles de se fendre et céder, et ainsi de suite. Au cours de ces expérimentations, Arai a produit nombre*

9

9 **Junichi ARAI**
Tissu
« Fil de céramique » (titanium), laine et fil de polyuréthane extensible. Après le tissage, du feutre est fixé au dos du panneau pour créer l'effet de fronces.
Spécimen unique
Fabricant : Anthologie, Japon (1986-1987)

10 Junichi ARAI
Tissus
Créés et fabriqués pour Issey Miyake. A gauche : soie et « fil de céramique » (titanium). Au centre : version imprimée du même tissu. A droite : coton et polyester extensible, double fil. Fabricant : Anthology, Japon (1986-1987)

10

d'associations nouvelles, entre des matériaux constitués de tissus naturels comme le coton et la soie, aux fibres filées manuellement, et de fils de plastique ou de métal (titanium et aluminium). Parmi les matériaux favoris de ce « Léonard de Vinci du design textile » figurent les « fils céramiques » faits de titanium, et ceux qui se contractent ou disparaissent totalement au cours du procédé de production. Les créations d'Arai révèlent en outre son admiration pour les motifs folkloriques d'Indonésie, du Mexique et de Polynésie. Junichi Arai est un phénomène rare, un homme qui associe l'intuition de l'artiste à la sophistication matérielle et évolutive d'un laboratoire de recherche et de développement.

11

11 Junichi ARAI
Tissus
Spécialement fabriqués pour Toray Industries, à base de fil de polyester très fin, double fil. Fabricant : Anthology, Japon (1986-1987)

12

12 Junichi ARAI
Tissu
100 % coton ; gamme de couleurs lumineuses.
Fabricant : Junichi Arai, Japon
(1985-1986)

13

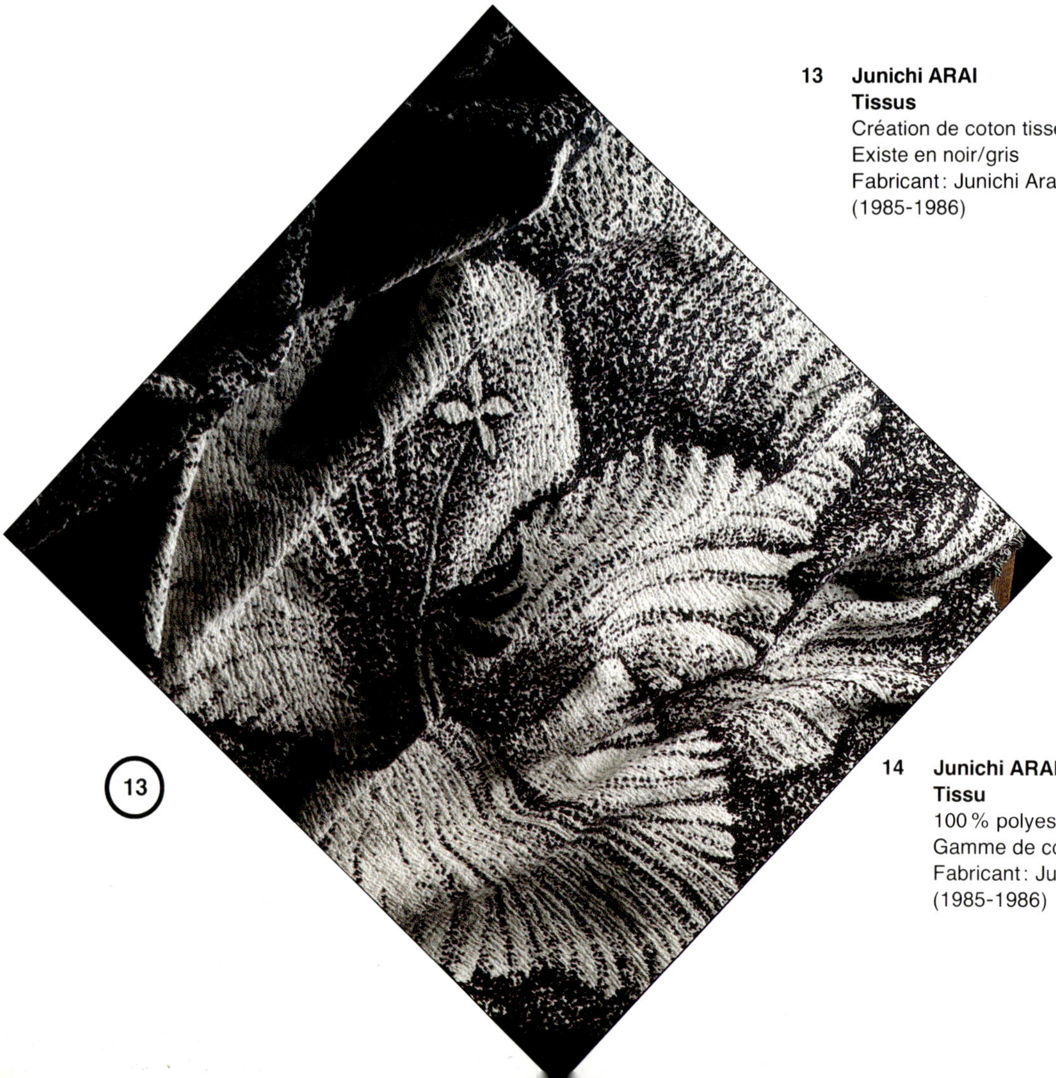

13 Junichi ARAI
Tissus
Création de coton tissé à la main
Existe en noir/gris
Fabricant : Junichi Arai, Japon
(1985-1986)

14

14 Junichi ARAI
Tissu
100 % polyester
Gamme de couleurs lumineuses
Fabricant : Junichi Arai, Japon
(1985-1986)

16

16 **Eiji MIYAMOTO**
Tissu, *Ancient Look*
Soie, laine
Spécimen unique
l 110 cm ; répétition à 70 cm
Fabricant : Miyashin, Japon
(1988-1989)

15 **Reiko SUDO**
Tissu, *Film Stripe*
Coton, polyuréthane
Technique jacquard
Les doubles couches des larges bandes colorées créent un effet de texture lorsque le fil blanc de polyuréthane utilisé dans les bandes étroites rétrécit au cours de la finition.
l 60 cm ; répétition à 21 cm
Fabricant : Miyashin, Japon
(1988-1989)

15

17 **Eiji MIYAMOTO**
Tissu
Polyester, copra, laine, acrylique
Piqué triple épaisseur, rehaussé de fil de laine bouclé.
Spécimen unique
l 110 cm ; répétition à 1,5 cm
Fabricant : Miyashin, Japon
(1988-1989)

17

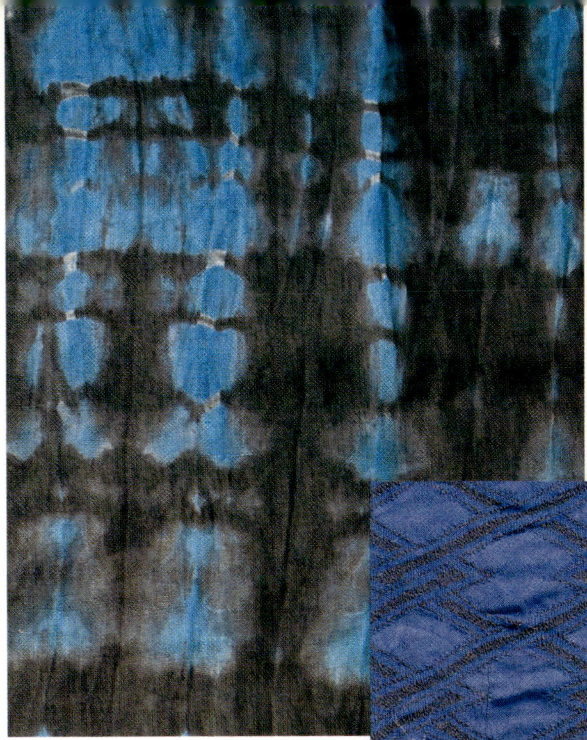

18

18 Eiji MIYAMOTO
Tissu
Lin
Spécimen unique
l 150 cm
Fabricant : Miyashin, Japon
(1988-1989)

19

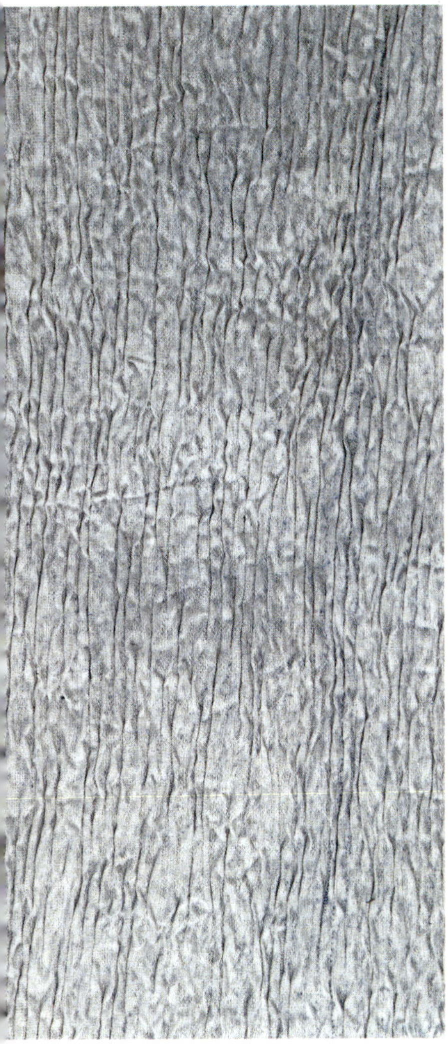

19 Eiji MIYAMOTO
Tissu
Lin, coton
Technique jacquard crêpé
Spécimen unique
l 90 cm ; répétition à 6 cm
Fabricant : Miyashin, Japon
(1988-1989)

20 Eiji MIYAMOTO
Tissu
Lin, coton
Texture froissée obtenue en tirant énergiquement le fil de trame à l'envers du tissu.
Spécimen unique
l 60 cm
Fabricant : Miyashin, Japon
(1988-1989)

20

21

21 Eiji MIYAMOTO
Tissus
De gauche à droite :
Soie
Pièce unique
l 130 cm
Coton
Pièce unique
l 130 cm
Laine
l 130 cm
Fabricant : Miyashin, Japon
(1988-1989)

22 **Junichi ARAI**
Tissu
Coton tissé main
Fabricant : Junichi Arai, Japon
(1985-1986)

23 **Junichi ARAI**
Tissu
100 % coton
En haut et au centre : motifs d'inspiration africaine ; en bas : motifs d'inspiration micronésienne.
Les motifs sont extensibles grâce aux grosses fibres de coton.
Série limitée
Fabricant : Arai Creations System, Japon (1987-1988)

22

23

24

26

25

26 Junichi ARAI
Tissu
Coton, polyester
Série limitée
Fabricant : Arai Creations System,
Japon (1987-1988)

24 Junichi ARAI
Tissu
Coton, chanvre
Motif d'inspiration micronésienne
Le coton est mélangé à des fibres de chanvre.
Série limitée
Fabricant : Arai Creations System,
Japon (1987 - 1988)

25 Junichi ARAI
Tissu
Laine
Série limitée
Fabricant : Arai Creations System,
Japon (1987-1988)

27

27 Verner PANTON
Tissu d'ameublement, *Diamond Collection*
Tissu uni, *Mira-Plaza;* tissu imprimé, *Mira-Rubin*
100 % chintz de coton
l 140 cm
Fabricant : Mira-X, Suisse
(1984-1985)

28 H-DESIGN
Tissu d'ameublement, *Terrazzo 20, Mira-Terrazzo 40*
Premier : 59 % polyester, 41 % coton ; second : 100 % coton
l 130 cm
Fabricant : Mira-X, Suisse
(1984-1985)

28

30

29

30 **TOSO & MASSARI**
Tissu d'ameublement, *Selene*
Élément de la collection *Mosaico*
Fabricant : L. Marcato, Italie
(1984-1985)

29 **H-DESIGN**
Tissu d'ameublement, *Mira-Terrazzo 10, Mira-Terrazzo 30*
A gauche : 100 % polyester ; à droite : 59 % polyester, 41 % coton
l 130 cm
Fabricant : Mira-X, Suisse
(1984-1985)

Camouflage. *Dans les années quatre-vingt, les textiles n'ont pas cherché à ressembler à des textiles. On a pu en effet acheter au mètre des simulations, sur tissu, de marbre, de stuc et de bois. Les motifs présentés ici sont la parfaite illustration de cette démarche. La plupart d'entre eux ont été produits par la maison suisse Mira-X, dont les concepteurs comptent parmi eux des architectes d'intérieur aussi célèbres que Verner Panton, Trix et Robert Haussmann. Ces tissus se cachent sous une fausse identité, créant l'illusion de mosaïques murales, de planchers de « salons de thé-glaciers » des années cinquante. Utilisés pour recouvrir des sofas, ces motifs peuvent s'avérer perturbants pour la vue.*

Cybernétique et folklore. De tous les membres du groupe Memphis, Nathalie du Pasquier et George Sowden sont probablement les deux concepteurs qui se sont le plus résolument préoccupés des aspects décoratifs du design. Nathalie du Pasquier, en particulier, manipule avec un plaisir non dissimulé les couleurs, les signes et les symboles. Les tapis qu'elle crée pour la société Palmisano (au nord de la province italienne de Côme) révèlent son immense réceptivité aux influences culturelles du monde, influences qu'elle réinterprète, transpose, par associations. Car Nathalie du Pasquier, qui n'est pas soucieuse d'authenticité ethnologique, tente de produire, sur l'écran de son ordinateur, un folklore synthétique global d'une puissance évocatrice qui n'a rien à envier à ses modèles. Les pages suivantes montreront tout ce qu'elle a pu emmagasiner dans l'extraordinaire réservoir de son imagination, à commencer par les

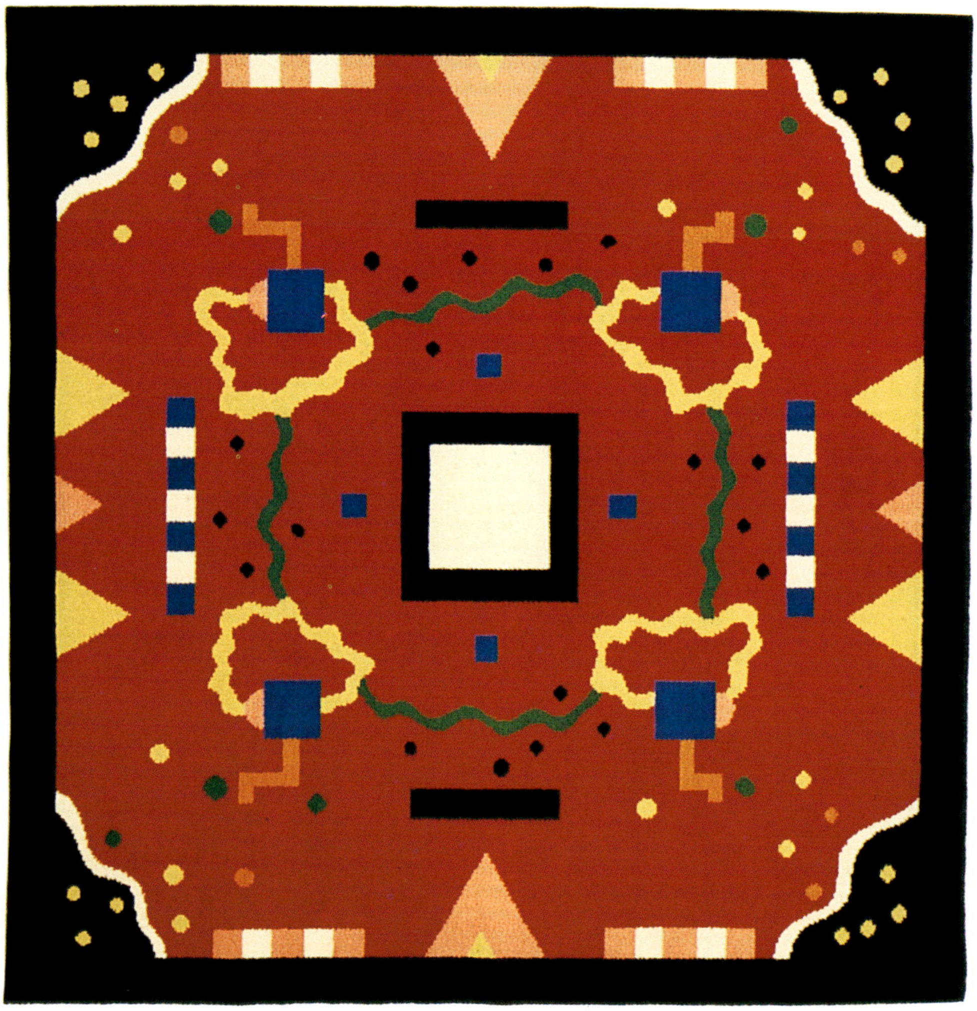

31

32

33

32 **Nathalie du PASQUIER**
Tapis, *Equador*
Tapis fait main ; pure laine ; 400 000 nœuds Ghiordes par mètre carré, sur trame de coton et chaîne de chanvre.
l 200 cm ; L 200 cm
Fabricant : Palmisano Edizioni Tessili, Italie (1986-1987)

graffitis, les bandes dessinées, les illustrations pour livres d'enfants et les images de l'Art déco. Les observateurs avertis sentiront ici les effluves d'un parfum psychédélique venu de loin, de ces années de Haight Ashbury de San Francisco et de Notting Hill Gate de Londres, que l'on retrouve aujourd'hui dans ce creuset qu'est Memphis de Milan.

31 **George SOWDEN**
Tapis, *India*
Laine L 200 cm ; l 200 cm
Fabricant : Palmisano Edizioni Tessili, Italie (1986-1987)

33 **Nathalie du PASQUIER**
Tapis, *Messico*
Tapis fait main ; pure laine, 40 000 nœuds Ghiordes par mètre carré, sur trame de coton et chaîne de chanvre. Les nœuds sont faits avec des fibres longues de laine de Nouvelle-Zélande qui ont préalablement été peignées, filées et teintées en Italie.
l 200 cm ; L 100 cm, 200, 300 ou 400 cm
Fabricant : Palmisano Edizioni Tessili, Italie (1986-1987)

34 **Nathalie du PASQUIER**
Tapis, *Riviera Grande*
Tapis fait main ; pure laine, 40 000 nœuds Ghiordes par mètre carré, sur trame de coton et chaîne de chanvre. Les nœuds sont faits avec des fibres longues de laine de Nouvelle-Zélande qui ont préalablement été peignées, filées et teintées en Italie.
l 250 cm ; L 350 cm
Fabricant : Palmisano Edizioni Tessili, Italie (1986-1987)

34

36 **Nathalie du PASQUIER**
Tapis, *America*
Tapis fait main ; pure laine ; 40 000 nœuds Ghiordes par mètre carré, sur trame de coton et chaîne de chanvre. Les nœuds sont faits avec des fibres longues de laine de Nouvelle-Zélande qui ont été préalablement peignées, filées et teintées en Italie.
l 200 cm ; L 200 cm
Fabricant : Palmisano Edizioni Tessili, Italie (1986-1987)

35 **George SOWDEN**
Tapis, *Palm Spring*
Laine
L 300 cm ; l 200 cm
Fabricant : Palmisano Edizioni Tessili, Italie (1986-1987)

35

36

37

38

39

40

41

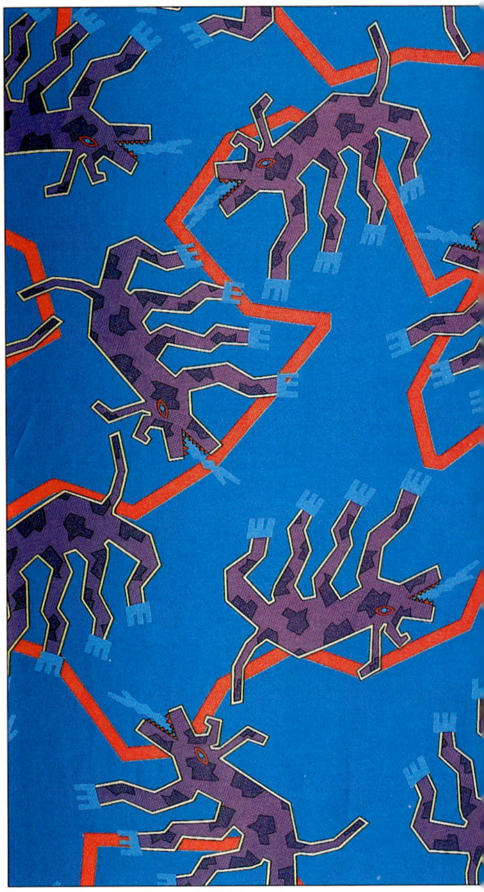

42

37 **Nathalie du PASQUIER**
Tissu
Coton imprimé; motifs de couleurs vives sur fond blanc
Fabricant: Esprit, États-Unis
(1985-1986)

38 **Nathalie du PASQUIER**
Tissu
Velours à motifs de fleurs et d'oiseaux (tons de rouge, rose et mauve)
Fabricant: Harriett Selling, Italie
(1985-1986)

39 **Nathalie du PASQUIER**
Tissu
Polyester imprimé à motifs de couleurs vives
Fabricant: Esprit, États-Unis
(1985-1986)

43

44

45

46

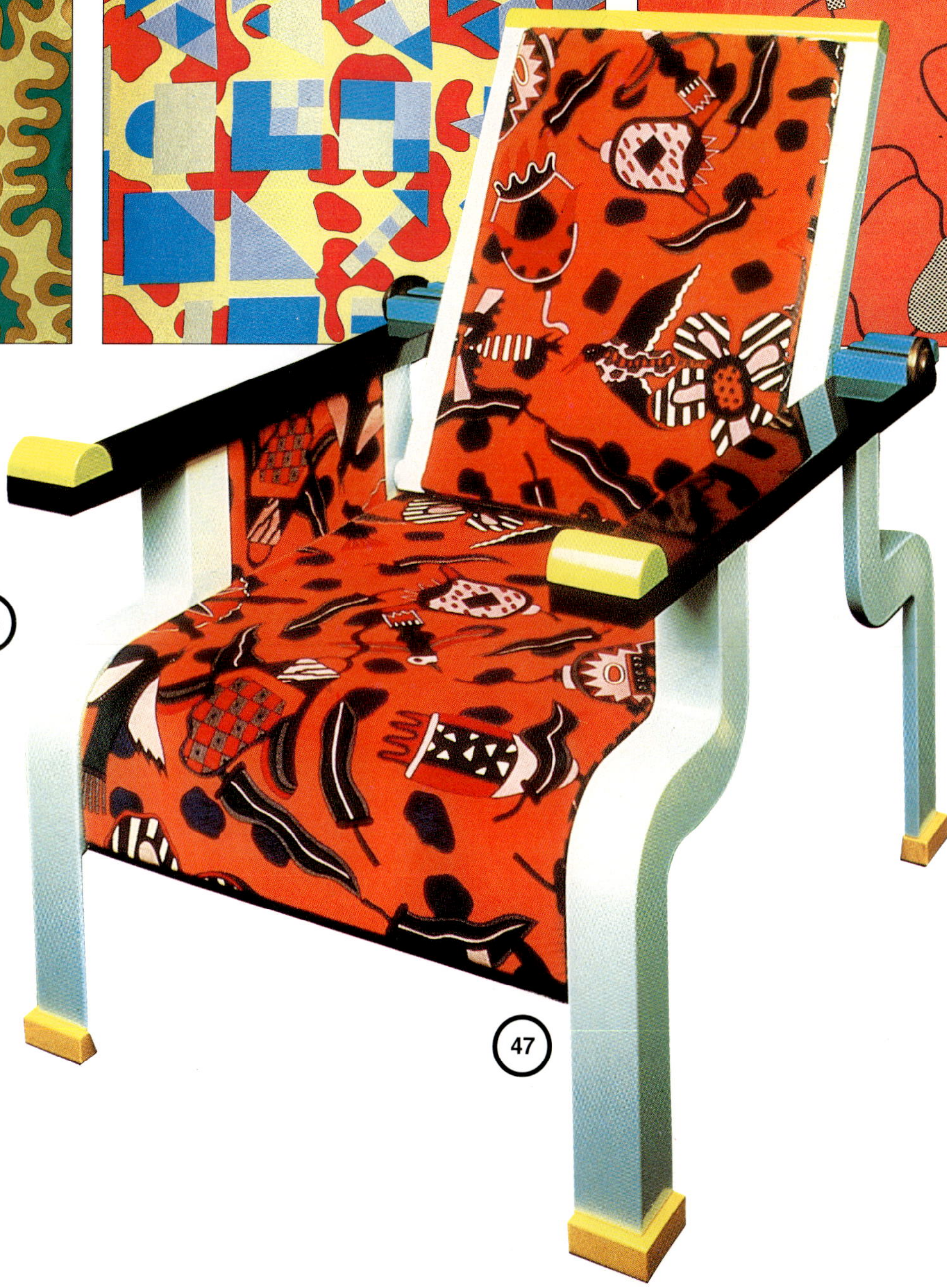

47

40 Nathalie du PASQUIER
Tissu
Soie quadrillée de noir et blanc avec surimposition de motifs géométriques colorés.
Fabricant : Memphis/Tino Cosma, Italie (1985-1986)

41 Nathalie du PASQUIER
Tissu
Polyester imprimé : motifs de différents gris, mauves et jaunes
Fabricant : Esprit, États-Unis (1985-1986)

42 Nathalie du PASQUIER
Tissu
Sur fond de soie bleue unie, impression d'un motif représentant des animaux de couleur mauve et des lignes brisées rouges.
Fabricant : Memphis/Tino Cosma, Italie (1985-1986)

43, 46 George SOWDEN
Tissu
Soie
Motifs individualisés ; couleurs harmonieuses
Fabricant : Memphis/Tino Cosma, Italie (1985-1986)

47 George SOWDEN
Fauteuil, *Mamounia*
Bois laqué, plastique et velours.
La garniture est un tissu d'ameublement conçu par Nathalie du Pasquier
H 120 cm ; l 72 cm ; P 80 cm
Fabricant : Memphis, Italie

48 **Fujiwo ISHIMOTO**
Tissu, *Lainehtiva*
Coton imprimé
l 145 cm ; répétition à 109 cm
Fabricant : Marimekko, Finlande
(1988-1989)

(49)

(48)

Un musée des souvenirs collectifs.
Les images constituent le seul langage universellement compréhensible. Il est de ces images devant lesquelles les hommes, qu'ils soient de Corée, du Kenya ou du Canada, réagissent toujours de la même manière, en dépit de leurs différences culturelles. Ce sont, en premier lieu, les représentations de la nature (plantes, animaux, montagnes, nuages), qui, à l'évidence constituent autant de souvenirs collectifs (et nostalgiques) du Paradis et expriment un désir de

49 **Fujiwo ISHIMOTO**
Tissu, *Atlas*
52 % lin, 48 % coton imprimé
l 145 cm ; répétition à 96 cm
Fabricant : Marimekko, Finlande
(1988-1989)

50

50 **Marc VAN HOE**
Tissu d'ameublement, *Etnic*
Polyacrylique-PC
l 140 cm
Fabricant: Ter Molst International, Belgique (1984-1985)

51 **Fujiwo ISHIMOTO**
Tissu, *Taiva* (à gauche); ***Karhusaari*** (à droite)
100 % coton
l 145 cm
Fabricant: Marimekko, Finlande (1984-1985)

51

retour à une terre d'innocence et de beauté. Sachant cela, on peut comprendre comment un designer japonais travaillant en Finlande en vient à créer des matériaux d'inspiration indonésienne et comment ces même matériaux trouvent un marché tout prêt à les recevoir dans l'Europe entière, ou bien encore comment les motifs de Soweto peuvent apparaître dans les intérieurs de la petite ville belge d'Oostrozebeke. Certes, il s'agit là d'une étape modeste sur la voie d'une solidarité générale, mais cette étape est loin d'être négligeable.

52

52 **Fujiwo ISHIMOTO**
Tissu, *Taival*
100 % coton
l 145 cm
Fabricant: Marimekko, Finlande (1984-1985)

Tableaux d'une exposition. *De plus en plus, les motifs imprimés des textiles sont des* reprint *datant de périodes antérieures à la nôtre. Pop' art, op'art, cubisme, expressionnisme, art informel, suprématisme : il n'est pas de style pictural du xx*e *siècle qui ne soit sorti du musée pour venir chez nous, décorer nos salles de séjour, donner à notre mobilier et à nos rideaux un caractère qui révèle nos compétences artistiques... Les experts du management décriraient la démarche en termes de « transfert d'images », les éditorialistes parleraient d'« échantillonnage culturel ». Mais leur raison d'être fondamentale est très prosaïque : les designs du textile de cette sorte savent procurer à l'acheteur un sentiment de sécurité. On ne se trompe finalement pas beaucoup lorsqu'on choisit un Vasarely ou un Braque.*

55 **VERNER PANTON**
Tissu, *Cubus Collection*
100 % coton
Tissu d'ameublement imprimé ; illusion de troisième dimension produite par le motif.
Fabricant : Mira-X, Suisse (1987-1988)

56 **INDEPENDENT DESIGNERS FEDERATION CRESSIDA BELL**
Tissu
Tissu d'ameublement et deux coussins en satin de coton
Fabricant : Cressida Bell, Grande-Bretagne (1986-1987)

57 **JASON POLLEN & LARSEN DESIGN**
Tissu, *Ravenna*
100 % coton
l 127 cm
Fabricant : Jack Lenor Larsen, États-Unis (1986-1987)

53 **INDEPENDENT DESIGNERS FEDERATION JANE SPURWAY**
Tapisserie, *Painting on Silk*
Laine
l 137,2 cm
Fabricant : Jane Spurway, Grande-Bretagne (1986-1987)

54 **INDEPENDENT DESIGNERS FEDERATION CHRISSIE SGUBBI**
Tapis, *Ribbons*
100 % laine
Pièce unique
Réalisation : Tai-Ping, Grande-Bretagne (1986-1987)

53

54

55

56

57

58

58 Fujiwo ISHIMOTO
Tissu
Motif à carreaux roses et rouges
inspiré d'esquisses au pastel
Fabricant : Marimekko, Finlande
(1985-1986)

59 **Leah NELSON**
Tapis, *Conception*
Tapis avec incrustations de peinture, nylon et polyester.
Peut servir de tapisserie ; motifs d'inspiration indienne Zuni.
Série limitée
l 109 cm ; L 223 cm
Fabricant : Leah Nelson, États-Unis

59

60

61

60-61 **Ugo NESPOLO**
Tapis, *Ottocentoquaranta*
Laine, coton, chanvre
Tapis de laine fait main ;
40 000 nœuds Ghiordes par mètre carré
Trame de coton et chaîne de chanvre
Série limitée
l 135 cm, 175 cm, 200 cm ou 250 cm
L 200 cm, 250 cm, 300 cm ou 375 cm
Fabricant : Palmisano Edizioni Tessili, Italie (1987-1988)

64 **INDEPENDENT DESIGNERS FEDERATION SALLY ANN HEARTSHORNE**
Tissu, *Summer fruits*
Coton peint à la main (peintures métalliques)
l 137 cm
Fabricant: Sally Anne Heartshorne, Grande-Bretagne (1986-1987)

65 **INDEPENDENT DESIGNERS FEDERATION LYNNE HUGILL**
Collage
Exemples de design pour surfaces (textiles, céramiques, papeterie, etc).
Fabricant: Lynne Hugill, Grande-Bretagne (1986-1987)

66 **Yoshiki HISHINUMA**
Tissu, *Cheval*
95 % rayonne + 5 % soie
Fabricant: Hishinuma Institute, Japon (1986-1987)

67 **Yoshiki HISHINUMA**
Tissu, *Toros*
80 % nylon + 20 % polyuréthane
Fabricant: Hishinuma Institute, Japon (1986-1987)

68 **Yoshiki HISHINUMA**
Tissu, *Skeleton*
Polyester
Fabricant: Hishinuma Institute, Japon (1986-1987)

62

63

62 **Paul BURGESS**
Tissu, *Man-Flag*
Laine
Tissu d'ameublement réalisé au pochoir (sérigraphie) avec des colorants acides.
Pièce unique
l 137 cm; L 300 cm
Fabricant: Paul Burgess, Grande-Bretagne (1987-1988)

63 **Yoshiki HISHINUMA**
Tissu, *Dance*
Polyester
Série limitée
Fabricant: Hishinuma Associates, Japon

69 **Yoshiki HISHINUMA**
Tissu, *Sorceress*
95 % rayonne + 5 % soie
Fabricant: Hishinuma Institute, Japon (1986-1987)

64

65

66

67

68

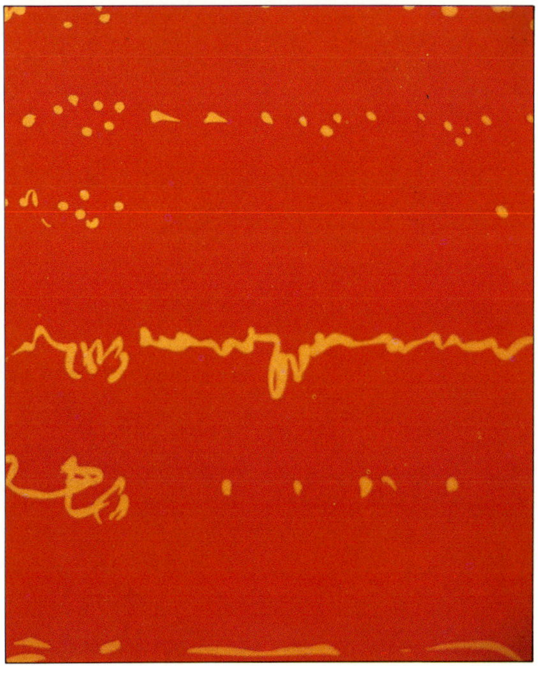

69

__Diseño d'España.__ Au moment précis où l'Espagne entrait dans la Communauté européenne, le design ibérique faisait une entrée fracassante sur le marché mondial. A la cata-tonie de naguère succédait la Cata-lonia, la Catalogne ! En fait, tout ce qui présente la moindre signification dans le domaine du design espagnol provient de Catalogne ou, pour être plus précis, de Barcelone, réplique ibérique de Milan. Comme en Italie, tous les designers importants du pays (à l'exception de Javier Mariscal) sont architectes professionnels, mais avec bien plus de rigueur que leurs collègues des autres parties du monde lorsqu'il s'agit de définir le champ de leur activité. Celui-ci va, en effet, du design des petites cuillères à l'urbanisme des grandes métropoles. Ils sont en outre très actifs dans le domaine du design d'intérieur et ont semé à travers Barcelone des discothèques, des boutiques et des restaurants qui ne passent pas inaperçus. Adeptes d'un design d'intérieur intégré, ils accordent un rôle important aux textiles et notamment aux tapis et moquettes. Ils expérimentent avec délices, et leur manque d'inhibition conduit un Oscar Tusquets Blanca à une forme d'aliénation préméditée, ou un José Louis Ramon-Solans à s'exprimer, en un violent langage gestuel, dans des tapis fabriqués en exclusivité par une société de Madrid. Tous les autres fabricants espagnols de premier plan, dont B.D. Ediciones de diseño et Nani Marquina, ont leur siège à Barcelone. S'il vivait encore, Antonio Gaudi serait moins seul qu'il le fut en son temps.

70

71

71 **José Luis RAMON-SOLANS**
Tapis, *Magic Carpet*
Tapis de laine fait main ; nœud espagnol
L 200 cm ; l 300 cm
Fabricant : Alfombras Ariàs Tronco, Espagne (1986-1987)

72 **Oscar TUSQUETS BLANCA**
Tapis, *Luna*
Laine
Tapis circulaire, fait à la main, nœuds turcs ; motif représenté : la lune.
Série limitée
Diam. 120 cm
Fabricant : B.D. Ediciones de diseño, Espagne (1987-1988)

72

70 **José Luis RAMON-SOLANS**
Tapis
Tapis de laine fait main ; nœud espagnol
L 230 cm ; l 230 cm
Fabricant : Alfombras Ariàs Tronco, Espagne (1986-1987)

Possibilités illimitées pour séries limitées. *La série de tapis, intitulée* Progetto, *du concepteur italien Marcello Morandini, réunit plusieurs tendances majeures du design moderne appliquées aux tapis. Les métiers à tisser téléguidés au moyen de cartes perforées de la société d'avant-garde Melchnau de Suisse, permettent la création d'un nombre presque illimité de couleurs et de formes.*

Morandini utilise cette technologie pour fabriquer des tapis aux formes et aux dimensions nouvelles (les rectangles classiques sont bannis au profit des triangles, des cercles et des polygones). Comme cela se rencontre si souvent dans d'autres domaines, l'homme de Varese joue avec les possibilités de l'illusion optique pour produire des effets de trompe-l'œil en noir et blanc qui, grâce à la métaphysique de la géométrie, donnent l'illusion de la troisième dimension. Mais ces potentialités nouvelles sont automatiquement réduites numériquement, car chaque motif est produit en série limitée de trente-trois spécimens. Entre-temps, de nombreux fabricants de tapis ont commencé d'utiliser l'édition limitée pour s'assurer l'exclusivité de leur production.

73 **Marcello MORANDINI**
Tapis, *Progetto 22*
Laine
L 240 cm ; l 240 cm
Fabricant : Teppichfabrik Melchnau, Suisse (1988-1989)

73

74 **Marcello MORANDINI**
Tapis, *Progetto 21*
Laine
L 240 cm ; l 240 cm
Fabricant : Teppichfabrik Melchnau, Suisse (1988-1989)

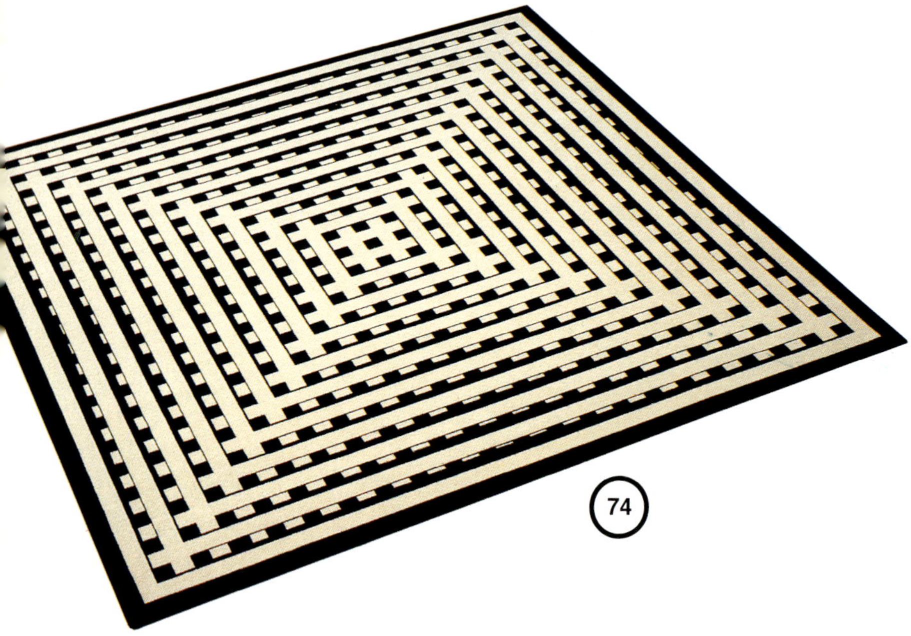

74

76

75

75 **Marcello MORANDINI**
Tapis, *Progetto 10*
Laine
L 300 cm ; l 225 cm
Fabricant : Teppichfabrik Melchnau,
Suisse (1988-1989)

76 **Marcello MORANDINI**
Tapis, *Progetto 6*
Laine
L 300 cm ; l 300 cm
Fabricant : Teppichfabrik Melchnau,
Suisse (1988-1989)

77

77 Matteo THUN
Tapis, de la collection *Dialog*
Polyamide
l 400 cm ; répétition à 20,5 cm ;
L 19 cm
Fabricant : Vorwerk, République fédérale d'Allemagne (1988-1989)

78 Michael GRAVES
Moquette de la collection *Dialog*
Polyamide
l 400 cm ; intervalle entre les motifs : 50 cm ; L 92,5 cm
Fabricant : Vorwerk, République fédérale d'Allemagne (1988-1989)

78

Revêtements de sol fabriqués en série. *Autrefois, c'était le parquet qui constituait véritablement la base de la décoration d'intérieur. Des parquets précieux ou des dallages aux motifs ingénieux donnaient aux pièces un tel sentiment de perspective et de beauté qu'ils créaient de l'effet sans qu'il fût besoin de meubles. Mais c'est là un art aujourd'hui tombé dans l'oubli, supplanté par le désert immense de ces moquettes monochromes qui ne s'animent qu'une fois le mobilier ajouté. La firme allemande Vorwerk a décidé de conférer une nouvelle dignité, un nouveau prestige à cette denrée banale, vendue au mètre carré, et c'est Alessi qui en a proposé le moyen : attirer les designers célèbres pour « imposer, (comme le dit Peter Littmann, directeur de Vorwerk), leurs idées nouvelles avec autorité ». Ce fut une*

réussite. Vorwerk parvint à obtenir les services, non seulement des stars du design que sont Norman Foster, Michael Graves, Arata Isozaki, Matteo Thun et Oswald Mathias Ungers, mais également de peintres célèbres comme Sam Francis, David Hockney, Roy Lichtenstein et Sol Le Witt. Mais – et c'est cela qui est le plus méritoire –, Vorwerk n'a pas adopté l'approche aristocratique qui consiste à produire les éditions limitées ; il s'est démocratiquement lancé dans la production en série. Chacun peut acheter pour son sol ces images qui sont la synthèse parfaite de l'art moderne et du design industriel. Bien joué !

79

79 Arata ISOZAKI
Moquette de la collection *Dialog*
Polyamide
l 400 cm ; intervalle entre les motifs : 50 cm ; L 31,5 cm
Fabricant : Vorwerk, République fédérale d'Allemagne (1988-1989)

80

80 Hans-Ulrich BITSCH
Tapis, de la collection *Dialog*
Polyamide
l 400 cm ; intervalle entre les motifs : 100 cm ; L 92,5 cm
Fabricant : Vorwerk, République fédérale d'Allemagne (1988-1989)

81 **David HOCKNEY**
Moquette de la collection *Dialog*
Polyamide
l 400 cm ; intervalle entre les motifs : 100 cm ; L 92,5 cm
Fabricant : Vorwerk, République fédérale d'Allemagne (1988-1989)

81

83 **Roy LICHTENSTEIN**
Tapis, de la collection *Dialog*
Polyamide
l 400 cm
Fabricant : Vorwerk, République fédérale d'Allemagne (1988-1989)

82

82 **Sam FRANCIS**
Tapis, de la collection *Dialog*
Polyamide
l 400 cm ; intervalle entre les motifs : 200 cm ; L 92,5 cm
Fabricant : Vorwerk, République fédérale d'Allemagne (1988-1989)

5 * DESIGN INDUSTRIEL

Ce chapitre est, d'une certaine manière, le plus important de ce livre car le design industriel a sur notre vie quotidienne une incidence beaucoup plus grande que le mobilier ou les luminaires. Quelle est en effet l'importance du fauteuil *Wink* de Kita ou de la bouilloire d'Alessi en comparaison d'un Walkman ou de celle d'un Macintosh ? Le design industriel a, sur toutes les autres formes de design analysées plus haut, l'avantage d'être :

a) produit en série, ce qui laisse inévitablement une empreinte sur notre vie de tous les jours ;

b) de caractériser des produits nouveaux et des technologies nouvelles et de contribuer par là à former notre vision de l'avenir.

A côté du design industriel, le design de l'ameublement semble être à bout de souffle.

Dans les années quatre-vingt, le design industriel fut extraordinairement actif. Tout ce qu'il a produit peut néanmoins se résumer en deux tendances fondamentales : les « libertés nouvelles » et les « contraintes nouvelles ». Le sentiment nouveau de liberté est venu des ordinateurs, des circuits imprimés et des nouveaux matériaux. La technique, jusque-là au cœur des produits, prit une place si minime, si peu coûteuse, d'une fiabilité si évidente — et par là si ennuyeuse — qu'elle en vint, dans la majorité des cas, à jouer un rôle secondaire. L'esthétique industrielle, strictement fonctionnelle à l'origine, s'est libérée des contraintes matérielles, la forme n'étant plus soumise à la fonction ; les designers ont exploité cette liberté avec un plaisir incontrôlé. La violence et l'anarchie caractérisent souvent leurs créations : téléphones *Snoopy,* tourne-disques en béton, montres en papier : rien n'était plus impossible désormais.
Ce qui était tri-dimensionnel est devenu bi-dimensionnel, s'est réduit à la finesse du carton ; ce qui était « macro » est devenu « micro », ce qui était statique est devenu mobile. Ce jeu des formes, l'influence de la mode, les références ironiques, par exemple au kitsch le plus idiot, ne sont pas le seul fait du designer, mais résultent également de l'attente du consommateur. Tel est le résultat d'une banalisation de la technique, qui n'occupe plus une place privilégiée sur le piédestal de la science : elle a perdu sa magie et son autorité. Désormais

Ettore SOTTSASS
Téléphone, *Enorme*
Dix numéros en mémoire ; garde le dernier numéro en mémoire pour rappel automatique
Plastique
Fabricant : Enorme, Italie (1988)

1

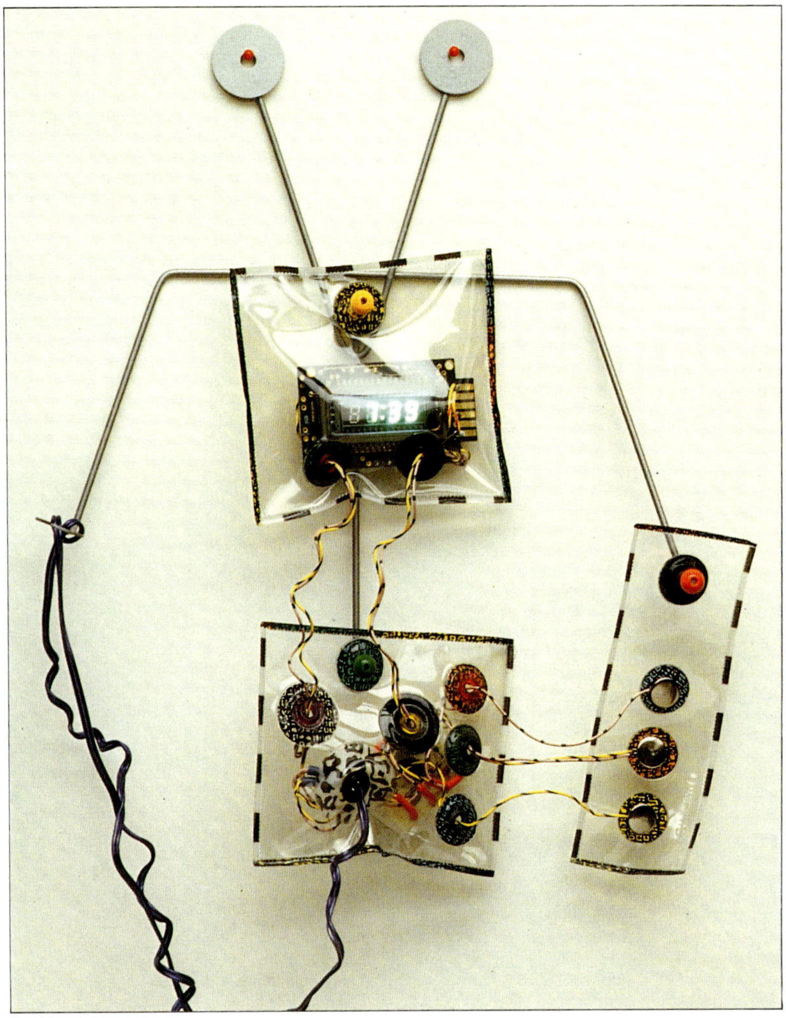

2

2 **Daniel WEIL**
Radio fm/am, *Andante*
Élément de la collection *Anthologie Quartett*
H 30 cm ; L 30 cm ; P 4 cm
Fabricant : Quartett, République fédérale d'Allemagne (1984-1985)

la technologie va de soi; nous lui savons gré d'être modeste, de ne pas jouer au professeur, et de tenir le rôle du compagnon sur lequel on peut compter. Cela étant, nous ne nous sentons pas autorisés comme certains auteurs à parler avec mépris du post-fonctionnalisme, car tous ces objets étranges aux couleurs vives fonctionnent de façon aussi stupéfiante que discrète. Peut-être le meilleur terme pour qualifier le phénomène est-il celui de « post-rationalisme ».

Aux nouvelles libertés s'opposent, comme c'est souvent le cas, les nouvelles contraintes, toutes de nature commerciale. Le design n'est plus l'exercice formel qu'il était. Au cours de la décennie écoulée, il a joué le rôle d'instrument majeur du marketing. Les fabricants l'ont utlisé pour se rendre plus séduisants sur des marchés saturés de produits interchangeables, pour se différencier de concurrents moins chers et créer psychologiquement, pour le consommateur, des îlots de sécurité. Du point de vue technique, l'exercice tient du même principe que celui qui règne dans les cosmétiques, à savoir offrir en quelque sorte de nouvelles marques de maquillage pour remplacer les anciennes. Mais peut-être est-ce là une façon de voir trop rationnelle car beaucoup de consommateurs habitués à un produit gris pensent qu'ils achètent un nouveau produit si celui-ci est rose. Les créations actuelles sont de plus en plus destinées à créer ce que Marx appelait la plus-value, valeur affective qui transcende les qualités intrinsèques du produit. En un mot, la tendance s'éloigne du design industriel au profit de ce que l'on peut appeler un « design expérimental » : la matérialité cède le pas à l'immatérialité, conformément au vieil adage des cosmétiques : « Ce n'est pas du rouge à lèvres que nous vendons, mais de la beauté. »

Le design, pour citer Malcolm Forbes, est devenu un « instrument capitaliste » sur lequel s'exerce la pression du succès. L'esthétique est moins importante que les ventes. Les agences de design et les entreprises orientées vers le design sont rachetées par de grosses sociétés qui, insensibles à l'esthétique, se préoccupent de voir monter leur marges de bénéfices. Les objectifs du marketing doivent être atteints. Le bon design est dilué dans des concessions et des compromis. La révolution du design dévore ses enfants ou à tout le moins, les compromet. Car si l'esthétique est ravalée au rang d'argument de vente, le designer lui-même non seulement perd son indépendance, mais change de bord. Traditionnellement, lorsque le designer prenait partie, il se rangeait du côté de l'acheteur et de l'utilisateur; son objectif était de créer un produit simple, clair, évident et facile d'emploi (en un mot : fonctionnel). Aujourd'hui, le bénéfice de l'utilisateur préoccupe moins que la conjoncture et les stratégies du marketing; l'utilité préoccupe moins que le succès des ventes. Ou, pour dire les choses plus succinctement encore, un design commercial de ce genre est le partenaire du fabricant et non plus du consommateur. Cette inversion des valeurs ne peut être sous-estimée. Mais les signes d'espoir ne manquent pas. De nombreuses agences de design, voyant leur indépendance et leur intégrité menacées, ont pris des initiatives sous forme de projets d'études, passant ainsi de la réaction à l'action, et du rôle d'esclave au rôle de maître...

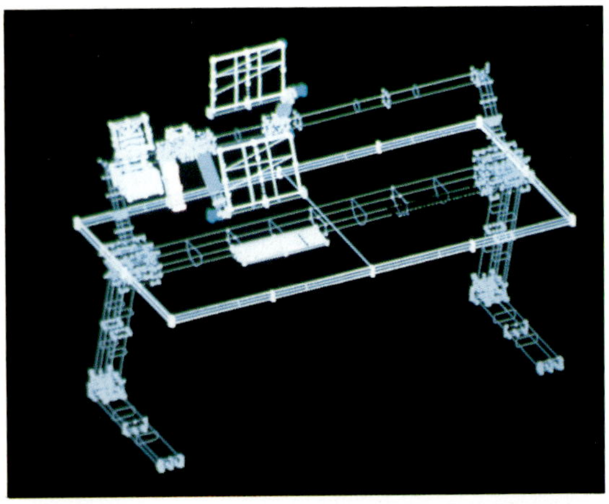

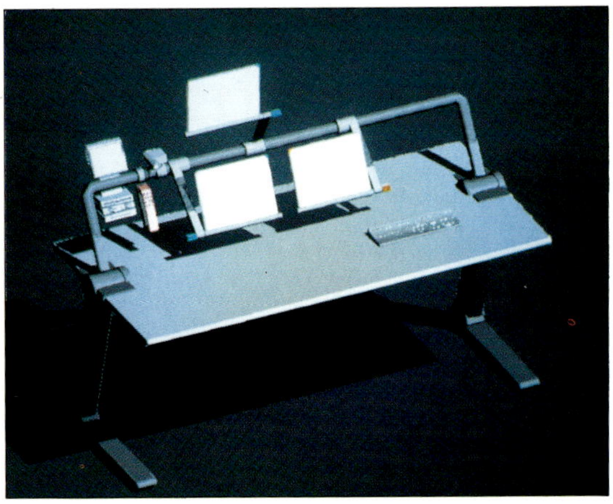

3

3 FROGDESIGN
Installation de bureau inspirée d'un modèle conçu pour K & N, structure d'acier pliante en acier, mécanismes réglables et compléments électroniques (options) (1986-1987)

4

4 **Lisa KROHN et TUCKER VIEMEISTER/SMART DESIGN**
Téléphone et répondeur automatique, *Phonebook*
Plastique
Combiné téléphone et répondeur. Le prototype produit par Neste (Finlande), a reçu le premier prix au concours international « Forma Finlandia ».
H 5 cm ; l 20 cm ; L 30 cm
Fabricant : Smart Design, USA (1987-1988)

La forme des objets à venir.
Certains projets architecturaux, parmi les plus utopiques qui soient, n'ont jamais vu le jour, mais cela ne les a pas empêchés – qu'ils fussent de Boullée, Ledoux, Dant'Elia, Tatlin, El Lissitzky, Tchernikov, Soleri, Fuller, Cook, Herron ou Hadid –, de laisser une empreinte durable dans l'histoire de l'architecture. On observe aujourd'hui le même phénomène dans le domaine du design où le pragmatisme des décennies passées est progressivement supplanté par des tentatives de développement de concepts visionnaires. En d'autres termes, la forme ne s'adapte plus à la fonction, c'est la fonction qui s'adapte à la forme. Cette évolution est heureuse. Le design se nourrit de visions et on peut déplorer que celles-ci aient été si peu nombreuses dans le passé. Mais cette évolution a, bien sûr, une composante économique. Celui qui relèvera les défis de l'avenir et créera les produits appropriés au moment, ne recevra probablement pas le ciel en partage, mais il contrôlera les marchés économiques. C'est pourquoi les grandes sociétés du Japon et d'Europe ont élaboré des plans qui, bien que jamais réalisés, ont contribué de façon décisive à façonner le design de demain. Si celui-ci n'attire pas les consommateurs, il existe suffisamment de sociétés pour assurer l'avenir, comme Frogdesign en Allemagne, Moggridge Associates en Grande-Bretagne, Design Logic et Smart Design aux États-Unis.

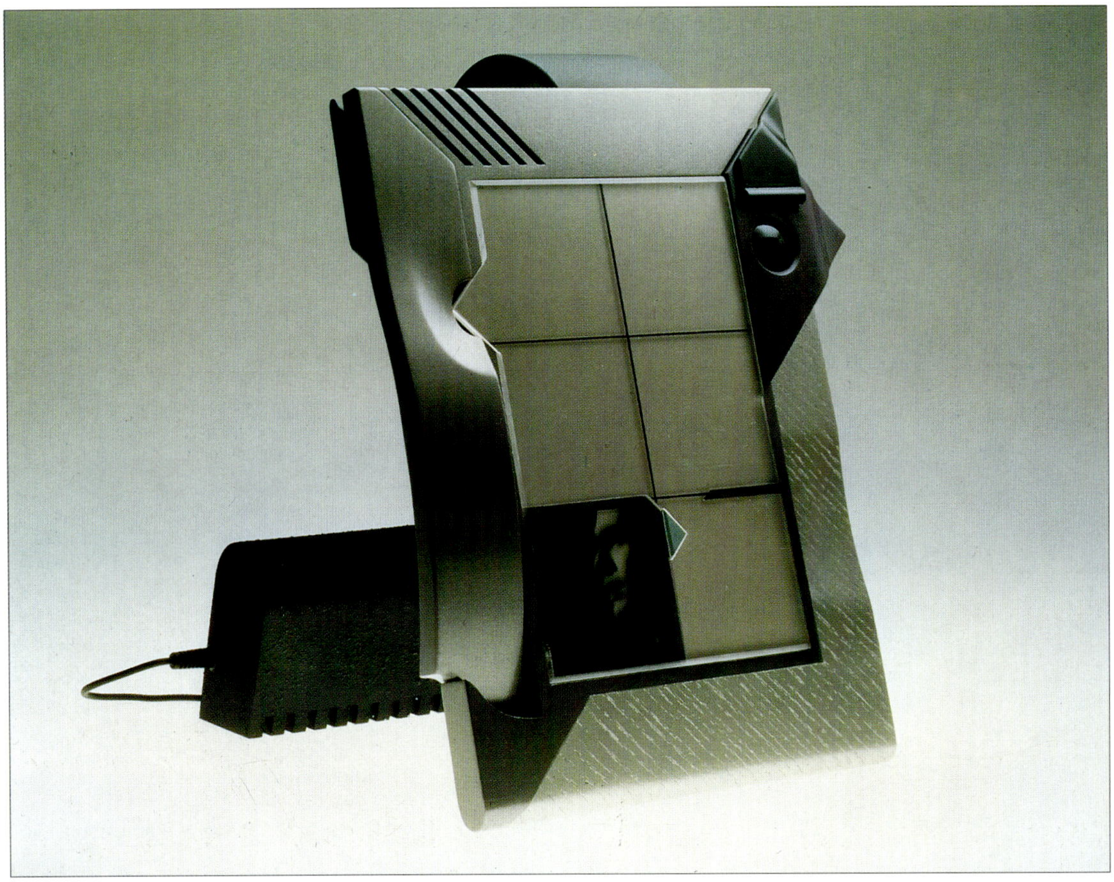

5

5 **Paul MONTGOMERY**
Picture Phone
Plastique moulé, caoutchouc
Prototype d'un téléphone qui transmet une image digitale (par fibres optiques) ; fonctionne comme un téléphone traditionnel lorsque le cache est abaissé. Pour appeler, on peut utiliser soit les touches de l'écran, soit l'annuaire électronique.
H 30,5 cm ; l 15 cm ; P 15 cm
Fabricant : Paul Montgomery, USA (1987-1988)

6-10 **DESIGN LOGIC/D M. GRESHAM, Martin THALER, James N. LUDWIG**
Études sémantiques de répondeurs automatiques digitaux fabriqués pour Sandor F. Weisz, de Dictaphone, USA. Le modèle 17-18 est inspiré du modèle plat traditionnel ; le 19-21 est une vue constructiviste du visage humain et le 22-23 est inspiré d'un modèle de boîte aux lettres américaine (1987-1988)

6

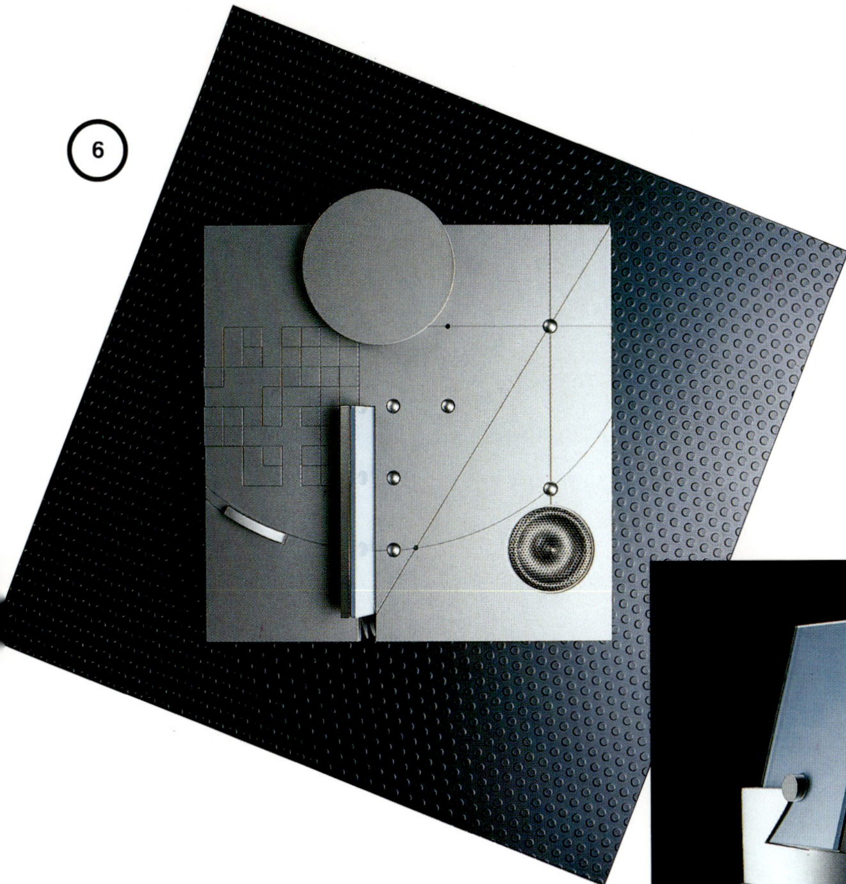

8

7

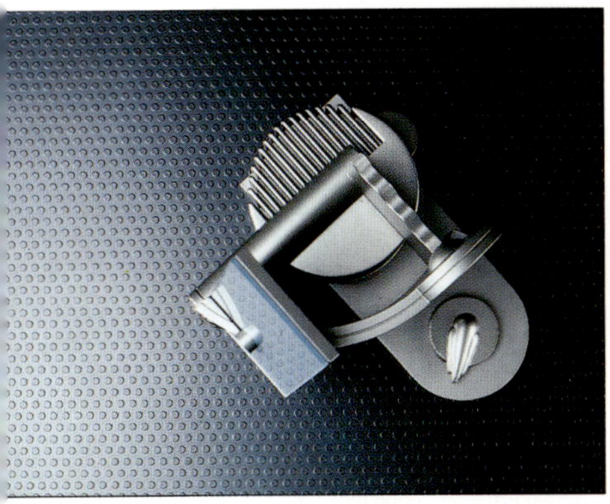

10

9

12 **Heinz JUNGER**
T.V., *Loewe Art 1*
Grande télévision rouge à écran plat dans coffrage de bois
H 95,5 cm; l 64,5 cm; P 46,5 cm
Fabricant: Loewe-Opta, République fédérale d'Allemagne (1985-1986)

11 **I-DE-A INSTITUTE DESIGN TEAM**
Télévision
Plastique
Résolution horizontale de 700 lignes, interrupteur/timer (12 heures) et contrôle à distance.
Cet élément est conçu pour accueillir deux enregistreurs vidéo et permettre le rangement des cassettes.
H 107,9 cm; l 68,8 cm; P 51 cm
Fabricant: Toshiba, Japon (1988-1989)

12

11

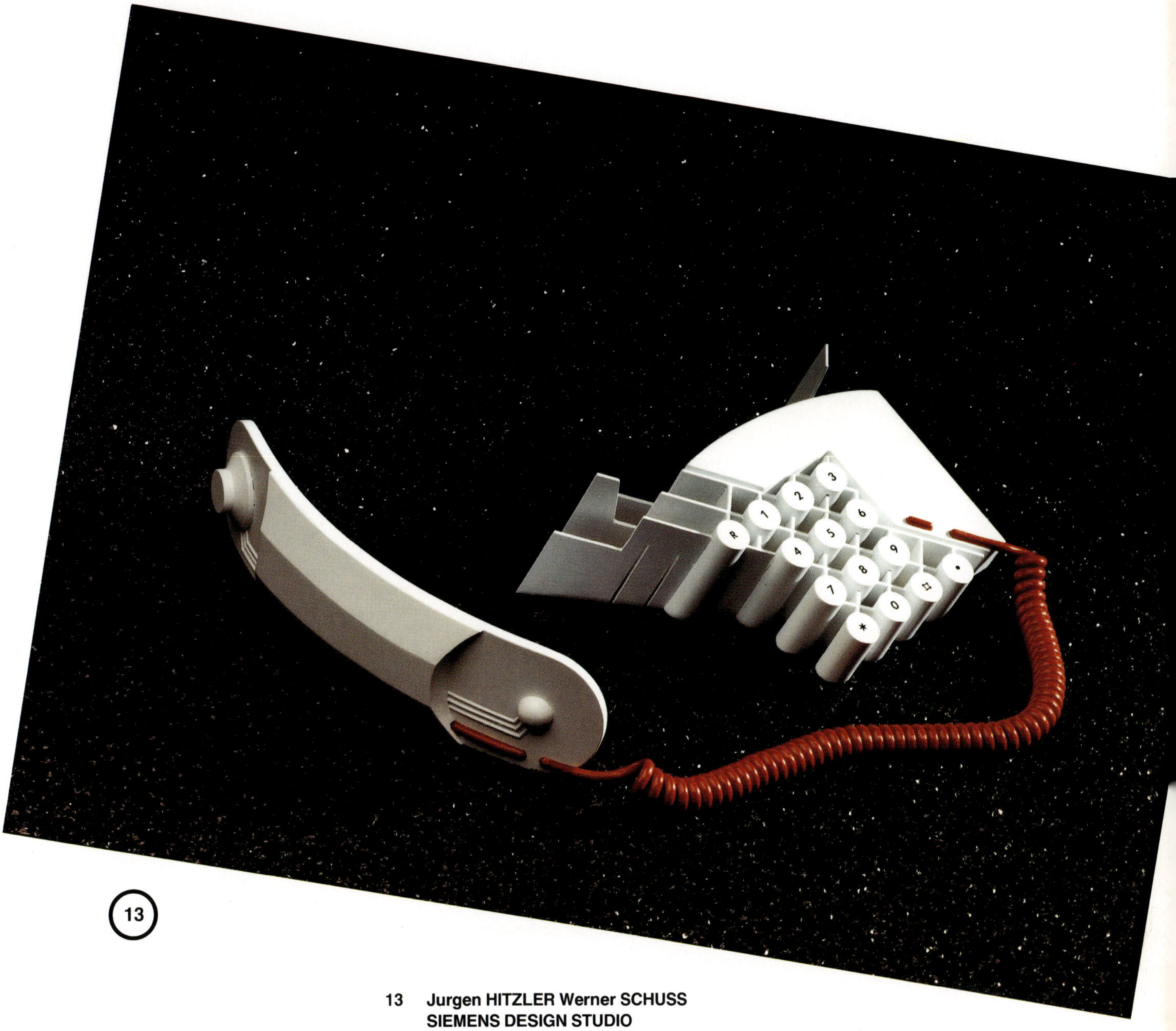

13

13 **Jurgen HITZLER Werner SCHUSS**
SIEMENS DESIGN STUDIO
Téléphone
Prototype
Fabricant: Siemens, Allemagne
(1980).

La couleur de l'orgueil. *Pour certaines personnes (celles du sexe masculin, en particulier), une seule couleur est de mise lorsqu'il s'agit d'acheter des produits de haute technologie : le noir. Par ailleurs, le noir est intimidant et agressif et suggère de surcroît la noble réserve du vainqueur : il apparaît technocratique et, simultanément, élégant ; mais surtout, le noir est sexy. Pour une Porsche, aucune autre couleur ne peut sérieusement être envisagée ; ceci est également vrai des calculettes de poche, des fauteuils de directeurs, des appareils photo, de l'équipement haute-fidélité et des postes de télévision. Jusqu'à Toshiba et Loewe-Opta, soumises aux lois tacites qui régissent cette esthétique du noir. Les postes de télévision, puissamment présents, et l'aura de prestige glacé qui enveloppe la technologie de pointe, sont très exactement ce que le brillant critique anglais Deyan Sudjic, a décrit un jour comme une « BMW d'intérieur ». (Cela est d'autant plus vrai de Loewe-Opta que la société est une filiale de BMW). Par opposition à ces derniers, le téléphone de Jürgen Hitzler et de Werner Schuss devrait frapper le puriste par sa désinvolture excessive, ce qui expliquerait pourquoi cette idée, comme tant d'autres idées brillantes issues de chez Siemens-Design, n'a jamais été réalisée. Il ressemble à une station satellite tournant sur orbite : c'est bien trop éloigné de la petite ville d'Ulm.*

Du rêve au cauchemar. *Le design industriel est l'un des derniers refuges où l'on peut encore se faire une idée positive de l'avenir. L'avenir y est tel que nous l'avons toujours imaginé : net, efficace, évolué et rationnel.*

Beocenter 9000 *évoque encore, par sa technologie toute-puissante et ses lignes froidement érotiques, cette terre promise d'Utopie. Mais nous avons aussi appris à voir l'avenir comme l'ère obscure de la destruction de l'environnement et de la menace nucléaire.*

La chaîne hi-fi de Ron Arad nous rappelle que cette échéance n'est plus lointaine. Cette chaîne doit son immense succès au fait qu'elle dérange énormément. Ne dirait-on pas un vestige archéologique qui aurait survécu à une conflagration nucléaire ? Mais ne suis-je pas trop profond ? Et, s'il s'agissait, tout simplement, d'un canular visuel ?

14 **RON ARAD**
Hi-Fi system
Chaîne hi-fi revêtue de ciment ; se compose de hauts-parleurs, d'un amplificateur et d'une platine.
Platine : H 7,5 cm ; l 46 cm ; P 38 cm
Hauts-parleurs : H 89 cm ; l 20 cm ; P 20 cm
Ampli-préampli : H 20 cm ; l 30,5 cm ; P 25 cm
Fabricant : One-Off, Grande-Bretagne (1985-1986)

14

15

15 Jacob JENSEN et
B. & O. DESIGN TEAM
Beocenter 9000
Verre, métal, plastique
Ensemble comprenant un poste radio fm/am, une platine cassette et une platine CD.
H 11cm ; l 76 cm ; P 34 cm
Fabricant : Bang & Olufsen, Danemark

Moi, j'aime Hertz. *Nous vivons à l'ère de la* communication totale. *Hertz, Watts, bits, octets et pixtels caractérisent notre vie professionnelle, mais aussi nos loisirs. Dans ce domaine, le progrès est en pleine ascension. De nouveaux produits révolutionnaires sont chaque jour mis au point et commercialisés, qui exigent un design capable d'exprimer leur valeur et leur nouveauté. Mais l'exercice devient de plus en plus difficile car toutes les solutions ont déjà été explorées, du look le plus* high-tech *aux amplificateurs de métal rouillé.*

Mais limitons-nous à trois tendances stylistiques qui résument tout le reste :
1) l'allure professionnelle des écrans de Sony, qu'on croirait sortis tout droit d'un studio d'enregistrement ;
2) l'allure de jockey de la tour de Joachim Stanitzek, surprise, semble-t-il, dans une pose de gymnastique aérobic ;
3) une forme de design, Ère nouvelle, qui s'efforce de jouer un rôle médiateur entre l'homme et la technologie, sans ostentation ni mécanismes intimidants. Cela peut entraîner un changement très rapide. Le laboratoire des Médias de M.I.T. prévoit que d'ici vingt ans, un poste de télévision aura la capacité d'un ordinateur Cray. Les conséquences sont à peine imaginables. Mais peut-être préférerons-nous alors une platine CD de style néo-baroque, ou encore une petite boîte portative dotée d'une interface qui projettera directement dans nos cerveaux un film en sensorama.

Les ermites électroniques du futur auront-ils encore le goût du design ou bien ces vieux ringards, toxicomanes d'informatique, seront-ils indifférents à sa survie ? La question mérite qu'on s'y arrête.

17

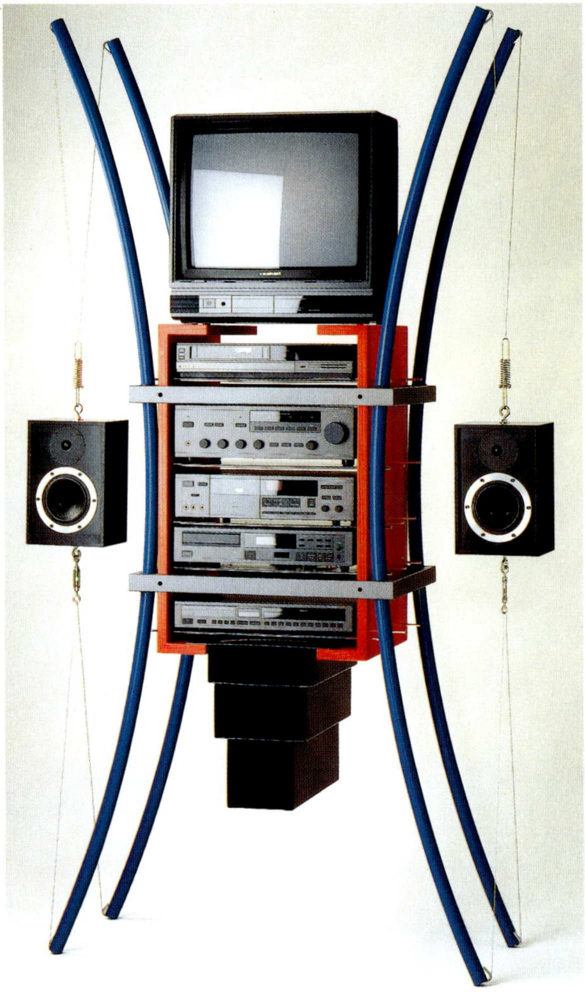

16 DESIGN CENTRAL
Terminal d'ordinateur personnel
Plastique, verre
Prototype d'un terminal d'ordinateur dédié au traitement de textes et à la transmission de données et d'informations internes au bureau
H 28 cm ; l 42 cm
Fabricant : Design Central, USA (1987-1988)

16

17 **Joahim STANITZEK**
Media component holder, BG1
Acier laqué et bois
La hauteur des hauts-parleurs intégrés est réglable. Prototype.
H 110 cm ; l 49 cm ; L 220 cm
Fabricant : Designwerkstatt, République fédérale d'Allemagne (1988-1989)

18 **SONY DESIGN TEAM**
Coour monitor, Profeel Pro
H 50,8 cm ou 40,9 cm ; l 65,3 cm ou 51,6 cm ; P 48,9 cm ou 47,9 cm
Fabricant : Sony, Japon (1986-1987)

18

BP Solar Systems Limited

20 **TIM BROWN POUR MOGGRIDGE ASSOCIATES**
Facsimile machine, Concept
Télécopieur
Acrylique, verre
L'imprimante contenant le rouleau de papier s'emboîte à l'arrière de l'unité. Fonctionne au moyen d'icônes sensibles au toucher visibles sur le plateau-écran en verre. Les messages peuvent être dessinés ou écrits directement sur l'écran et transmis au correspondant.
Prototype.
H 12 cm ; l 40 cm ; L 50 cm
Fabricant : IDM, Grande-Bretagne (1988-1989)

20

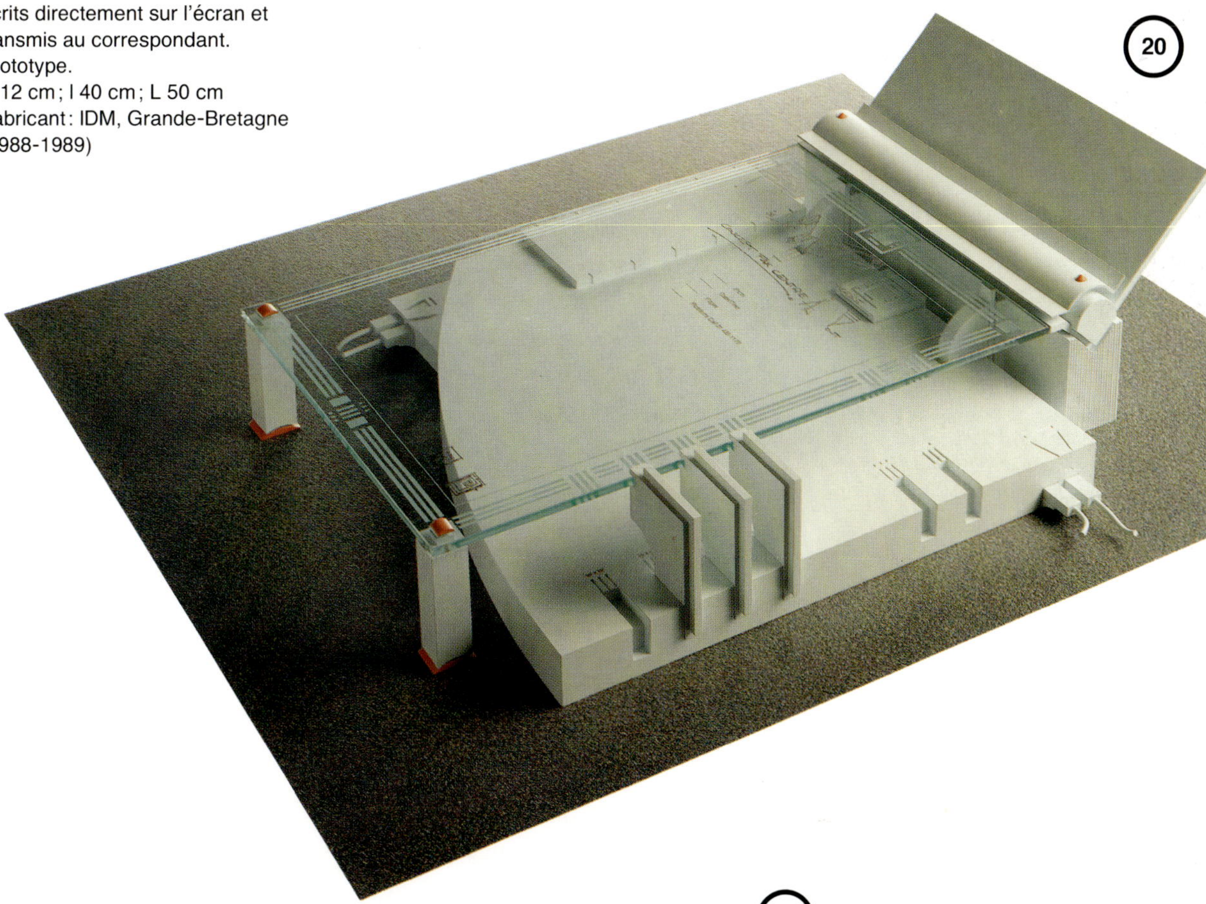

21

19-21 **MOGGRIDGE ASSOCIATES HEDDA BEESE**
Lanterne solaire portative, *SL 48*
Polycarbonate moulé, châssis métallique
S'accroche ou se pose. Totalement hermétique, robuste, ne demande presque aucun entretien.
Opérationnelle à des températures extrêmes.
H 56 cm ; l 33,7 cm ; P 9 cm
Fabricant : BP Solar International, Grande-Bretagne (1986-1987)

19

22

23

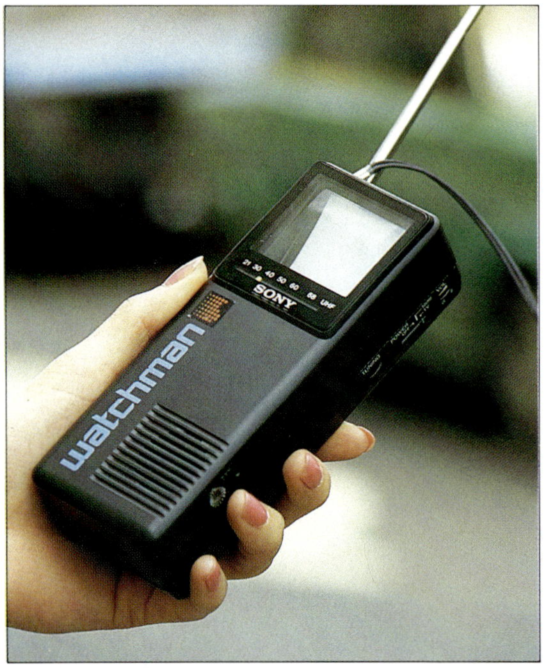

24

22 **Masayuki KUROKAWA**
Haut-parleur horizontal GRP, Métal
Haut-parleur conçu pour être accroché au mur, posé sur le sol ou sur un socle. Puissance maximum 60 W ; fréquence 50 Hz-20 kHz
H 60 cm ; l 60 cm ; P 5 cm
Fabricant : Seidenko, Japon (1986-1987)

23 **SONY DESIGN TEAM**
T.V. portative de poche, *Watchman*
Plastique
Écran de 5 cm, loupe de mise au point, antenne extérieure.
H 64 mm ; L 157 mm ; P 42 mm
Fabricant : Sony, Japon (1986-1987)

25

MOGGRIDGE ASSOCIATED NICHOLAS DORMON
Écran d'ordinateur fonctionnant à l'essence
Acrylique ; autonome, conçu pour Ford Motor Company ; équipé du son et d'un panneau d'exposition de graphiques interchangeables. Pièce unique
H 30,6 cm ; l 19 cm ; L 45 cm
Fabricant : IDM, Grande-Bretagne (1986-1987)

26

26 **FROGDESIGN**
Planche à repasser avec bobines d'induction intégrées qui génèrent un champ d'induction, de sorte que ce fer à repasser sans fil ne se recharge pas. La température est réglée par détecteurs (palpeurs) ; le thermostat se règle au moyen de touches manuelles. Prototype.
H 91 cm ; l 31 cm ; L 99 cm
Fabricant : Frogdesign, République fédérale d'Allemagne (1986-1987)

25 **SONY DESIGN TEAM**
Walkman solaire, *F107*
Walkman avec pile intégrée se rechargeant à l'énergie solaire, écouteurs pliants légers. Dolby B.
H 11,4 cm ; l 9,2 cm ; P 3,4 cm
Fabricant : Sony, Japon (1986-1987)

27 **FROGDESIGN**
Rotating TV Set
La caractéristique la plus originale de ce poste de télévision est son écran rotatif.
Prototype créé pour une exposition de la fondation Helen Hamlyn organisée dans le but d'étudier les besoins en design industriel des personnes âgées.
H (base) 42 cm ; l (base) 38 cm ; diam. 52 cm
Fabricant : Frogdesign, République fédérale d'Allemagne (1986-1987)

Le système des primes. *Si, en dépit de toutes les tentatives que font les designers en vue de distinguer leurs produits les uns des autres, ceux-ci restent trop semblables à ceux de la concurrence, il devient nécessaire de leur ajouter de petits suppléments qui marqueront la différence. C'est ainsi que les produits deviennent ultra-plats, ultra-souples, ultra-légers, ultra-confortables, sans fil, sans prise, équipés de piles solaires, et ainsi de suite... Le processus commence à une étape très précoce de la conception et est étroitement lié à la manière dont le produit évolue. L'invention de ces « primes » sur les produits émane plus souvent du « département design », sous forme de projets, que du département « recherche et développement ». Le département design constitue en quelque sorte le réservoir d'idées de l'entreprise. Qui aurait pu penser la chose possible il y a vingt ou trente ans ?*

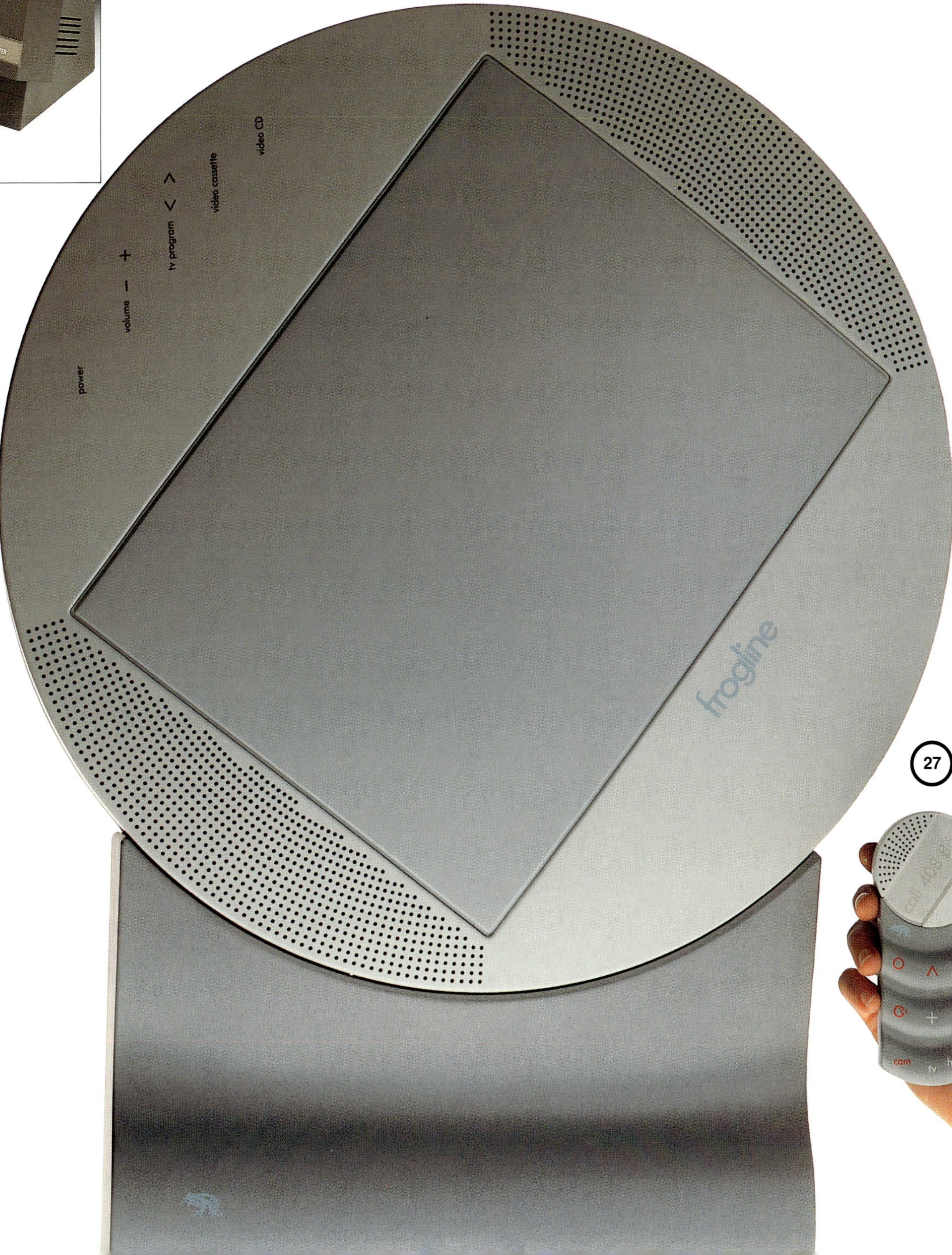

27

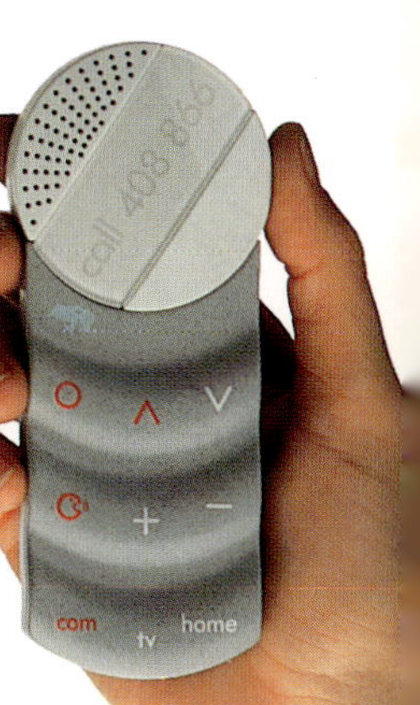

Pour les jeunes de tous âges. *Les équipements techniques que papa savait mettre en marche après avoir potassé un manuel de trente pages, le mot « concentration » écrit en capitales sur son front plissé, sont aujourd'hui utilisés par les enfants avec le plus grand naturel. Enfants et adolescents constituent le groupe visé délibérément par les directeurs de marketing et les designers. A cette fin sont créés des objets aux couleurs vives, ayant un air juvénile, dans le but de séduire à long terme. Quand l'utilisateur dit « mon premier Sony », il faut comprendre qu'il est marié pour la vie à cette marque. Pour ceux qui sont un peu plus âgés, il y a le* Sports Walkman *jaune d'or, modèle qui est même imperméable et permet bien sûr le* Swingin' in the rain. QT, *pour sa part, est un réel bijou, un bébé aux lignes aérodynamiques, aux couleurs de sucre d'orge dans le style Art déco de Miami. Bloqué sous le bras, il est idéal pour circuler en scooter. Les jeunes l'aiment parce qu'il a du chic, les parents l'achètent pour les souvenirs qu'il évoque (« Susie, te souviens-tu de l'été de 1965 ? »). Comme nous l'avons dit ailleurs, ce design est plus humain qu'industriel.*

28 SHARP DESIGN SECTION
Platine cassette portative, *QT-50*
Forme de capsule ; disponible dans une gamme de couleurs pastel. Son stéréophonique pour la radio et les cassettes.
H 40,2 cm ; l 13,7 cm ; P 8,1 cm
Poids : 2 kg (piles comprises)
Fabricant : Sharp, Japon (1985-1986)

29

28

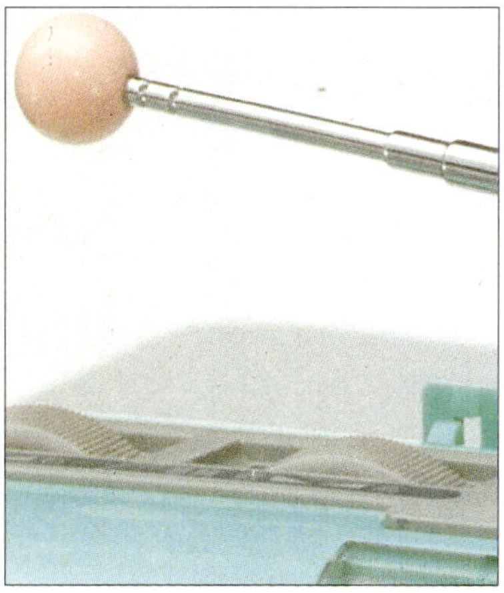

29 SONY DESIGN SECTION
Platine cassette, ***Sports Walkman***
Platine cassette étanche conçue pour l'extérieur.
L 9,65-9,77 cm ; l 3,58-3,76 cm ;
P 1,16-1,17 cm
Poids 290-320 g (piles comprises)
Fabricant : Sony, Japon (1985-1986)

A **Giorgio ARMANI**
Téléphone, *Notturno* ABS
Téléphone électronique avec signal visuel : un trait lumineux produisant un rayon vert annonce un appel de l'extérieur.
Série limitée
H 4,9 cm ; l 6,5 cm ; L 21,9 cm
Fabricant : Italtel Telematica, Italie (1987-1988)

E **SONY DESIGN TEAM**
Radio personnalisée
Plastique
Une carte plastifiée au format d'une carte de crédit est inserrée dans le clip pour chaque station de radio.
Fabricant : Sony, Japon (1988-1989)

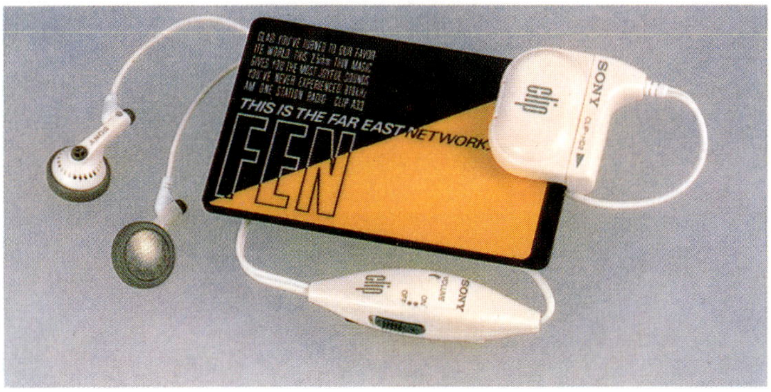

Forme et plaisir. *Lorsque la technologie va de soi et qu'on lui réserve de ce fait un traitement dérisoire, le design devient le facteur décisif de notre choix. L'objet doit avoir l'air magnifique et promettre du plaisir. Mais dans des cas, hélas trop nombreux, il satisfait ces exigences en sacrifiant aux lois d'une mode passagère. Eh bien, si le design industriel se soumet à la mode, pourquoi ne pas commander son nouveau déguisement à un grand couturier? Giorgio Armani a trouvé drôle de donner à un téléphone la forme même qui était devenue si impopulaire dans le design industriel, celle d'une boîte noire. Et par surcroît, il a réussit à le rendre muet: ce téléphone ne sonne pas, il envoie simplement des signaux lumineux. Toshiba s'aligne lui aussi sur la mode. Réalisant que* Walky *était porté en public, Toshiba s'est avisé de l'harmoniser – comme tout autre accessoire – à la mode actuelle d'Esprit, de Benetton, de Boss et de Marc O'Polo. Sous cet angle, on comprend mieux* Personal Radio *de Sony. A première vue, bien sûr, elle semblait inutilement compliquée avec ses cartes en plastique, mais elle a l'air terriblement sérieux, et montre à chacun que son propriétaire est « branché ».*

B-D TOSHIBA DESIGN DEPT
Radio-cassette stéréo ultra-plate; disponible en divers coloris
L 11,85 / 11,6 / 10,35 / 12,24 cm
l 7,8 / 8,35 / 8,5 / 8,7 / 8,8 cm
P 3,55 / 2,95 / 3,05 / 3,2 / 4,1 cm
Fabricant: Toshiba, Japon
(1985-1986)

30

30 CORPORATE INDUSTRIAL DESIGN (CID)
Réfrigérateur, *Mix & Match*
Poignées et accessoires disponibles en différentes couleurs.
H 160 cm; l 55 cm; L 55 cm
Fabricant: IRE, Italie (1986-1987)

31 Roberto PEZZETTA
Réfrigérateur-congélateur, collection *Wizard*
Nouvelle conception de réfrigérateur-congélateur non encastrable.
Quatre coloris sont disponibles: noir, métal, marbré et pierre.
H 162 cm; l 55 cm; P 60 cm
Fabricant: Zanussi, Italie (1986-1987)

Nouvelle cuisine. *Les habitudes alimentaires ont considérablement changé ces dernières années alors que, curieusement, les cuisines sont dans l'ensemble restées assez traditionnelles.*
Une demi-douzaine de fabricants d'équipements électro-ménagers tentent pourtant aujourd'hui de réaliser des modèles d'un type qui soit plus approprié à la nouvelle cuisine, c'est-à-dire à la fois léger et décoratif, avec un soupçon de luxe. Roberto Pezzeta, directeur du département design de Zanussi, a conçu pour sa société un réfrigérateur qui diffère autant des autres que le chef cuisinier diffère du plongeur. Peut-être l'autorité de Wizard *provient-elle dans une large mesure du fait qu'il porte, à l'instar du maître des lieux, une espèce de toque: en l'occurrence, un toit en forme de pyramide auquel est fixé un petit fanion. Dans un autre genre, le sommet des réfrigérateurs* Mix & Match *de IRE ressemble aux affiches d'un concours de supermaché. Pezzetta a réutilisé son heureuse invention dans la cuisinière électrique* Wizard *dont il a converti la plaque chauffante en surface décorée d'un graphisme aimable et raffiné. Les casseroles en acier d'Alessandro Mendini, pour Alessi, portent également l'empreinte de cette renaissance ornementale graphique. Le fanion de Rossi a subi pour sa part de troublantes transmutations: poignées de couvercles que l'on peut acheter séparément et utiliser avec des casseroles existantes, conçues par quatre designers différents, Michael Graves, Arata Isozaki, Yuri Soloviev et Philippe Starck. Tout le monde a mis la main à la pâte.*

31

32

32 Alessandro MENDINI
Batterie de cuisine
Acier inoxydable, plastique
Éléments appartenant à une batterie de 25 pièces
Prototypes
Grande marmite : H 30 cm ; diam. 34 cm
Petite marmite : H 19 cm ; diam. 24 cm
Casserole : H 15 cm ; diam. 30 cm
Petite casserole : H 13 cm ; diam. 24 cm
Fabricant : Alessi, Italie

33

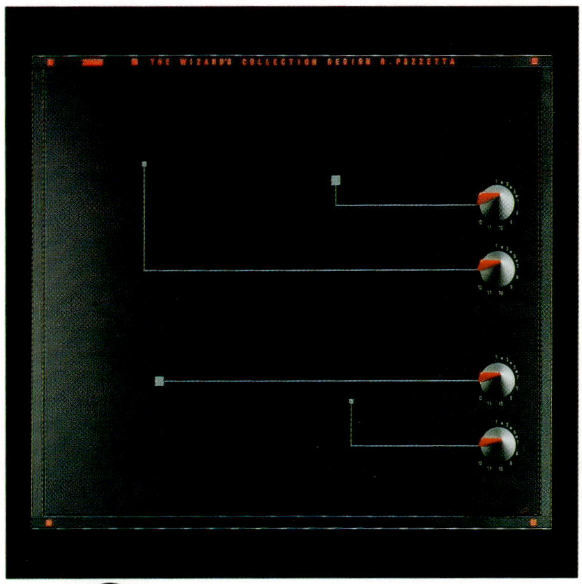

34

33-35 Roberto PEZZETTA
Cuisinière électrique, *Wizard Multiblack*
Verre, mélamine, acier émaillé, aluminium
Cuisinière à fonctions multiples équipée d'une minuterie et d'un programmateur électroniques, consomme 2,5 kW (2 500 W)
H 59,5 cm ; l 59,5 cm ; P 56 cm
Fabricant : Zanussi, Italie
(1988-1989)

35

36

36 **ALCHIMIA**
Bruno GREGORI
Il Mondo in Cucina, Neo-spatial
Installation de travail pour un nouveau genre de cuisine, avec équipement électronique et ordinateur, conçu par Philips.
Conception expérimentale.
Fabricant : Alchimia/Salvarini, Italie (1986-1987)

Le meilleur des mondes est celui de la cuisine. *Fondé en 1976, le groupe de designers Alchimia s'est légitimement taillé une réputation de provocateur tonique. Le projet* Küchenwelt *fut conçu, au milieu de la décennie quatre-vingt, en réaction contre l'uniformité croissante des cuisines équipées. Bruno Gregori, membre fondateur du groupe, a créé un monument de cuisine aux allures de robot dans lequel on peut faire cuire son rosbif à l'aide d'un microprocesseur. C'est le seul spécimen de « chef » déconstructiviste que l'on connaisse. Micro-chips assaisonnés à toutes les sauces... Et comme les designers adorent les films de science-fiction, le fer à repasser à vapeur de Smart Design ressemble davantage à une navette spatiale lancée par Sirius IV qu'à un fer classique. « Mon commandant, elle est tombée du ciel et s'est mise à repasser mes pantalons » ; dans le monde du design industriel moderne, l'entreprise Vaisseau Spatial est toujours à l'affût.*

37 **SMART DESIGN**
Fer à repasser de voyage
Le fer est doté d'une coque et d'une poignée en polycarbonate ; sa plaque chauffante est revêtue d'un métal anti-adhésif.
H 11 cm ; L 19,5 cm ; l 5 cm
Fabricant : Sanyei America, États-Unis (1985-1986)

(37)

Design bonsaï. *Dans nos civilisations occidentales on ne prête qu'une faible attention aux petits objets. Les ustensiles de la vie quotidienne attirent encore moins les regards et nul n'en accorde pratiquement, aux objets qui ont l'infortune d'être ordinaires et petits à la fois. Aussi le domaine des petits objets n'est-il pas celui dans lequel un designer peut aisément se faire une réputation. Il en va autrement au Japon. Là, ce qui compte, c'est moins* ce que l'on fait, *que le fait de* bien *le faire. L'art miniaturisé y est traditionnellement tenu en haute estime, si bien que les artisans s'adonnent volontiers à des tâches qui demandent amour et patience. Ce qui serait impensable pour un Michael Graves ou un Ron Arad est dans la nature même des choses au Japon : un designer comme Masayuki Kurokawa se consacre à la conception de portemines. Si nous, Occidentaux, accordions une plus grande attention aux produits mineurs de ce type, nos vies quotidiennes seraient bien plus séduisantes. Nous avons décidément encore beaucoup à apprendre.*

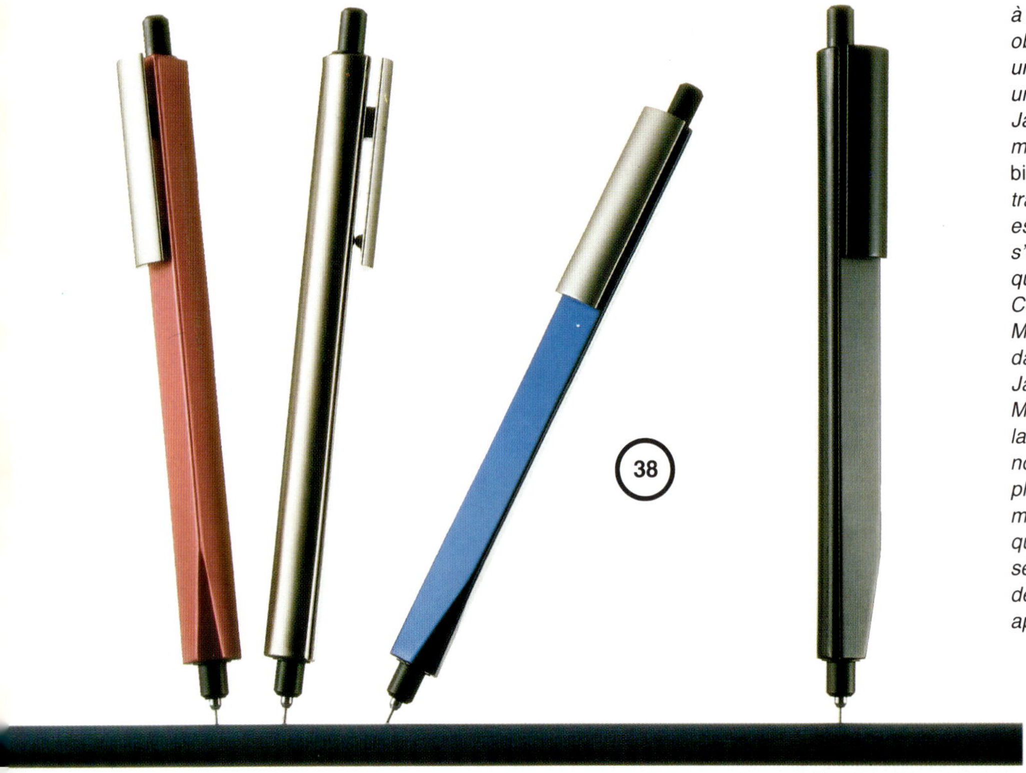

38

38 **Masayuki KUROKAWA**
Stylomine, *Archi Version K*
Alliage d'aluminium
H 1,3 cm ; L 14,7 cm ; 1,6 cm
Fabricant : Sakura Color Products, Japon (1987-1988)

39 **Kazuo KAWASAKI**
Ciseaux, *X & I*
Acier inoxydable
Forgé au feu, selon les méthodes traditionnelles, ces ciseaux s'ouvrent et se ferment au moyen d'un ressort plat ; un ressort plat à la jointure augmente la précision. Est vendu avec un étui de sécurité.
H 0,8 cm ; L 14 cm ; P 0,8 cm
Fabricant : Tafeki Knife Village, Japon (1987-1988)

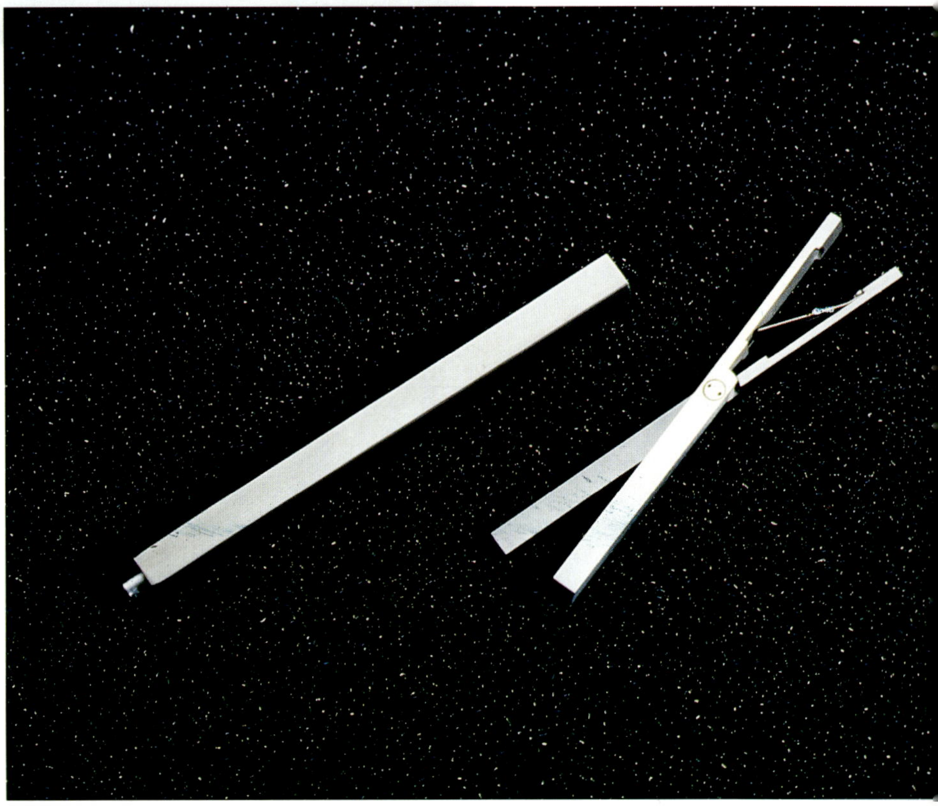

39

40 **Masayuki KUROKAWA**
Punaises, *Metal Wave*
Acier inoxydable
Punaises de bureau
Type A-J : H 0,5 à 2,8 cm ;
P 1 cm à 2 cm
Les trois longues punaises J 1-3 :
l 0,8 cm ; L 3,8 cm à 8,3 cm
Fabricant : Daichi Co, Japon
(1984-1985)

41 **Masayuki JUROKAWA**
cendriers, dessous de verre, briquets, collection *Gom*
Cendriers, dessous de verre, briquets
Caoutchouc, acier inoxydable, plastique. Ces objets sont entrés dans les collections permanentes du musée d'Art moderne de New York.
Dans le sens des aiguilles d'une montre, depuis l'angle supérieur gauche :
Cendriers carrés : H 14 cm à 14,5 cm ; l 7 cm à 10 cm ; L 7 cm à 10 cm
Cendrier circulaire : H 4 cm ; P 7 cm
Dessous de verre : H 0,5 cm ; diam. 8 cm
Briquet carré : H 4,2 cm ; l 7 cm ; L 7 cm
Briquet circulaire : H 4,2 cm ; diam. 7 cm
Au centre gauche : **cendrier circulaire**
H 4 cm ; diam. 17,4 cm
Centre droit : **cendrier circulaire**
H 3,2 cm ; diam. 13 cm
Fabricant : Fuso Gomund Co. Japon
(1984-1985)

40

41

L'image est le message. *Les images sont difficiles à construire, mais une fois qu'elles se sont imposées, elles peuvent avoir un rendement considérable. L'image (l'identité visuelle) de nombreuses marques est si charismatique qu'à l'ère du marketing, il est tentant d'utiliser à des fins lucratives un nom, une image de marque dans plusieurs domaines du design industriel. On a ainsi créé une circulation à deux voies : cela s'appelle un transfert d'image. Davidoff devient une marque de parfum, Chanel un parfum pour homme, Harley-Davidson une cigarette et Ferrari se porte au poignet sous forme de montre d'homme. Alessi a quitté la cuisine pour venir occuper une place sur le manteau de la cheminée ; Louis Vuitton tient également son rôle dans cet impérialisme de l'image. Ces deux derniers font pour ainsi dire leur exercice de voltige avec filet, la sauvegarde étant le concours d'architectes célèbres comme designers. Ajoutons à cela le prix le plus élevé qu'on puisse imaginer, et le mécanisme producteur d'objets de culte se met en mouvement.*

43

42

42 Michael GRAVES
Mantel clock
Bois teinté ébène, placage d'érable
H 24 cm ; l 9 cm ; L 16 cm
Fabricant : Alessi, Italie (1988-1989)

44

43 Gae AULENTI
Bracelet-montre, *Louis Vuitton I*
Boîtier en or 18 carats
Anti-magnétique avec mécanisme à quartz. Indique l'heure, la date, la phase de la lune.
P 1,45 cm ; diam. 4 cm
Fabricant : Louis Vuitton, France (1988-1989)

44 Gae AULENTI
Bracelet-montre, *Louis Vuitton II*
Céramique à l'oxyde de zirconium, verre de saphir
Fonction réveil. Cette céramique récemment découverte est imperméable, résiste à l'abrasion et ne ternit pas.
P 1,27 cm ; diam. 3,7 cm
Fabricant : Louis Vuitton, France (1988-1989)

45

45 Richard SAPPER
Bracelet-montre, *Uri-Uri*
Acier inoxydable, chromé noir. Cuivre à quartz, étanche jusqu'à 30 mètres de fond.
P 0,5 cm ; diam. 3,5 cm
Fabricant : Alessi, Italie (1988-1989)

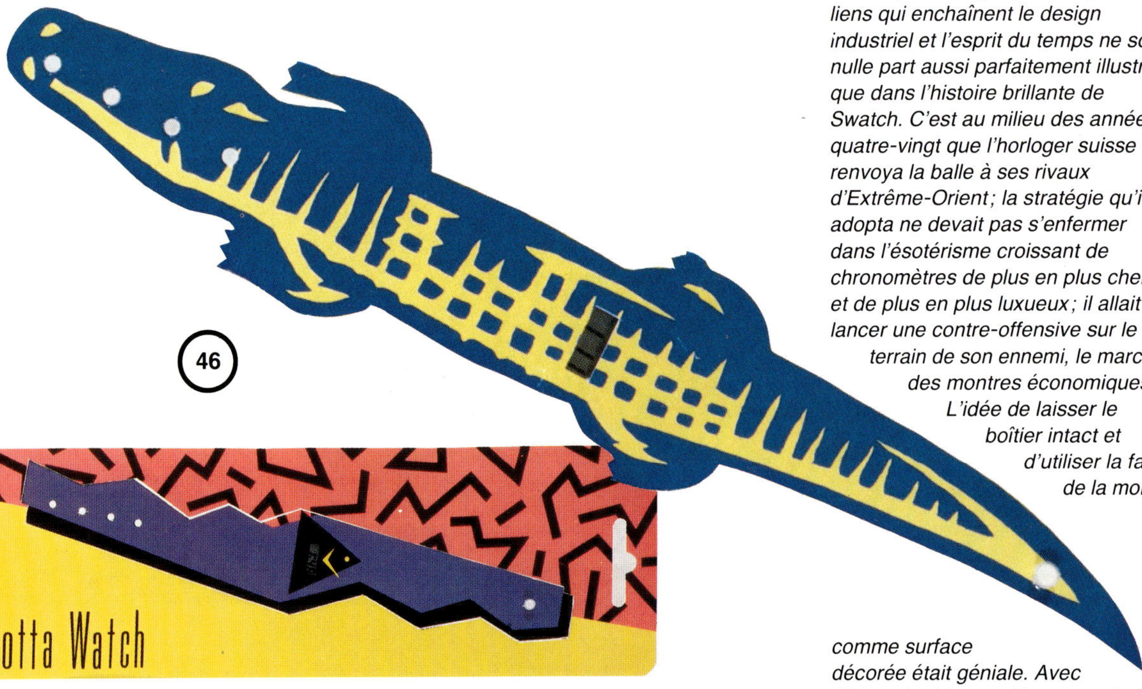

46

Le temps et l'esprit du temps. *Les liens qui enchaînent le design industriel et l'esprit du temps ne sont nulle part aussi parfaitement illustrés que dans l'histoire brillante de Swatch. C'est au milieu des années quatre-vingt que l'horloger suisse renvoya la balle à ses rivaux d'Extrême-Orient; la stratégie qu'il adopta ne devait pas s'enfermer dans l'ésotérisme croissant de chronomètres de plus en plus chers et de plus en plus luxueux; il allait lancer une contre-offensive sur le terrain de son ennemi, le marché des montres économiques. L'idée de laisser le boîtier intact et d'utiliser la face de la montre comme surface décorée était géniale. Avec d'innombrables motifs aux couleurs vives, de style moderne, auxquels s'ajoutaient tous les six mois de nouveaux modèles, Swatch ébranla le marché de l'horlogerie, si bien que les montres devinrent une fois de plus un produit brigué par les acheteurs soucieux d'être à la mode. Même les directeurs de société, préoccupés de leur statut, découvrirent qu'ils avaient l'air dynamique avec* l'esprit du temps *au poignet. Ils mirent leur Rolex de côté et s'achetèrent une Swatch. Le produit était si bon marché que ceux qui la portaient pouvaient flirter avec elle en toute impunité, et comme il était clair pour tout le monde qu'on pouvait s'offrir une montre bien plus chère, Swatch dénotait par là davantage un style de vie que l'importance du compte en banque. L'idée fut copiée par d'autres fabricants, et même par ceux qui n'avaient aucune expérience dans le domaine, mais ce sont les montres de la firme textile italienne Benetton qui se rapprochent le plus, par l'esprit, de l'original. Récemment, Sony a fait un pas supplémentaire dans l'innovation, en lançant sur le marché la première collection de montres en papier « à jeter ». Le produit fait l'objet d'un conditionnement aux couleurs joyeuses, illustrant les mythes triviaux de notre culture adolescente. Attention, le crocodile Sony fait son apparition !*

46 SONY DESIGN TEAM
Bracelet-montre à affichage digital,
Gotta Watch
Papier, acier inoxydable, mécanisme à quartz
L 22 cm
Fabricant : Sony, Japon (1988-1989)

47-48 **SWATCH**
Montres à quartz à cadrans et bracelets de plastique.
Le mécanisme interne est le même dans tous les cas, mais les cadrans (petits et grands) sont modifiés tous les six mois en fonction de la mode.
Fabricant: Swatch, Suisse
(1988-1989)

47

48

Christopher ALVIAR, né en 1961 à Manille, aux Philippines, habite les États-Unis depuis 1977. Diplômé de l'université de Washington en Design industriel (1986), il a travaillé en qualité de designer *free-lance* pour différentes sociétés des environs de Seattle, dont O' Brien International et Walter Dorwin Teague Associates et, à partir de 1987, pour Ziba. Lauréat du Merit Award de l'IDSA (1985, 1986), il a reçu les prix « NW Design Invitational » et « Design Excellence » de l'IDSA en 1988, double consécration de ses travaux sur un système de transparence électronique.

figurent le Museum of American Folk Art de New York et le Houston Center Plaza. Avec Giancarlo Piretti, il a conçu le siège *Vertebra* (lauréat du « Compasso d'Orso ») et le *Logotec,* ensemble modulable de spots sur rail (lauréat de l'« American National Industriel Design Award », en 1980).

Ron ARAD est né en 1951 à Tel Aviv (Israël). Il a étudié à l'Academy of Art de Jérusalem et à l'Architectural Association de Londres, dont il fut diplômé en 1979. Après avoir travaillé pour une société d'architectes londoniens, il créa en 1981 la société de design One-Off Ltd. Il a participé à de nombreuses expositions et se consacre au design de mobilier et d'objets et à la décoration d'intérieurs. Il a en outre collaboré à la création des collections d'ameublement de Vitra and Aram Design Ltd.

* BIOGRAPHIES DES DESIGNERS

Emilio AMBASZ est diplômé d'architecture (Master's degree) de l'université de Princeton où il enseigna ultérieurement. Il n'avait pas trente ans lorsqu'il fut co-fondateur du New York Institute for Architecture and Urban Studie et conservateur du département « Design » du musée d'Art moderne de New York. Ses travaux en architecture, décoration d'intérieur et design industriel, ainsi que ses conférences et ses écrits lui ont depuis lors valu une notoriété internationale. Au nombre des plus célèbres de ses conceptions architecturales, dont certaines ont été récompensées par des prix,

Junichi ARAI est né en 1932 dans le district de Gunma, au Japon. Il est concepteur et fabricant de textiles, spécialisé dans les tissus sculpturaux. Ses premiers clients Japonais sont les créateurs de mode Issey Miyake et « Comme des Garçons ». En 1987, il a reçu le titre de Membre honoraire de la faculté royale des designers pour l'industrie.

Giorgio ARMANI est né en 1934 à Piacenza (Italie). De 1964 à 1970, il a travaillé avec Hitman (de la maison Cerruti, mode masculine), puis comme designer *free-lance* pour le compte de différentes sociétés. En 1975, il a créé Giorgio Armani SPA qui devait bientôt se doter de lignes nouvelles (vêtements pour enfants, sous-vêtements et lingerie pour hommes et femmes, jeans et parfums). Il a reçu de nombreuses récompenses, dont, en 1987, le « Gran Cavaliere », décerné par le gouvernement italien, le « Lifetime

Achievement Award », décerné par le Conseil des créateurs de mode d'Amérique (The Council of Fashion Designers of America), et en 1988, le « Cristobal Balenciaga Award » de Madrid, qui consacre le meilleur créateur de mode au plan international.

Atelier VORSPRUNG : voir Beat FRANK et Andreas LEHMANN.

Gae AULENTI est diplômée d'architecture de l'École polytechnique de Milan (1954). Outre ses projets d'architecture, elle a créé des décors et costumes de scène pour l'opéra et le théâtre, a fait de nombreuses conférences sur l'architecture, a exposé dans le monde entier et reçu de nombreuses récompenses. Elle a participé au projet du musée national d'Art moderne du Centre Georges Pompidou et conçu l'architecture intérieure du musée d'Orsay.
En septembre 1987, le président Mitterrand l'a nommée chevalier de la Légion d'honneur.

Hiroshi AWATSUJI, designer de textiles, est né à Kyoto en 1929. Diplômé de l'École des beaux-arts de sa ville, il y ouvrit un atelier de design en 1958. Depuis 1964, il est l'un des collaborateurs de la société de textiles Fujie. Au nombre de ses commandes les plus importantes effectuées pour le Japon figurent les textiles destinés au pavillon du gouvernement lors de l'« Expo 70 », ainsi que des tapisseries pour les hôtels *Keio Plaza* et *Ginza Tokyu*.
Il fut également présent à l'exposition « Japan Style » du Victoria and Albert Museum de 1980 ainsi qu'à l'exposition « Design Since 1945 » de Philadelphie (1980 également).

Enrico BALERI, italien né à Bergame en 1942, est designer et chef d'entreprise. Il fit ses études, à Milan. Depuis, il a travaillé pour de nombreuses sociétés — dont Pluri et Alias, en qualité de directeur artistique, jusqu'en 1983. Puis il a fondé Baleri Italia, qui a commandé des créations à Philippe Starck, Hans Hollein et Alessandro Mendini.

Heiko BARTELS né en 1947, est un designer spécialisé dans la technologie de l'électro-ménager (équipement de cuisines), le design appliqué aux luminaires et à la décoration d'intérieur. En association avec les designers Fischer, Hullmann et Hüskes, il a fondé le groupe Kunstflug en 1982.

Mark BAYLEY, Anglais, est photographe et décorateur d'intérieurs. Il a étudié le design graphique au London College of Printing and Photography et au Royal College of Art de Londres, dont il fut diplômé en 1984. Il fut d'abord photographe *free-lance,* spécialisé dans le portrait et la photographie de mode. Son intérêt pour les éclairages et la décoration d'intérieur est né du besoin de créer des accessoires satisfaisant aux exigences de la photographie. Il réalise actuellement, sur commande, des décorations d'intérieurs et des éclairages.

Martine BEDIN est née à Bordeaux en 1957. Elle a fait des études d'architecture à Paris et a travaillé au Superstudio à Florence. Elle a travaillé avec Ettore Sottsas, créant des lampes et des meubles pour Memphis. Depuis 1982, elle exerce en tant que designer industriel indépendant, tout en enseignant le design à l'Ecole Camondo, à Paris.

Hedda BEESE est née en 1944 en Allemagne, a étudié à Berlin et à la Central School, à Londres. Ancienne directrice adjointe du bureau londonien de Moggridge Associates, elle s'occupe désormais de la nouvelle implantation de la société en Allemagne, Design Drei.

Cressida BELL a étudié le design de mode à St Martin's School of Art, à Londres, ainsi que le textile design au Royal College of Art, à Londres. Diplômée en 1984, elle a créé sa propre société de design et de textiles faits-main. En plus de la fabrication de vêtements et de meubles, elle fait aussi de la décoration d'intérieurs. Elle est membre de l'Independent Designers Federation, à Londres.

Carlo BELLINI est né à Pérouse en 1960. Aujourd'hui, il vit et travaille à Milan. Il a étudié l'architecture à l'université de Milan et l'ingénierie à l'université de sa ville natale. Lauréat, en 1984, du « Concorso di design regione Toscana », il fut sélectionné, grâce à deux de ses créations, pour la Biennale d'architecture en 1985.

Mario BELLINI est né à Milan en 1935. Il a étudié l'architecture à l'École polytechnique de Milan dont il fut diplômé en 1959. Il exerce le métier d'architecte et de designer industriel pour les sociétés Artemide, B&B Italia, Cassina, Erco, Ideal Standard, Poltrona Frau et Rosenthal. Depuis 1965, il est ingénieur conseil d'Olivetti machines électroniques. Il est en outre rédacteur de *Domus.* Citons, parmi les nombreuses récompenses qu'il a reçues, le « Compasso d'Oro » en 1986.

Franco Alberto BERG est né en 1948. Il a fait ses études à l'université d'Art de Brunswick, (HBK), en Allemagne fédérale. Lauréat en 1978, il a créé en 1979 à Brunswick son propre atelier de design, consacré à l'élaboration de produits nouveaux. Il s'est depuis installé à Hanovre. Berg a collaboré au design d'une vaste gamme de produits de consommation courante et à la création d'objets de valeur.

Norbert BERGHOF, architecte et designer d'Allemagne fédérale, est né en 1949. Diplômé d'architecture et d'études techniques à Darmstadt, il s'associa, en 1981, aux architectes Michael Landes et Wolfgang Rang. Au nombre de leurs projets d'architecture figurent des plans pour constructions immobilières à Francfort, des projets de rénovations intérieures, des affiches et une ligne d'ameublement pour Draenert.

Hans-Ullrich BITSCH est né à Essen en 1946 ; il a étudié l'architecture et le design à Sarrebruck et Chicago. Il vit et travaille à Düsseldorf. Ses clients institutionnels sont le gouvernement allemand, ainsi qu'une radio et une chaîne de télévision allemandes. Il cultive, dans la meilleure tradition du Bauhaus, l'unité globale de l'architecture, de la décoration d'intérieur et du design industriel.

BLACKMAN, architecte et designer industriel, né à New York en 1956, est diplômé d'architecture de l'université Columbia, à New York (1981). Il crée des meubles et des luminaires. Ses travaux ont été présentés dans des galeries et expositions. Il figure dans les collections permanentes du Musée de Brooklyn. A diverses occasions, il a collaboré avec *Lance... try.*

Oscar TUSQUETS BLANCA est né à Barcelone en 1941. Il a fréquenté l'École technique supérieure d'architecture (Escuela Técnica Superior de Arquitectura) de sa ville et, en 1964, créé l'atelier PER avec Lluis Clotet, où il collabora jusqu'en 1984 à la presque totalité des projets. Il a enseigné et donné des conférences dans des universités allemandes, françaises et américaines ; ses travaux (projets d'architecture et design) ont été exposés dans de nombreux pays européens et aux États-Unis ; ils ont reçu de nombreuses récompenses.

Mario BOTTA est né en 1943 à Mendrisio (Suisse). Il a fréquenté l'Académie des beaux-arts de Milan et est diplômé d'architecture de l'université de Venise. Il a acquis une expérience pratique dans l'atelier de Le Corbusier et a créé son propre bureau d'études à Lugano en 1969. Les maisons particulières et les immeubles à vocation commerciale qu'il a créés en Suisse sont généralement qualifiés de « rationalistes ». Depuis 1982, il a également créé des meubles pour Alias. Deux de ses chaises sont présentées dans la collection « Bureau » du musée d'Art moderne de New York.

Andreas BRANDOLINI est né en Allemagne en 1951. Il a étudié l'architecture à Berlin et a donné des conférences sur le design industriel à l'École supérieure des beaux-arts de Berlin et dans le cadre de l'Architectural Association de Londres ; il a enseigné quelque temps à l'École supérieure de design d'Offenbach. Il a travaillé dans le même atelier de design que Joachim Stanitzek, et exposé en Allemagne, au Brésil, en France et en Italie.

Andrea BRANZI est né à Florence où il a fait ses études. Directeur pédagogique de l'Académie Domus, il est depuis toujours le représentant par excellence de la tendance radicale du design italien. Son œuvre a été récompensée par le « Compasso d'Oro » en 1987. Il a collaboré jusqu'en 1974 au premier groupe de l'avant-garde italienne du design : Archizoom Associati. Il a participé à la création du Studio Alchimia, groupe implanté à Milan dont les créations s'apparentent davantage à des œuvres d'art. Il a également collaboré aux travaux du groupe Memphis, auprès d'Ettore Sottsass.

Peter BREMERS est né en 1957 à Maastricht (Pays-Bas). Il est sculpteur et designer. Diplômé de l'Académie des beaux-arts de Maastricht en 1980, il se lança dans la sculpture après avoir créé des meubles, ainsi qu'une montre de poignet pour la société suisse Lincoln. Il a exposé à la galerie Neotu de Paris, à la Biennale de Courtrai, à Marseille, Berlin et Arnhem.

Tim BROWN est né en 1962 en Grande-Bretagne. Après des études à l'École polytechnique de Newcastle-upon-Tyne, et au Royal College of Art de Londres, ses équipements de bureaux professionnels ont été récompensés par le prix « Bursary » de la Royal Society of Arts. En 1987, il intégra le groupe Moggride Associates, pour lequel il travailla sur des éléments de bureautique et des ordinateurs. Ses modèles de télécopieurs créés pour Dancall (Suède) ont été présentés à l'exposition « Leading Edge » de la galerie Axis de Tokyo en décembre 1988.

Pauline BURBIDGE est née en 1950 dans le Dorset, en Angleterre. Après des études au Yeavil Technical College, au London College of Fashion et à la St Martin's School of Art de Londres, elle a, dès 1972, été styliste pour une petite maison londonienne ; de 1973 à 1976, elle a travaillé en association et commencé à créer des patchworks. Aujourd'hui, elle enseigne et travaille à la commande.

Paul BURGESS est né en 1961 à Swindon (Angleterre). Il a étudié l'impression des textiles à la Camberwell School of Art et au Royal College of Art de Londres. Il exécute les collections que lui commandent Extravert Ltd et Extetique/Amescote Ltd ; il crée des motifs imprimés et des décors de vitrines pour Next plc. En 1986, ses travaux ont été récompensés par le « Drapers Record Award » de l'exposition « Texprint 86 ».

Santiago CALATRAVA est né en 1951 à Valence (Espagne). Il a étudié les beaux-arts à Valence et Paris, a suivi des cours d'architecture à Valence et étudié l'ingénierie à l'Institut fédéral de technologie de Zurich. Après avoir enseigné trois ans dans ce même institut, il a créé son propre bureau d'architecture et d'ingénierie. Il travaille depuis lors à des structures d'ingénierie et, depuis 1986, crée des meubles.

Pier Paolo CALZOLARI, né en 1944, est un artiste conceptuel italien proche du mouvement de l'*arte provera.* A exposé dans les galeries Sperone et Persano de Turin, les galeries Sonnabend de Paris et Gladstone de New York. A créé des meubles pour Meta Memphis de Milan.

Anna CASTELLI FERRIERI est diplômée d'architecture de l'université de Milan où elle donna des conférences sur le design industriel ; elle fut à la même époque rédactrice associée du magazine *Casabella.* Depuis 1976, elle est directeur artistique de Kartell et spécialisée dans la création de meubles en plastique moulé par injection, pour lesquels le « Compasso d'Oro » lui fut décerné en 1979. Ses créations sont exposées au musée d'Art moderne de New York.

Achille CASTIGLIONI est né en 1918 à Milan. Il a d'abord travaillé en association avec ses frères Livio et Pier Giacomo spécialisés en décoration d'intérieur, mobilier et luminaires. Il est particulièrement connu pour ces derniers, et notamment pour son modèle *Toio.* Castiglioni est l'un des plus brillants designers italiens d'aujourd'hui ; le « Compasso d'Oro » lui a été décerné au moins sept fois.

Lance CHANTRY est né en 1954 à Chicago. Il travaille aujourd'hui pour les plus grands constructeurs de matériel électronique ; il a recours, pour le design et l'éclairage, à la robotique et à l'électronique de pointe. Le lampe *Quahog* est le fruit de sa collaboration avec Leo Blackman.

Jaime TRESSERRA CLAPES est né en 1943 à Barcelone. Après un début d'études de droit, il opta pour les beaux-arts et se consacra à la création de bijoux. Pendant quinze ans, il travailla au décor d'intérieur et à l'architecture, et se tourna ensuite vers le design de mobilier. Il remporta, en 1986, le prix « Casa Viva » du meilleur design à l'exposition « Mogar » de Madrid, puis créa sa propre société. Il reçut le prix du meilleur design (« Best Design Award ») à l'Exposition internationale de l'ameublement de Valence en 1987. Récemment, il a créé l'identité visuelle des Jeux olympiques de Barcelone de 1992.

Lluis CLOTET est né en 1941 à Barcelone. Diplômé d'architecture de sa ville natale, il créa en 1964 l'atelier PER avec les architectes Pep Bonet, Cristian Cirici et Oscar Tusquets Blanca. Avec ce dernier, il collabora à de nombreux projets jusqu'en 1983.
Ses travaux d'architecture ont été récompensés par le prix « FAD » pour la meilleure architecture d'intérieur à Barcelone en 1965 et 1972, et la meilleure construction, en 1978 et 1979. Le prix « Delta de Oro » lui a été décerné en 1974, 1979 et 1980 pour le meilleur design industriel ; enfin, ce même prix a couronné en 1985 ses dernières vingt-cinq années de travail.

Nigel COATES, né en 1949, est diplômé de l'Architectural Association depuis 1974. (Il reçut, à cette date, le prix annuel de l'association). Il a créé, en 1985, un bureau d'études avec Doug Branson, qui exécute des commandes commerciales et individuelles pour la Grande-Bretagne et le Japon. Au nombre de ces commandes figurent des décorations de magasins pour Jasper Conran, Katharine Hammet et Jigsaw, ou de restaurants au Japon et à Londres. Coates enseigne le design à l'Architectural Association depuis 1976. Il est membre fondateur de NATO (Narrative Architectural Today), mouvement expressionniste très influent.

Pepe CORTES est né en 1945 à Barcelone. Il a collaboré avec Javier Mariscal à de nombreux projets (éclairage, mobilier et décorations intérieures).

COOP HIMMELBLAU (voir Wolf D. PRIX et Helmut SWICZINSKY.)

Tony CRAGG, né en 1949, est en artiste anglais connu pour son utilisation de matériaux recyclés et leur transformation. A fait de nombreuses expositions personnelles dans des galeries réputées. Il représenta l'Angleterre à la Biennale de Venise de 1988. Il vit et travaille à Wuppertal (Allemagne fédérale).

Riccardo DALISI est né en 1931 à Potenza (Italie). Depuis 1962, il poursuit des expérimentations sur les formes architecturales en recourant à l'éclairage et à la géométrie ; il a participé à différents concours d'architecture dans le cadre universitaire. Il a écrit divers ouvrages et enseigne à l'université de Naples. Il a, ces dernières années, élaboré le thème de la cafetière napolitaine, création couronnée par le prix du « Compasso d'Oro » en 1981. On lui reconnaît le mérite d'avoir revitalisé la recherche en matière de design au sud de l'Italie. Alessandro Mendini a décrit Dalisi comme « le cerveau du design au sud de la péninsule ».

Paolo DEGANELLO est né en 1949 à Este (Italie). Il a fait ses études à Florence et, de 1963 à 1974, a travaillé en qualité d'urbaniste pour la municipalité de Florence. En 1966, il a fondé, avec Andrea Branzi, Gilberio Corretti et Massimo Morozzi, le Studio Archizoom, qui était alors un groupe d'avant-garde. En 1975, avec Corretti, Franco Gatti et Roberto Querci, il a créé le Collettivo Tecnici Progettisti.
Il a consacré beaucoup de temps à l'enseignement (notamment à l'université de Florence et à l'Architectural Association de Londres) et a publié un certain nombre d'ouvrages et articles.
Il a créé des produits pour Marcatré, Vitra, Driade et Cassina et a participé à de nombreux concours et expositions internationaux.

Michele De LUCCHI est né en 1951 à Ferrare (Italie). Il commença ses études à l'université de Padoue et les poursuivit à Florence, où il fonda le Gruppo Cavat qui devait créer des projets d'architecture, des films, des textes et des *happenings* de l'avant-garde la plus radicale. Diplômé de l'université de Florence en 1975, il allait ultérieurement enseigner dans cette même université. En 1978, il abandonna l'enseignement et travailla en collaboration étroite avec Ettore Sottsass. Il travailla pour Alchimia jusqu'à la fondation de Memphis en 1981, pour qui il créa et exécuta certains des produits les plus célèbres. En 1979, il devint ingénieur-conseil d'Olivetti Synthesis à Massa et, en 1984, d'Olivetti SpA à Ivrea. Sous le contrôle de Sottsass, il créa le mobilier de bureau de la ligne « Icarus ». Il a, avec Sottsass Associati, créé plus de cinquante magasins Fiorucci en Italie et à l'étranger. Il se consacre actuellement au design de meubles pour un très grand nombre de fabricants, parmi les plus célèbres aujourd'hui, auxquels appartiennent, entre autres, Acerbis, Artemide, Vistosi, RB Rossana et Fontana Arte.

Margit DENZ est actuellement étudiante à l'École des arts appliqués de Vienne, en Autriche.

Bernhardt DESSECKER est né en 1961 à Munich. Il a étudié le design pour son application à la décoration d'intérieur et a ensuite travaillé, de 1983 à 1984, au Studio Morsa de New York. Depuis 1984, il est designer *free-lance* et collaborateur de l'équipe de designers d'Ingo Maurer.

Sergi DEVESA est un designer espagnol né en 1961. Après des études dans les arts appliqués, il a travaillé sur l'éclairage avec Metalarte et s'intéresse à présent au design d'ameublement.

Thomas DIXON est un sculpteur designer britannique né en 1959. Il crée des meubles et objets (comme des lustres), à la demande et pour satisfaire généralement des besoins spécifiques.

Nicholas DORMON est né en 1961. Il a étudié à l'école Polytechnic of the South Bank, de Londres. Designer, il est intégré à l'équipe de Moggridge Associates. (Voir également Bill Moggridge.)

Marie-Christine DORNER est née en 1960 à Strasbourg. Diplômée en 1984 à Paris, elle a travaillé pour Patrick et Daniel Rubin et pour Jean-Michel Wilmotte. En 1985, sa table remporta un prix décerné par les Galeries Lafayette ; en 1986, une sélection de ses créations fut produite par Idée et exposée à la galerie Axis.

André **DUBREUIL** est né en 1951 en France. Il a étudié l'architecture en Suisse et le design à l'Inchbald School of Design de Londres. Il a travaillé en qualité de décorateur d'intérieur et de muraliste avant de commencer à créer ses meubles en fer forgé. Il vit actuellement à Londres.

Nathalie DU PASQUIER est née en 1957 à Bordeaux. Elle a vécu et travaille à Milan depuis 1979; c'est là qu'elle est entrée en contact avec le groupe Memphis. Elle a commencé à travailler sur les textiles et, par la suite, a travaillé au mobilier et au graphisme également; elle a accepté de réaliser des projets pour des clients comme Fiorucci, Esprit et Lorenz. Elle collabore souvent avec George Sowden.

Thomas EISL est né en 1947 en Autriche. Il vit en Angleterre depuis 1969. Il a étudié à la Central School of Art de Londres et obtenu son diplôme à la section « beaux-arts » en 1977. Depuis 1981, il crée des éclairages qui sont généralement des pièces uniques.

Hildegard ERHARD, artiste allemande née en 1950; vit et travaille à Berlin.

James EVANSON est né en 1946 aux États-Unis. Il a reçu une formation d'architecte au Pratt Institute de New York et à l'Art Center College of Design de New York.

Marco FERRERI est né en 1958 en Italie. Diplômé d'architecture de l'École polytechnique de Milan, il a travaillé en qualité d'architecte dans les bureaux d'étude de Manfiaroti, Zanuso et Munari jusqu'en 1984, date à laquelle il a créé sa propre agence. Il exécute depuis des commandes pour le compte du Conseil municipal de Milan, pour Olivetti, IBM, McCann Erikson, etc.

Uwe FISCHER, designer allemand, né en 1958. Avec Klaus Achim Heine, il a fondé en 1985 le Ginbande, agence de design, à Francfort. Il a créé des meubles convertibles mécaniquement pour Vitra Edition, ainsi que des sièges pour Sawaya & Moroni.

Fulvio FORBICINI est né en 1952 à Ravenne. Il est diplômé de design industriel (Florence, 1974-1975). Après s'être associé à Roche-Bobois, il ouvrit un bureau d'études avec Fabrizio Ballardini; celui-ci explore aujourd'hui encore les besoins de l'industrie, se proposant de les satisfaire de façon esthétique.

Norman FOSTER, architecte anglais, est né en 1935 à Manchester. Il a étudié l'architecture dans les universités anglaise et américaine de Manchester et Yale. Il exerce depuis 1965 date à laquelle il s'est associé à Richard Rogers. En 1969, il créa Foster Associates où il fut désormais indépendant. Le Sainsbury Centre, à Ipswich (Australie), et les banques de Hong-Kong et de Shanghai, à Hong-Kong, comptent parmi ses réalisations majeures. En 1985, Foster commença à travailler, pour Tecno, à un système d'ameublement connu sous le nom de « Nomos ». Foster est le lauréat de la « Royal Gold Medal for Architecture » et a reçu, pour ses édifices, de nombreuses autres récompenses. Ses créations ont été exposées au musée d'Art moderne de New York, et à la Royal Academy de Londres.

Sam FRANCIS, peintre expressionniste abstrait, est né en 1923 à San Mateo, en Californie. Il a étudié la médecine en 1941 à 1943, et la peinture et l'histoire de l'art — avec Mark Rothko —, de 1948 à 1950. On considère généralement son œuvre comme plus subtile et plus « européenne » que celle de ses collègues américains. Aux États-Unis, on l'appelle l'*homo transatlanticus.* Au nombre de ses expositions importantes figurent celles du Los Angeles County Museum of Art, du Whitney Museum of American Art à New York, du Louisiana Museum de Copenhague Humbleblaek et du musée national d'Art moderne du Centre Georges Pompidou, à Paris.

Beat FRANK, designer suisse, né en 1949, a fondé en 1986 à Berne en association avec Andreas Lehmann, l'Atelier Vorsprung, spécialisé dans le design.

Albert FRASER est né à Glasgow en 1945. Il a étudié l'architecture à la Rhode Island School of Design, où il fut diplômé en 1982. Aujourd'hui, il réside à Milan. Il est créateur de mobilier, de luminaires et de design industriel. Au nombre de ses clients figurent Arflex, Mont-Blanc, Bausch & Lomb, Stilnovo, Artemide et B & B Italia.

Derek FROST a ouvert son propre bureau de consultant designer à Londres en 1984; il avait auparavant travaillé pour Mary Fox Linton. La gamme de ses projets de décoration d'intérieurs — commerciaux ou particuliers —, est très étendue. Il travaille également à des pièces de mobilier uniques et s'est adjoint la collaboration des meilleurs ébénistes et artisans d'Angleterre.

Bruno GECCHELIN est un architecte italien, né à Milan en 1939. Il a étudié l'architecture à l'École polytechnique de Milan. Sa carrière commence en 1962 et il travaille dès lors avec de nombreuses sociétés de premier plan.

Franco GEHRY, qui est l'un des directeurs de Frank Gehry & Associates (Los Angeles), est né en 1929 à Toronto, au Canada. Ses travaux ont été très souvent récompensés. Il est membre de l'American Institute of Architects. Ses créations ont été largement diffusées et exposées, en particulier au musée d'Art moderne de New York et au musée de Louvre.

Ginbande : voir Uwe Fischer et Klaus Achim Heine.

Massimo LOSA GHINI est un designer italien qui se consacre exclusivement au mobilier, aux textiles, à la mode et à la publicité. Né en 1959 à Borgo Tossignano, il a étudié à Florence. Il est diplômé d'architecture de l'université de Milan. En 1981, il adhéra au groupe Zak-Ark et, à partir de 1984, collabora à la société AGO. Depuis 1982, il travaille à des projets de discothèques et de magazines.

Sue GOLDEN est une artiste britannique. Après avoir reçu une formation dans une école d'arts plastiques de Londres, elle créa elle-même de petites œuvres sculpturales uniques, inspirées de l'art tribal, tels des miroirs et des vases. En 1987, elle produisit le *Shield Chair* (la Chaise-bouclier).

Piers GOUGH est un architecte britannique né en 1946 à Brighton (Grande-Bretagne). Il a exercé dans le groupe Wilkinson Calvert & Gough de 1968 à 1972, dans son propre bureau d'étude, Piers Gough, de 1972 à 1975 et, aujourd'hui dans la société rebaptisée Campbell Zogolovitch Wilkinson & Gough. Sa *Chaise longue* est une commande d'Aram Design Ltd.

Michael GRAVES, né en 1934, est cet architecte de Princeton célèbre pour son classicisme post-moderne. Son œuvre, qui a reçu de nombreuses distinctions, compte notamment le Newark Museum, le Whitney Museum de New York, une bibliothèque à San Juan Capistrano, l'Humana Headquarters de Louisville et un établissement vinicole dans la Napa Valley californienne. Ses tableaux et ses peintures figurent dans plusieurs grands musées.

Zaha HADID est née en 1950 à Bagdad, (Irak). Diplômée de l'Architectural Association de Londres en 1977, elle entrait la même année à l'Office of Metropolitan Architecture. En 1982, elle reçut une médaille d'or pour sa rénovation d'un appartement londonien (distinction décernée au titre des Architectural Digest British Architecture Awards). En 1983, elle remporta le premier prix du « Peak International Competition », à Hong Kong.

Dorothy HAFNER est née en 1952 à Woodbridge, dans le Connecticut. Elle a étudié l'art au Skidmore College, à New York. Ses porcelaines décorées à la main figurent dans de nombreuses collections, dont celle du Smithsonian Institute, à Washington, et au Victoria and Albert Museum de Londres. En 1982, elle entreprit sa première collection de porcelaines pour la ligne « Studio » de l'usine allemande Rosenthal. Elle fut à cet égard, une grande pionnière américaine...

Renate HATTINGER, est une étudiante de l'Académie des arts appliqués de Vienne, en Autriche.

Sally Ann HEARTSHORNE née en Angleterre, est designer de textiles. Elle est diplômée de l'École polytechnique de Leicester et a fondé, en 1984, le Waterside Studio de Londres. Elle dessine des motifs de tissus qu'elle imprime manuellement. Le plus souvent, elle peint à la main des métrages commandés par des ensembliers ou de grands couturiers. Son travail, sélectionné par le Design Council of Great Britain, fut exposé en 1986; il a également été sélectionné par la Whitworth Gallery.

Klaus ACHIM HEINE, designer allemand né en 1955. En association avec Uwe Fischer, il a fondé l'atelier de design Ginbande de Francfort. Il a créé des meubles pour Vitra Edition et Sawaya et Moroni.

Matthew HILTON est né en 1957 en Angleterre. Il a étudié le design appliqué à l'ameublement à Kingston Polytechnic, puis a travaillé cinq ans avec le CAPA. Il devint designer d'ameublement et décorateur d'intérieurs à son compte en 1984 et créa dès lors des luminaires et des meubles. En 1986, il conçut une ligne de meubles, pour Sheridan Coakley, qui fut exposée à Milan. En 1987, il exposa avec Jasper Morrison à Tokyo.

Yosniki HISHINUMA, designer de textiles, est né en 1958 dans le district de Sendai, au Japon. Il a travaillé pour le Miyake Design Studio en 1978; il est à présent designer *free-lance* dans les domaines de la mode, des textiles et de la maroquinerie. Il a fondé, en 1984, le Hishinuma Design Institute.

David HOCKNEY, peintre, est né en 1937 à Bradford, en Angleterre, et vit actuellement en Californie. Il a étudié au Bradford College de 1953 à 1957, au Royal College of Art de Londres (1959-1962) et a enseigné en différents endroits des États-Unis. C'est un représentant de la « variété anglaise » du pop'art; son œuvre se répartit en trois catégories: la peinture, la scénographie et la photographie. En 1988, une vaste exposition rétrospective de son travail eut lieu au Los Angeles County Museum of Art, au Metropolitan Museum of Art de New York et à la Tate Gallery de Londres.

Jochen HOFFMANN est né en 1940 en Allemagne. Il a étudié le design industriel à la Hochschule für Bildende Kunst de Brunswick. Depuis 1970, il est designer *free-lance* à Bielefeld, en Allemagne, et ses travaux ont été récompensés par plusieurs prix.

Hans HOLLEIN est né en 1934 à Vienne, en Autriche. Diplômé de l'Académie des arts figuratifs de Vienne, il fréquenta l'Illinois Institute of Technology à Chicago et fut diplômé d'architecture *(Master's Degree)* de l'université de Berkeley. Ses travaux ont obtenu de nombreuses consécrations. Il est membre de différents comités et jurys. Il a entrepris de réaliser des projets de design pour les sociétés Herman Miller, Cleto Munari, Alessi, Memphis, Poltronova, Knoll International, Baleri et Swid Powell. Depuis 1978, il est le commissaire autrichien de la Biennale de Venise.

Bohuslav HORAK, sculpteur et designer tchèque, né en 1954, membre d'Atika, groupe de designers fondé à Prague en 1988. Il a exposé ses créations biomorphes avec les réalisations d'Atika dans des galeries de premier plan et les musées européens.

Lynne HUGILL est anglaise. Elle est designer de motifs sur textiles, diplômée de l'École polytechnique de Leicester. Elle a travaillé en *free-lance* pour différentes sociétés, dont Marks and Spencer, Habitat et Mothercare. Elle est membre de l'Independent Designers Federation de Londres.

Harald HULLMANN, designer allemand, né en 1946, spécialisé dans le domaine de la technologie médicale, le design des assemblages de véhicules et les matériaux synthétiques. En association avec Barthels, Fischer et Hüskes, il a fondé le groupe Kunstflug en 1982.

John HUTTON est un designer américain qui s'intégra à Donghia Furniture en 1978. Sa préoccupation majeure est la création de meubles « dépouillés jusqu'à l'essence, qui échappent de la sorte aux classifications des tendances et des périodes ».

Fujiwo ISHIMOTO est né en 1941 à Ehime, au Japon. Il a étudié le design et le graphisme à Tokyo. De 1964 à 1970, il vécut de sa peinture, de 1970 à 1974, il fut designer chez Decembre et, depuis 1974, est designer de textiles imprimés pour Marimekko, en Finlande. En 1983, il reçut le prix « Roscoe » et une mention honorable à l'exposition « Finland Designs ».

Arata ISOZAKI est né en 1931. Il est diplômé de l'université de Tokyo. Il a créé sa propre agence en 1963 et a continué de collaborer avec d'autres architectes et agences. Au nombre de ses projets les plus célèbres, figurent, au Japon le musée d'Art moderne de Takasaki, dans le district de Gunma (1971-1972), le musée d'Art de la ville de Kitakyshu (1972-1974), l'immeuble Shukosha de Fukoka (1975), le Country Clubhouse de Fujimi à Oita

(1972-1974), la nouvelle mairie de Tokyo et, aux États-Unis, le musée d'Art contemporain de Los Angeles (ces deux derniers datant de 1986).

Wolf KARNAGEL est né en 1940 à Leipzig (RFA). Il a étudié à Brunswick avec Bodo Kampman. Aujourd'hui, il est designer pour KPM/Berlin, Rosenthal, Amboss, Hutschenreuther et Lufthansa. Il enseigne à la Hochschule der Künste de Berlin.

Sachiko KAWABE est née à Tokyo en 1958. Diplômée de la faculté des arts de l'université de Tokyo, elle a d'abord travaillé comme dessinatrice de mode pendant plusieurs années, puis créé sa propre agence de design. Intéressée par les méthodes de production modernes, elle se montre néanmoins soucieuse de la préservation des techniques artisanales du Japon traditionnel. Elle cultive un intérêt pour la création de mode.

Kazuo KAWASAKI est né à Fukui, au Japon, en 1949. Il est diplômé de design industriel de l'université des arts de Kanazawa depuis 1972. Jusqu'à 1979, il fut directeur de la création du département « Planification des produits » de Toshiba. En 1979-1980, il exerça en qualité de designer *free-lance* et, depuis 1980, il est président de Ex-Design Co. Il dirige à temps partiel des travaux pratiques à l'université des arts de Kanazawa.

Perry A. KING est né à Londres en 1938. Il a fait ses études à l'École de design industriel de Birmingham. Il partit pour l'Italie travailler en qualité de consultant designer pour Olivetti. Il créa, en collaboration avec Ettore Sottsass, la machine à écrire *Valentine*. Depuis treize ans, il travaille à l'agence milanaise de Santiago Miranda (King-Miranda Associati), orientée sur le design industriel, le mobilier, la décoration d'intérieur, les luminaires et le graphisme. Les créations de l'agence ont été consacrées par diverses récompenses ; elles ont été exposées et publiées en Italie et à l'étranger.

Toshiyuki KITA est né en 1942 à Osaka, au Japon. Il est diplômé en design industriel (1964). Depuis 1969, il partage son temps entre Osaka et Milan, où il travaille à l'ameublement et à des accessoires pour nombre d'industriels de premier plan. Il a reçu le prix de design d'intérieur au Japon (« The Japan Interior Design Award ») et le prix de design « Mainichi ». La fauteuil *Wink* et la table *Kick* qu'il a créés pour Cassina appartiennent aux collections permanentes du musée d'Art moderne de New York. En 1987, il participa aux célébrations organisées pour le dixième anniversaire du Centre Georges Pompidou.

Setsuo KITAOKA est né en 1946 à Kouchi Shikoku (Japon). En 1974, diplômé du département du Design vivant de l'Institut de design de Kuwazawa, il entra chez Yamaguchi Co. Ltd. En 1977, il créa l'agence de design Kitoaka à Tokyo.

KUNSTFLUG : voir Harald Hullmann et Heiko Bartels.

Masayuki KUROKAWA est né en 1937 à Nagoya, au Japon. Diplômé du département d'Architecture de l'Institut de technologie de Nagoya en 1961, il acheva sa formation à l'École supérieure d'architecture de l'université de Waseda, en 1967. La même année, il fondait la société Masayuki Kurokawa Architecte et Associés. De très nombreux prix ont été décernés à son travail. En 1970, il remporta le premier prix au Concours international du design pour un projet de maison préfabriquée, produite en série ; en 1973, il remporta le premier prix au Concours de l'élément vertical dans la décoration d'intérieur des maisons d'habitation et, en 1976, le prix annuel de l'Association japonnaise des décorateurs d'intérieur, pour une série d'éléments d'intérieur. Il a remporté six prix « IF » pour ses conceptions de tables et de luminaires.

Michael LANDES est né à Francfort en 1948. Diplômé de l'École d'architecture et de la Technische Hochschule de Darmstadt, il revint dans cette ville entre 1980 et 1986 pour y donner des conférences. Il fonda un bureau d'études avec Norbert Berghof et Wilhelm Rang en 1981. (Voir également **Norbert BERGHOF.**)

Danny LANE est né en 1955 aux USA. Il s'installa en Angleterre en 1975 pour travailler avec Patrick Reyntiens, peintre sur vitrail, puis il étudia la peinture à la Central School of Art de Londres jusqu'en 1980. L'année suivante, il ouvrit sa première agence à Londres (dans l'*East End*). En 1983, il fondait Glassworks, utilisant désormais le verre de façon insolite et provocante dans des créations uniques : objets, mobilier ou décorations d'intérieur. En 1986, son agence s'équipa pour réaliser des projets architecturaux d'envergure.

Michaele LANGE est étudiante à l'Académie des arts appliqués de Vienne.

David LAW est né en 1937 à Pittsburgh, en Pennsylvanie. Il a étudié à l'Art Center College of Design de Los Angeles. En 1967, il est entré chez Unimark International en qualité de directeur des départements design des filiales de Detroit et Chicago. Il est le co-fondateur du Design Planning Group de Chicago (1972). Après avoir dirigé le département « Design des conditionnements » chez JC Penney, à New York, en 1975, il se joignit à Vignelli Associates en 1978. Il a exercé ses talents de designer dans le graphisme, le conditionnement, les expositions, les objets et l'ameublement, mais également dans le cadre plus large de la décoration d'intérieur et de l'environnement. Ses travaux sont présentés dans les collections permanentes du Cooper Hewitt Museum.

Andreas LEHMANN, designer suisse, né en 1948, a fondé l'atelier Vorsprung avec Beat Frank, à Berne, en 1986.

Stefan LINDFORS est né en 1962 à Mariehamn (Finlande). Il a étudié le design appliqué à l'ameublement et à la décoration d'intérieur à l'université des arts industriels d'Helsinki de 1982 à 1988. De nombreux prix ont été décernés à ses travaux, en Finlande comme en Europe, et notamment la médaille d'argent de la Triennale de Milan de 1986. Ses sculptures ont fait l'objet d'une exposition individuelle à la galerie « Titanik » de Turku en 1988. Lindfors s'intéresse également à la scénographie réalisée avec les ressources du design. En 1988, il a conçu le studio de la télévision finlandaise (informations du soir) et son mobilier, ainsi que la décoration d'intérieur et l'ameublement de la cafétéria du musée des Arts industriels d'Helsinki en 1989.

Josep LLUSCA est né à Barcelone en 1948. Il a étudié le design à l'Escola Eina de Barcelone et à l'École des arts et métiers de Montréal. Il a été de 1985 à 1987 vice-président de l'Adi-Fad (Association des designers industriels). Il a été également membre du Conseil pour le design du gouvernement de Catalogue. Il est aujourd'hui professeur à l'Escola Eina. Différents prix ont été décernés à ses travaux. Il a participé à des conférences et expositions internationales.

Vico MAGISTRETTI est né à Milan en 1920. Diplômé d'architecture en 1945, il entra aussitôt dans l'agence de son père. Jusqu'en 1960, il fut essentiellement préoccupé d'architecture, d'urbanisme et de l'aménagement intérieur de ses constructions. Il commença à créer des meubles et des objets pour ses immeubles dès les années soixante, et il collabora étroitement avec les sociétés qui réalisaient ses conceptions, en particulier Aliass, Artemide, Cassina, Conran, Habitat, De Padova, Knoll International et O Luce. Il a participé à toutes les Triennales, ou presque, depuis 1948 et de nombreux prix lui ont été décernés. Quinze de ses créations sont dans les collections permanentes du musée d'Art moderne de New York.

Angelo MANGIAROTTI est né en 1921 à Milan où il a fait ses études. Diplômé de l'École polytechnique en 1948, il a ensuite travaillé comme designer aux États-Unis et en Italie. Il a enseigné au département « Design » de l'Illinois Institute of Technology. Il s'est spécialisé dans les petits objets sculpturaux, souvent destinés aux dessus de table, telle une horloge en acier inoxydable pour Portescap et d'autres objets pour Knoll et Munari.

Shari M. MENDELSON a étudié la joaillerie et l'orfèvrerie à l'Arizona State University et chez Suny, New Paltz, à New York. Ses coupes et récipients, pièces uniques, ont été exposés dans tous les États-Unis ; un prix d'excellence lui fut décerné en 1986 au Designer Craft Council Show organisé au musée Schenectady de New York. Elle dirige des travaux pratiques sur les métaux et organise des ateliers et séminaires.

Alessandro MENDINI est né en 1931 à Milan. Il fut associé de Nizzoli Associati jusqu'en 1970 et fut membre fondateur de Global Tools. Il fut éditeur de *Casabella* et de *Modo* et, jusqu'en 1985, de *Domus*. Il a collaboré avec un grand nombre de sociétés et a beaucoup écrit sur de nombreux sujets. Le « Compasso d'Oro » lui fut décerné en 1979.

Santiago MIRANDA est un designer espagnol né en 1947 à Séville. Après une formation à l'Escuela de Artes Aplicadas de Séville, il partit s'installer en Italie, où il travaille depuis lors avec Perry A. King.

Eiji MIYAMOTO est né en 1948 près de Tokyo. Diplômé de l'université d'Hosei en 1970, Miyamoto s'est lancé dans le design de textiles en 1975 ; ses commanditaires sont aujourd'hui les premiers dessinateurs de mode japonais, (Issey Miyake en particulier).

Paul MONTGOMERY a étudié à la State University de Caroline du Nord, à l'University of Georgia de Cortone, en Italie et à la Cranbrook Academy of Art, dans le Michigan, où il fut diplômé (*Master's Degree*) dans la section des beaux-arts en 1987. Il a créé des produits tels que des ordinateurs, des télévisions, des instruments médicaux, des bagages, des machines à écrire et des meubles de bureau. Il a travaillé pour Texas Instruments, à Austin, dans le Texas, pour PA Technology, à Princeton, dans le New Jersey et pour Frogdesign en Californie. Parmi les prix les plus récents qui ont récompensé son œuvre, citons le « Designers's Choice » de la Société américaine des designers industriels, le prix « Frogjunior » décerné par *ID Magazine* et Frogdesign pour son appareil photo à commande digitale.

Marcello MORANDINI est né à Mantoue en 1940 et a vécu à Varèse jusqu'en 1947. Il a étudié à l'Académie Brera de Milan. En 1963, il a créé sa propre agence de design et, en 1965, a présenté à Gênes ses premières structures tri-dimensionnelles. Il a, depuis, beaucoup exposé en Italie et dans le monde entier. En 1979, il fut invité à Sydney, en Australie. Il a également vécu et travaillé quelque temps à Singapour. Il crée depuis quelques années des objets en céramique pour Rosenthal qui lui a commandé de dessiner la façade de sa nouvelle filiale de Selb, en Allemagne fédérale.

Massimo MOROZZI est né en 1941 à Florence. Après une formation d'architecte, il fut, jusqu'en 1972, membre d'Archizoom Associati, alors premier groupe d'architectes d'avant-garde en Italie. C'est à cette époque que Morozzi collabora à la création du siège *Aeo* pour Cassina. Il dirigea pendant cinq ans le département « Recherches » en matière de design textile chez Montedison. Après 1977, il travailla avec le groupe CDM au projet de logo pour l'aéroport de Rome. En 1982, il ouvrit sa propre agence spécialisée dans les produits de consommation courante.

Pascal MOURGUE a commencé à travailler en qualité de décorateur d'intérieur à la fin des années soixante. Depuis 1982, il se consacre presque exclusivement à la création de mobilier, mais dessine également des tapis, de la vaisselle et même des trimarans. Il fut nommé, en 1984, « French Designer of the Year » et, en 1986, remporta le « grand prix de la Critique du meuble contemporain ». Il vit à Paris.

Adolfo NATALINI est né en 1941 à Pistoia (Italie). Il a étudié l'architecture à Florence et, en 1966, a fondé un groupe d'avant-garde, le « Superstudio ». Il se consacre à l'urbanisme et à l'architecture ; depuis 1981, il enseigne l'architecture à l'université de Florence. Pour Volumina, il a collaboré avec Guglielmo Renzi.

Ugo NESPOLO est né en 1941 à Mosso S. Maria (Italie). Il vit à Turin. Peintre, sculpteur, cinéaste d'avant-garde, il est aussi designer. Il a exposé ses travaux à Turin, Cologne, New York, Londres, Tokyo, Helsinki, Paris, Venise et Milan. En 1987, il a terminé sept tapis tissés à la main pour Elio Palmisano.

Suzanne NEUBBOHN est suédoise, née en 1960. Elle a étudié le design industriel à Berlin et travaille avec John Hirschberg et Inge Sommer au sein du groupe « Berlinetta Industrial Design ». Les travaux du groupe ont été présentés dans de nombreuses expositions, dont « Le Mobilier d'avant-garde 1988, à Berlin » au Centre Georges Pompidou. Le groupe se consacre également à des projets d'urbanisme, et à la protection de l'environnement.

Jean NOUVEL, né en 1945, est l'un des architectes français contemporains les plus célèbres. En 1987, l'« Equerre d'argent » lui fut décernée pour le plus remarquable projet français de l'année : l'Institut du monde arabe, à Paris, pour lequel il a également dessiné l'architecture intérieure et le mobilier des salles de réception. En 1987 également, le Salon international du meuble lui décerna le titre de « Designer de l'année ». Il travaille actuellement à des projets d'habitations à loyer modéré pour la ville de Nîmes. Il s'intéresse depuis toujours au théâtre et à la scénographie.

Klara OBEREDER est étudiante à l'Académie des arts appliqués de Vienne.

Paolo PALLUCCO, né à Rome en 1950, est un architecte italien qui crée et réalise des meubles. En 1980, il a fondé la société Pallucco qui produit ses propres créations et réédite des classiques modernes. En 1984, il a créé Pallucco Design, société indépendante de la première, exclusivement consacrée au design. Mireille Rivier est son associée.

Verner PANTON est né en 1926 dans l'île danoise de Funen. En 1955, après des études à l'Académie royale des beaux-arts de Copenhague, il exerça en qualité d'architecte et designer *free-lance* dans divers pays d'Europe. Depuis 1969, il travaille à Suhr, en Suisse, chez Mira-X, pour qui il crée des revêtements de sol, des tissus d'ameublement et des tapisseries. Il est également concepteur d'espaces, de mobilier (vitrines) et d'éclairages pour expositions. De nombreuses distinctions ont récompensé ses travaux.

Maurizio PEREGALLI, designer italien, est né en 1951 à Varèse. Il a étudié à Milan et, après son diplôme, a travaillé pour Giorgio Armani pour qui il a dessiné des magasins. En 1984, avec cinq autres designers, il a fondé à Milan la galerie Zeus, qui expose du mobilier, des textiles, des céramiques et de la verrerie d'avant-garde. Il est également associé de Noto, société dont la vocation est la création et la réalisation de décorations d'intérieur en design.

Gaetano PESCE, peintre et designer, est constamment à la recherche des nouveaux matériaux offerts par les progrès de la technologie. Ses projets ont été exposés dans le monde entier et un grand nombre d'entre eux sont entrés dans les collections permanentes des musées. Né en 1933, il étudia l'architecture à l'université de Venise. Au nombre de ses travaux figurent le fauteuil en mousse de polyuréthane, en forme de croissant, *Up 1* (1969) et une habitation en forme de caverne pour douze personnes (exposée en 1972). Il a fait des conférences dans le monde entier et, en 1987, fut invité à donner des cours à l'École d'architecture de São Paulo au Brésil.

Roberto PEZZETA est né en 1946 à Trévise (Italie). Il a consacré l'essentiel de sa carrière à la création d'appareils ménagers pour le compte de différentes sociétés. De 1969 à 1974, il a travaillé au département « Design industriel » de Zoppas et, après une courte période chez Nordica, est entré en 1982 chez Zanussi où il est depuis lors responsable du secteur « Design industriel ». Citons, parmi les récompenses qu'il a obtenues, le « Compasso d'Oro » en 1981 et, en 1987, le « Compasso d'Oro avec mention spéciale. » Il a également remporté des médailles d'or aux Pays-Bas et en Yougoslavie.

Giancarlo PIRETTI est né en 1940 à Bologne (Italie). Après des études, il enseigna le design pendant plusieurs années à l'Institut d'art de l'État à Bologne. Il a travaillé simultanément pour Anonima Castelli. Il a déposé divers brevets (industrie et mécanique) et ses travaux sont présentés dans les collections permanentes des musées américains, autrichiens, tchèques et yougoslaves. Il a partagé avec Emilio Ambasz, son collaborateur, les différents prix qui lui ont été décernés.

Michelangelo PISTOLETTO, sculpteur italien, né en 1933. Il est le co-fondateur du mouvement italien *arte povera* à Berlin. Il a réalisé des peintures sur des miroirs et des sculptures, et créé du mobilier pour Meta Memphis en 1989.

Ferdinand Alexander PORSCHE est né en 1935 en Allemagne fédérale. Après des études à l'École de design d'Ulm, il travailla dans une société d'ingénierie avant d'entrer dans l'entreprise familiale de construction automobile. On lui doit deux modèles de voitures, de sport, dont la classique « 911 ». En 1972, il créa à Zelle-am-See, en Autriche, Porsche Design, bureau d'ingénieurs-conseils spécialisé dans le design appliqué aux produits de consommation courante. Sous le label de « Porsche Design » furent créés et commercialisés des bracelets-montres, des lunettes de soleil, des meubles, des luminaires ainsi que des équipements de bureau.

Ambrogio POZZI est né à Varèse (Italie), en 1931. Tout en poursuivant ses études, il commença à travailler dans la société familiale, Ceramica F. Pozzi, de Gallarate. Sa propre agence, Ambrogio Pozzi Design, a travaillé pour Riedel, Pierre Cardin, Alitalia, Rosenthal, et Guzzini & Rossi. Il est membre de l'Association italienne du design industriel.

Wolf D. PRIX, architecte autrichien né en 1942, a fondé en association avec Helmut Swiczinsky, l'agence d'architecture Coop Himmelblau à Vienne en 1968. En 1988, ses travaux ont été présentés à l'exposition « Deconstructive Architecture » du musée d'Art moderne de New York. Il a créé des meubles pour Vitra Edition en 1989.

Wolfgang RANG est né en 1949 à Essen (Allemagne fédérale). Il est diplômé d'architecture de la Technische Hochschule de Darmstadt et prépara un PhD à UCLA, Los Angeles. Il créa une agence d'architectes avec Norbert Berghof et Michael Landes en 1981, et fut conférencier à la Hochschule de Darmstadt entre 1979 et 1985.

Mireille RIVIER est née en 1959 à Lyon. Diplômée d'architecture de l'École polytechnique de Lausanne, elle partit s'installer à Rome où elle travaille avec Paolo Pallucco.

Christopher ROBERTSON est un designer de meubles britannique; il est diplômé du Royal College of Art de Londres (1986).

Aldo ROSSI est né en 1931 à Milan. Il commença à travailler en 1956 avec Ignazio Gardella, puis collabora avec Marco Zanuso. De 1955 à 1964, il fut rédacteur en chef de *Casabella-Continuita.* Depuis 1975, il occupe la chaire de Composition architecturale à l'université de Venise. Il enseigne à l'École polytechnique fédérale de Zurich et, depuis 1976, collabore avec les plus grandes universités américaines. En 1983, il fut nommé directeur de la section « Architecture » de la Biennale de Venise. Ses projets d'architecture ont été très souvent récompensés.

Lino SABATTINI est un orfèvre italien né en 1925. Son travail sur le métal attira pour la première fois l'attention lors d'une exposition organisée à Paris par Gio Ponti. Il est depuis resté fidèle à une approche très moderne, sobre, sculpturale du métal et du verre. Il a travaillé pour des sociétés comme Rosenthal et Zani. Il participe à la Triennale de Milan et à d'autres grandes expositions internationales. Le « Compasso d'Oro » lui fut décerné en 1979. Ses œuvres sont présentées dans les collections permanentes du musée d'Art moderne de New York, du Cooper-Hewitt Museum of Decorative Arts and Design, et du British Museum de Londres.

Richard SAPPER est né en 1932 à Munich. Après des études à l'université de Munich, il entra chez Daimler-Benz, département « Design », en 1956. Deux ans plus tard, il partit s'installer en Italie où il travailla d'abord avec Gio Ponti, puis au département « Design » de La Rinascente, avant de s'associer à Marco Zanuso. Avec ce dernier, il créa certains des plus célèbres spécimens du design industriel des années soixante, en particulier des postes de radio et de télévision portatifs pour Brionvega. C'est après avoir créé sa propre agence de design qu'il créa la lampe réglable *Tizio,* devenue la lampe classique des temps modernes et l'horloge-réveil *Tantalo,* réalisé en collaboration avec Artemide. Outre le mobilier créé pour Castelli Molteni et Knoll, Sapper a créé de la vaisselle pour Alessi. Il a participé à l'exposition « Italie : le nouveau paysage domestique », du musée d'Art moderne de New York, en 1972. Il a autrefois collaboré avec Gae Aulenti à des études sur la planification des transports. Citons, parmi ses très nombreuses récompenses et distinctions, le « Compasso d'Oro » italien et le prix allemand « Die Gute Industrieform ».

Soichiro SASAKURA est un designer japonais né en 1949. Diplômé du Kanazawa College of Art, il a travaillé pour la société Sasaki, spécialisée en verrerie.

Tobia et Afra SCARPA sont italiens, mariés, et font équipe ensemble depuis plus de vingt-cinq ans. Tobia est né en 1935 à Venise; il a travaillé quelque temps dans l'industrie du verre avant de collaborer avec Afra. Afra est née en 1937 à Montebelluna; elle est diplômée de l'Institut d'architecture de Venise. En 1958, ils commencèrent à travailler le verre avec Venini à Murano. Ils ont créé le divan *Bastiano,* le lit métallique *Vanessa,* pour Gavina le fauteuil *Sonana* qui leur a valu le « Compasso d'Oro » en 1970, pour Cassina. Le système *Torcello,* créé pour Stildomus et le lit *Mona* comptent parmi leurs autres créations célèbres. Ce sont les Scarpa qui ont créé l'image des boutiques Benetton en Europe et en Amérique. Ils réalisent, au besoin, des projets d'architecture. Leurs créations sont présentées dans les grands musées du monde et un grand nombre d'entre elles ont été sélectionnées pour figurer dans des expositions internationales.

Chrissie SGUBBI est née en 1957 à Caerphilly, au Pays de Galles. Elle a étudié le graphisme appliqué au papier peint à Bournemouth College, en Angleterre. Elle est membre de la Chartered Society of Designers et de l'IDF (Independent Designers Federation) de Londres. Elle conçoit et réalise manuellement des tapis à poils longs. Elle compte au nombre de ses clients la British Airports Authority et diverses companies britaniques.

Helen SHIRK est née en 1942 à Buffalo, dans l'État de New York. Elle est diplômée de l'Indiana University (*Master's Degree* obtenu en 1969). Ses coupes et récipients sont présents dans de nombreuses collections et notamment au musée national d'Art moderne de Kyoto, au Minnesota Museum of Art, à Saint Paul, et à l'université du Texas, à El Paso. Ses travaux sont souvent exposés dans des galeries et des musées. Actuellement, elle enseigne l'art à l'université d'État de San Diego, en Californie.

Piotr SIERAKOWSKI est né en 1957 à Varsovie. Il a étudié le dessin industriel à l'École nationale d'architecture et d'arts visuels « La Cambra » de Bruxelles.

Susana SOLANO, sculpteur, Espagnole, née en 1946. Elle a représenté l'Espagne à la Biennale de Venise en 1988. Elle a présenté des expositions personnelles dans de nombreux musées européens. En 1989, elle a dessiné des meubles pour Meta Memphis de Milan.

Axel STUMPF, designer allemand, né en 1957. Représentant de l'avant-garde du design à Berlin, il a participé à des projets d'exposition comme « Un Grand Magasin de l'Est » et « Collages sentimentaux » *(Feeling Collages)*. Il a également collaboré à l'atelier de design de Berlin.

Reiko SUDO est née en 1953, dans le district d'Ibaraki au Japon. Elle a étudié les textiles dans la section « Beaux-arts » de l'université de Musashino. Elle est designer *free-lance* depuis 1978 et, en 1984, a collaboré à la fondation de la Corporation de Nuno.

Minoru SUGAHARA est né en 1940 à Tokyo. Diplômé de l'université de Wasada, il est entré en 1963 à la société de verrerie Sugahara et, depuis 1973, en dirige l'équipe de designers. L'une de ses créations les plus brillantes, *BK 1 WH,* a reçu un prix japonais du design en 1986.

Helmut SWICZINSKY, architecte autrichien né en 1944, il a fondé l'agence d'architecture Coop Himmelblau avec Wolf D. Prix à Vienne en 1968. En 1988, ses travaux furent présentés à l'exposition « Deconstructive Architecture » du musée d'Art moderne de New York. En 1989, il a dessiné des meubles pour Vitra Edition.

Christian THEILL est né en 1954 à Remscheid (Allemagne fédérale). Il s'installa en Italie en 1975 et étudia le design à l'université de Florence. Diplômé en 1980, il travailla dans différentes agences de design, dont celle d'Antonio Citterio. En 1981, il ouvrit une agence de décoration d'intérieur et de design industriel ; il créa entre autres des meubles pour Poltronova et des luminaires pour Eleusi.

Burkhard VOGTHERR est né en 1942 en Allemagne. Il exerce à Karden-Holzen. Diplômé en design industriel après des études techniques à Kassel et à Wuppertal, il a travaillé dans différentes sociétés, puis s'est installé comme designer *free-lance* en 1970, après avoir reçu le prix de design « Gute Form », décerné par le gouvernement allemand.

Daniel WEIL est né en 1953 à Buenos Aires. Il a étudié l'architecture à l'université de Buenos Aires, et ses études au Royal College of Art de Londres furent sanctionnées par un *Master's Degree* en design industriel. Il vit à Londres, mais s'est taillé une réputation internationale en matière de design pour des produits de consommation courante. Ses œuvres font partie des collections permanentes du musée d'Art moderne de New York.

Herbert WEINAND est né en 1953 à Wittlich (dans le massif de l'Eifel) en Allemagne fédérale. Après une formation d'ébéniste, il étudia la décoration d'intérieur, le mobilier et le design appliqué aux produits de consommation courante, en Allemagne et en Italie. En 1982, il travailla aux décors du film *The Flambeed Woman* de Robert Van Ackeren. En 1983, il collabora à la décoration d'intérieur de la Villa Malaparte (Fondation Ronchi), à Capri, pour laquelle il créa également des objets d'art. Depuis 1984, il a créé de nombreuses décorations de restaurants et de magasins à Berlin, Mayence et Luxembourg ; il a également ouvert sa propre galerie.

Franz WEST, artiste autrichien créateur d'objets, né en 1947. Il a présenté des expositions individuelles à Krefeld, Francfort, New York et Milan. Il a été selectionné pour la Biennale de Venise en 1990. Il vit et travaille à Vienne. Il a créé des luminaires et du mobilier pour Meta Memphis en 1989.

Maria WIALLA est étudiante à l'Académie des arts appliqués de Vienne.

Stefan ZWICKY, décorateur d'intérieur suisse, né en 1952, travaille pour les agences de décoration d'intérieur P.D. Beroulli, de Zurich, Trix et Rober Haussmann, de Zurich également, et le Studio Olivetti, de Milan. Depuis 1933, il a sa propre agence à Zurich.

INDEX